國傳統文化概論

（第四版）

主編　辜堪生　副主編　潘斌、張奇

不為而成，不求而得，夫是之謂天職。如是者，雖深，其人不加慮焉；雖大，不加能焉；雖精，不加察焉。夫是之謂不與天爭職。舍其所以參與願其所參，則惑矣。列星隨旋，日月遞照，四時代御，陰陽大化，風雨博施。萬物各得其和以生，各得其養以成。不見其事，而見其功，皆知其所以成，莫知其無形，夫是之謂天。

崧燁文化

目 錄

1	**1 導論**
2	1.1 概說「文化」和「文明」
4	1.2 何謂「文化」
10	1.3 中國傳統文化
14	1.4 中國傳統文化發展的簡要歷程
16	**2 中國傳統文化生存發展的自然地理環境**
16	2.1 人類文化與自然地理環境之關係
17	2.2 人類文化產生、形成及發展變化的地理環境因素
20	2.3 中國傳統文化的地理環境因素及其文化特徵
24	2.4 農耕地理環境支配下的中國「天下中心」觀
28	2.5 古代農耕地區與遊牧地區的文化差異與文化融合
38	**3 弘揚主體精神的儒家**
38	3.1 周文化與儒家文化的緣起
44	3.2 孔子、孟子與儒家文化的產生
57	3.3 宋明理學與儒家文化的發展

目　錄

73	**4　崇尚自然無為的道家**
73	4.1　老子：道家文化的創始人
83	4.2　莊子：道家文化的繼承者與傳播者
90	4.3　黃老之學：道家文化的新形態
93	4.4　魏晉玄學與儒道合流
100	4.5　道教的產生與特點
105	**5　主張超塵絕俗的佛家**
105	5.1　佛教的產生、傳播及三藏佛典的形成
109	5.2　佛教的基本教義
114	5.3　佛教的宇宙哲學觀
116	5.4　佛教傳入中國及其演變與發展
122	5.5　佛教與中國古代社會政治
128	5.6　禪宗──中國化佛教的典型
132	5.7　佛教對中國傳統文化的重大影響
135	5.8　中國佛教四大菩薩與四大名山
138	**6　宣揚兼愛的墨家與強調功利的法家**
138	6.1　宣揚兼愛的墨家
145	6.2　強調功利的法家
158	**7　中國傳統文化的人格追求**
158	7.1　追求「修齊治平」的儒家「君子人格」

目　錄

163	7.2	追求「清靜無為」的道家「隱士人格」
168	7.3	追求「建功立業」的法家「英雄人格」
174	7.4	追求「超塵絕俗」的佛家「隨緣人格」
180	**8**	**中國傳統文化的價值系統**
180	8.1	人生價值觀
183	8.2	自然價值觀
187	8.3	道德價值觀
191	8.4	經濟價值觀
196	8.5	審美價值觀
201	**9**	**中國傳統文化的基本特徵**
201	9.1	兼容並包性
204	9.2	非宗教性
209	9.3	泛道德性
217	9.4	內傾性
220	9.5	鄉土性
227	**10**	**中國傳統文化的基本精神**
227	10.1	天人合一
231	10.2	自強不息
235	10.3	貴和持中
238	10.4	平均平等
240	10.5	人本主義
245	10.6	憂患意識

目　錄

248	10.7　達觀自信
251	10.8　求是務實
254	**後　記**

1　導論

在綿亘數千年中華文明的歷史長河中，貫穿著一種非同凡響的精神：在中國廣袤的領土上，無論何人，在其身上都顯示出一種共同的、與社會生活相融合且互相影響的文化精神。這共同的文化精神形成了我們優良的文化傳統和民族精神。

古希臘哲學家亞里士多德認為，人的行為出自下列七種因素之一：機會、本性、強制、習慣、理性、希望和熱情。其實，人之所以做出某一行為，主要是因為依從其「文化指令」的指引，而「文化指令」主要是人在後天的培養、環境的熏陶下錘煉累積而來的。

今天，我們學習和研究優秀的傳統文化，有助於我們更加準確地、深刻地認識已有的優秀文化，認識我們的民族。正如古希臘人在阿波羅神廟前鐫刻的至理名言：「人啊！認識你自己。」不管是個人還是社會，也不管是對於科學還是學說，自我反省都是必需的。通過反省，可以總結經驗和教訓，解放思想、獲得新的發展。改革開放給各民族開闢了相互交流、不斷拓展的廣闊道路，在這樣的時代背景下，中華民族文化應以怎樣的姿態同其他民族文化進行合作與交流，我們應以怎樣的姿態把握自己、表現自己，是每一個炎黃子孫都應該思考的問題。真切地把握住一個民族的文化特徵，較之把握其皮毛等表層問題要困難得多。不過，由於民族不同，致使反應其民族精神的傳統文化也各有差異。我們之所以能從普通人的行為、習慣中辨識各民族的特徵，是因為每個民族的民族精神都有其獨特的一面。學習、研究中國文化，正是我們認識自己、把握中華民族精神、培養和提高各自的文化素養，使我們具有合理的「文化指令」的可靠途徑，對我們有諸多裨益。

首先，研究和學習中國傳統文化，能夠使我們更加準確、深刻地認識我們當前的國情。文化是在歷史中形成的，它必然也有相當長的歷史。文化是一個傳統，要理解文化也就必須理解什麼是傳統，二者難以分離。任何有價值和影響的文化傳統，都在很大程度上依賴於文字的記載，即依賴於文字的載體，這些載體多數成為後世的經典，要認識、瞭解文化傳統，就不能不認真研讀傳統的經典及其闡釋。新一代的青年學子們既要擔負起歷

史使命，又要順應歷史的發展，要順應主流的意識形態，就必須清醒地認識和把握國情。國情並非空洞之物，其實質就是文化的歷史及其現狀。新中國成立以來，我們走過了曲折的道路，也取得了輝煌的成績，但是，我們的社會發展程度還不盡如人意。雖有數千年的文化遺產，但也帶來一定的重負。外來文化有積極的一面，接受尚且不足，其負面影響又在不斷擴大。所有這一切不得不讓我們深深地思考，不得不使我們由衷地憂慮。認真總結過去的經驗和教訓，深刻剖析傳統文化與外來文化的影響，對我們走上正確的發展道路、認清國情是十分必要的。

其次，研究和學習中國傳統文化，有助於端正對傳統文化的態度，增強我們的民族自尊心和自豪感，創造我們美好的未來。任何一種文化，自有其發生、發展的歷史，它總是在前代文化的基礎上發展起來的。當代炎黃子孫，理應以理性的態度和求真務實的精神去繼承傳統。正如馬克思所說：「人們創造自己的歷史，但是他們不是隨心所欲地創造，並不是在他們自己選擇的條件下創造，而是在他們直接碰到的、既定的、從過去繼承的條件下創造的。」中國傳統文化就是我們在「直接碰到的、既定的、從過去繼承下來的條件」，是影響中國人過去、現在和將來的傳統文化。傳統是社會的一種生存機制和創造機制，有了它社會才得以延續、傳承、飛躍，社會精神成就和物質成就才得以保存和發展。今天，我們對中國傳統文化進行研究不能僅停留於博物館和故紙堆，還應深入到實踐中，繼承我們中華民族的優良傳統，培育我們的理性態度和務實精神。

1.1　概說「文化」和「文明」

「文化」一詞並非古已有之。無論是古希臘文字，還是中國的甲骨文中都找不到它的痕跡。雖然文字中無，但並不等於它就不存在，只不過是人類在那時尚不自覺、尚不認識。要認識它、研究它也有幾百年的歷史，這期間也曾有過幾次大論戰，但至今尚無統一意見、統一定義。

在漢語工具書中，「文」和「化」是兩個不同的詞類。前者為名詞，而後者為動詞。「文」是一個原創個體字，在漢代許慎所著的《說文解字》中解釋為「錯畫也」。《周易》裡說：「物相雜，故曰文。」而在其他典籍中又引申為「修飾」（《荀子·儒效》：「取是而文之也。」），「節奏」（《禮記·樂記》：「樂文同則上下和矣。」），「美」「善」（《禮記·樂記》：「禮減進，以進為文。樂盈而反，以反為文。」）。在《周書·諡法》裡更是說：「道德博聞曰文，勤學好問曰文，慈惠愛民曰文，民惠禮曰文，錫民爵位曰文。」除

「六藝」之外，尊卑序列均可「曰文」。

「化」字在《說文解字》中被解釋為「教行也」（「教行於上，則化成天下。」）、「變也」（《莊子·逍遙遊》：「鯤之大，不知其幾千里也；化而為鳥，其名為鵬。」《呂氏春秋·順民》：「則湯達乎鬼神之化。」）、「習也」，言指風俗習慣也（《人物志》：「國有俗也」）。歸納起來即是有演進變化之意，從而可以引申出教化、教行、遷善、感染、化育的意義。

「文」與「化」的搭配使用，最早見於《易·賁卦》中的《象傳》：「觀乎天文，以察時變；觀乎人文，以化成天下。」因天象有「文」（即條理）可循，而人倫也有「文」可循，觀察此人文（人間條理），用以教化世人，也即可以平治天下大業。這種「人文化成」的設想，便有別於「神文」傾向的「人文傾向」，也是先哲們對「文化」一詞的詮釋。

而將「文」與「化」二者合併使用，則始見於西漢末年劉向所著之《說苑·指武》。其中說：「聖人之治天下也，先文德而後武力。凡武之興，為不服也，文化不改，然後加誅。」這裡顯然將「文」和「武」相對應而有別。《昭明文選》上載有晉束皙所作《補亡詩》：「文化內揖，武功外悠」，顯然與之內容相近。而在宗教神性相對應的意義上使用「文化」一詞的，則有南齊王融《三月三日曲水詩序》：「設神理以景俗，敷文化以柔遠。」總之，兩千年來，我們的先人都是將「文化」一詞來並稱「文治」「教化」的。

現代意義的「文化」一詞，是從日本人對西方術語的使用過程中開始的。日本人用「文化」一詞來對譯英文的「Culture」、德文的「Kultur」，而以上各詞均來源於由「Colere」演化派生的拉丁詞語「Cultura」。拉丁語中「Cultura」具有「耕種」「培植」「居住」「練習」「留心」「注意」「敬神」等諸多含義。16—17世紀，歐洲在使用「Culture」過程中由「耕種」等義引申出對人類心靈、知識、情操、風尚的化育，從重物質生產轉向重精神生產。

與「文化」一詞意義相近者如「文明」。「文明」中之「文」實指「文採」「文藻」「文華」，「明」指「開明」「明智」「昌明」「光明」。「文明」一詞首見於《尚書·舜典》之「睿智文明」。按孔穎達的說法，則為「經天緯地曰文，照臨四方曰明」。他在疏解《易·乾·文言》時說：「天下文明者，陽氣在田，始和萬物，故天下文章而光明也。」在中國古典載籍中也有將「文明」看作一種進步狀態來與「野蠻」相對，如李漁《閒情偶寄》中就有「闢草昧而致文明」。唐睿宗李旦也曾用「文明」二字作自己的年號。近代還有「文明戲」「文明棍」等說法。

用「文明」對譯「Civilization」，始於清末來華的新教傳教士郭實臘所

1 導論

編中文期刊《東西洋考每月統記傳》。英文「Civilization」源於「城市」，表示城鎮生活的秩序和原則，是與「野蠻」和「不開化」相對的概念。

「文化」與「文明」兩詞常常混用，如清末的「西洋文明」「西洋文化」；而將兩者加以區分，則始於胡適。胡適於 1926 年在其《我們對於西洋近代文明的態度》一文中，將「文明」定義為「一個民族應付他的環境的總成績」，而將「文化」定義為「一種文明所形成的生活方式」。顯然，他認為「文明」是先於「文化」的。張元濟先生則提出「文化是活的，文明是結果」，則「文化」先於「文明」。可見，對二者之關係的認識是一個仁者見仁、智者見智的問題。

1.2 何謂「文化」

儘管「文化」在中西方文獻中多有記載，但對其深究探討並給其定義則是晚近的事。有的學者認為，「文化」的科學概念，只是到了 18 世紀啟蒙時代，才真正產生出來。迄今為止，國內外學術界關於「文化」的定義，已不下 200 種。

經過文藝復興運動和宗教改革，歐洲人率先擺脫了「神本」和「物本」（即以自然為本）的束縛，開始對人的力量抱有絕對的信心，對人的主體性給予了完全肯定的評價。「以人為本」，成為人的自我覺醒和人的解放的根本標誌。

無論中西，「文化」從語源和語詞內涵的演變上就含有文化是自然的對立物和人類的創造物的意義。這種意義深深植根於物質生產勞動所體現的人的本質力量對象化的過程之中。古代思想家「制天命而用之」「以人造天」的認識，就是古史傳說中的聖王（勞動實踐活動中的英雄）總結治理自然、社會經驗，並用它來教化百姓，即「以人文化成天下」思想的合邏輯的發展。

《易·賁·象》說：「文明以止，人文也……觀乎天文，以察時變；觀乎人文，以化成天下。」「天文」指自然秩序，「人文」指人事條理，兩者並不矛盾。文化來自自然，又區別於自然。古代聖賢明察自然變化，然後把改造自然的經驗總結出來，把人類社會管理的經驗也總結出來，創造出禮、樂、典章制度，教化民眾，流傳後世。

《易·繫辭傳》中的「觀象制器論」表達了古代中國人「以人文化成天下」的文化觀。伏羲氏仰觀天象，俯察地理，研究鳥獸草木，近則瞭解人身，遠則探討萬物，創造了八卦，並以八卦來貫通宇宙萬物的神奇變化，

觀察自然、製作工具。依據八卦的原理，伏羲結繩作網，用來打獵捕魚，神農氏斫木作耜，並教導人民利用這種農具；黃帝、堯、舜改革變通，創制衣服、舟楫，馴養牛馬，發明加工糧食的杵臼和作戰的弓箭，創造房屋代替洞穴，研製文字代替結繩而治，從此百官利用文字來處理政治，萬民利用文字來考察事物，大體說明了先民如何由觀察自然到製作工具，改造自然，取得經驗，遺傳給後代的歷史活動過程，表明人類創造文化脫離野蠻的歷史狀態。文化是人的產物，為人所創造，古人似乎已經懂得了這一道理。儘管古史傳說把功勞歸功於聖王，但並沒有把聖王塑造成脫離民間生活的上帝，而是與人民改造自然的實踐活動滾在一起的英雄。所以，「文化」含有與自然對立、與野蠻脫離的含義，即開化、教化。這一語義的進一步發展，就使文化含有了知識、教養的意義。

總之，文化是人的生存狀態，是人的生存環境，包括社會規範、禮樂制度等。人類生活的任何一方面都不能不受到文化的影響並隨著文化的變化而變化。這就是說，人造就了文化，文化也決定了人的存在，決定了人的思維、行為、情感方式。人存在的基礎條件是種族、語言、地域、性別、宗教，等等。人類存在於天（宗教）、地（自然）、人（社會）、我（自我情感、自我意識）之間，人的存在方式就是我們所說的「文化」。

在文藝復興時期孕育了「文化」的科學概念。到了18世紀，在人文傳統深厚的德國，出現了著名的哲學家康德、赫爾德和文學家歌德，依據與中世紀迥然不同的關於人的看法，他們對「文化」做出了劃時代的界定。

康德1790年在其名著《判斷力批判》中認為，文化乃是人作為有理性的實體為了一定的目的而進行的有效的創造。「在一個有理性的存在者裡面，產生一種達到任何自行抉擇的目的的能力，從而也就是產生一種使一個存在者自由地抉擇其目的之能力的就是文化。因之我們關於人類有理由來以之歸於自然的最終的目的只能是文化。」[①] 文化的本質在於，主體（人）不斷地獲得確立一切目的的能力，即不依賴於自然的行動能力。文化是促進人們更加自由的選擇，確立並推動目的實現的力量。因此，從一定意義上說，文化也就是人的社會價值，是人的力量的顯現。康德理性主義的文化觀，比較重視文化主體改造自然的活動及其功能。這種文化定義，顯然是針對法國啟蒙學者把自然看成文化，把自然簡化為人的行為的機械主義的文化觀的。康德把道德觀念看成人類文化的最高表現。這個看法曾影響了中國學者辜鴻銘和唐君毅等人。辜氏在20世紀初出版的《春秋大義》（又

---

①（德）康德. 判斷力批判［M］. 韋卓民，譯. 北京：商務印書館，1987：95.

譯作《中國人的精神》《原華》）中指出：文化不是房子、不是道路、不是器具、不是制度、不是科學、不是藝術，而是人格，文化的實質就是道德。唐君毅在20世紀中期出版的巨著《文化意識與道德理性》中，以「道德自我」或「道德理性」為中心，論述「人類一切文化活動，均統屬於道德自我或精神自我，超越自我，而為其分殊表現」，並建立了道德的理想主義的文化哲學體系。

啟蒙思想家、文化哲學家赫爾德繼承了近代歷史哲學奠基人維柯的思想，在巨著《關於人類歷史哲學的思想》中，也肯定了人的本身就是目的。儘管他與康德之間有過爭論，但二人在這一點上是一致的，人在其理性的和道德的生活中，證明了他自身的存在是正當的。自然創造人的目的就是要創造一種理性的生命，人性作為一種精神力量的體系不斷發展著自身。赫爾德探討了人、社會、文化的關係，認為文化是社會的產物，是人活動的產物，又是社會存在和發展的必要條件和人們活動的重要手段。文化既促進了人，也限制了人。文化和哲學的中心是人的問題。

赫爾德在「狂飆運動」（18世紀70年代、80年代德國資產階級的文化運動）中的同志、《浮士德》的作者歌德認為，文化是一個民族的生活與思想的集體方式，即人類對自然的長期鬥爭的結果，此集體的思想、感覺、行為的方式所構成的一種特殊的氣氛、特殊的美，即是文化。

一般來說，馬克思以前的思想家，把文化局限於精神活動領域，在文化史裡排斥物質勞動和社會勞動對於文化發展的意義。不過，從赫爾德和歌德的文化觀來看，已經有了一些唯物史觀的因素。

英國著名人類學家，被稱為「人類學之父」的泰勒1871年在其名著《原始文化》裡，對「文化」下了一個經典的定義：「所謂文化或文明，就其廣泛的民族學的意義來說，乃是包含知識、信仰、藝術、道德、法律、風俗及任何作為一名社會成員而獲得的能力和習慣在內的複雜整體。」[1] 泰勒的定義明確地剔除了人的本能，即生物學遺傳或先天性行為，強調了「文化」是作為社會成員的人獲得的，是具有社會性的，超個人的存在，同時說明了「文化」是諸要素的綜合體。但是，泰勒的定義仍舊是描述性的，還沒有深刻地揭示文化的本質。泰勒的列舉是可以無限地添加的，如我們可以把「社會制度」「社會組織」列入；泰勒本人在1881年出版的《人類學》中加進了「技術和物質文化」；後來，美國的人類學家奧格本等修訂這一定義時補進了「實物」……可見，對於「文化」的界定，不能停留於外

---

[1] 莊錫昌．多維視野中的文化理論［M］．杭州：浙江人民出版社，1987：99－100．

在的描述上。

關於「文化」，不少學者從歷史學、社會學、人類學、心理學、哲學的角度提出了不同的界說。例如，美國人類學家克魯柯亨在《文化的概念》中提出：「文化是歷史上所創造的生存式樣的系統，既包含顯性式樣又包含隱性式樣，它具有為整個群體共享的傾向，或是在一定時期中為群體的特定部分所共享。」新康德主義者、弗萊堡學派著名代表李凱爾特在《文化科學和自然科學》裡提出了價值論的文化定義，他認為「價值是文化對象所固有的⋯⋯如果把價值和文化對象分開，那麼文化對象也就會因此而變成純粹的自然了」「不僅應該從價值的觀點，而且應當從對文化現象做出評價的那些具有心理的人的觀點去考察文化現象」。[1] 現代著名文化哲學家卡西爾在其《人論》中提出了符號學的文化定義，認為人是「符號的動物」，文化作為人的符號活動的「產品」成為人的所有物，而人本身作為它自身符號活動的「結果」則成為文化的主人，文化無非是人的外化、對象化，無非是符號的現實化和具體化，符號和符號功能建立起了人之所以為人的主體性。

力主實地考察並身體力行的英國人類學家馬林諾夫斯基提出了功能性的文化定義。他認為，文化是人類生活的手段、工具，生活是文化的主體。他在《文化論》裡提出：「文化是包括一套工具及一套風俗——人體的或心靈的習慣，它們都是直接地或間接滿足人類的需要。一切文化要素，如果我們的看法是對的，一定都是在活動著，發生作用，而且是有效的。文化要素的動態性指示了人類學的重要工作就是研究文化的功績。」而美國俄裔人類學家索羅金提出了規範性的文化定義，認為文化是生活方式的整體，包括意識、價值、規範此三者的互動和關聯，把文化界定為不同人類群體的生活方式或共同遵守的行為模式，強調文化作為人類價值規範的作用。美國現代人類學家格爾茲在其《文化的解釋》中指出：「文化是一種通過符號在歷史上代代相傳的意義模式，它將傳承的觀念表現於象徵形式之中。通過文化的符號體系，人與人得以相互溝通，綿延傳續，並發展出對人生的認識及對生命的態度。」不同的學者對於「文化」的定義真可以說是「仁者見仁，智者見智」。

20世紀初，特別是在「五四運動」以後，中國學者圍繞著中國文化與西洋文化的碰撞問題，也開始認真研究「文化」的定義和實質。當然，也涉及「文化」的界定。

---

[1]（德）李凱爾特. 文化科學和自然科學 [M]. 涂紀亮, 譯. 北京：商務印書館，1988：21、25。

胡適認為先有文明，而後才有「文化」。他在《我們對於西洋近代文明的態度》一文中指出：「文明是一個民族應付他的環境的總成績，文化是一種文明所形成的生活方式。」而梁啓超在《什麼是文化》裡說：「文化者，人類心能所能開積出來之有價值的共業也。」而且，梁啓超還列出表格以說明「文化」的內涵，見下表。①

$$
\text{文化}\begin{cases}
\text{物質的—業種—生存的要求及活動力}\begin{cases}\text{衣食住等成品}\\\text{開闢的土地}\\\text{修治的土地}\\\text{工具機器等}\\\text{其他業果}\end{cases}\text{業果}\\
\text{精神的業種}\begin{cases}\text{社交的要求心及活動力……語言習慣倫理等}\\\text{組織的要求心及活動力……關於政治經濟等諸法律}\\\text{智識的要求心及活動力……學術上之著名發明}\\\text{愛美的要求心及活動力……文藝美術品}\\\text{超越的要求心及活動力……宗教}\end{cases}\text{業果}
\end{cases}
$$

梁啓超在《中國文化史目錄》中納入朝代、種族、政治、法律、教育、交通、國際關係、飲食、服飾、宅居、考工、農事等項。蔡元培在《何謂文化》一文中列舉了衣食住行、醫療衛生、政治、經濟、道德、教育、科學，指出「文化是人生發展的狀況」。被稱為「中國最後一個儒」的梁漱溟先生在《東西文化及其哲學》中說：「文化並非別的，乃是人類生活的樣式。」他認為，文化包含物質生活、社會生活和精神生活三大領域。梁氏在《中國文化要義》中認為，文化涵蓋了人類各民族如何進行生產，其所有器具、技術及相關社會制度、宗教信仰、道德習慣、教育設施乃至語言、衣食、家庭生活，等等。「全部中國文化是一個整的（至少各部門各方面相聯盟）。它為中國人所享用，亦出於中國人之所創造，復轉而陶鑄了中國人。」② 學者黃文山則受功能派的影響，他在《文化學體系》中提出：「文化

---

①易鑫鼎.梁啓超文集［M］.北京：中國文聯出版社，2006：494、501.
②梁漱溟.東西文化及其哲學［M］.北京：商務印書館，1999.60.

是人類為著滿足生活的需要，憑藉語言系統、技術發明、社會組織與習慣，累世承襲創建出來的有價值的『工具實在』。文化只是人生，只是人類的生活⋯⋯文化是指集體的大群的人類生活而言。」[1] 賀麟在《文化的體與用》《文化與人生》中指出：「文化是經過人類的精神陶鑄過的自然。」「文化是名詞，同時也是動詞；化含有改變的意義；文要化，要影響其他的一種東西，要感化或支配別的一種東西；譬如教育、譬如詩歌，可以使人向善，可以使人有優美的情操；這就是文化之一。」「所謂文化乃是人文化，即是人類的精神活動所影響、所支配、所產生的。又可以說是文化即是理性化，就是以理性來支配處理任何事、從理性中產生的，即謂之文化。文化包含三大概念：第一是『真』、第二是『善』、第三是『美』，即是真理化、藝術化、道德化」。「文化的特徵乃是徵服人類的精神，使人心悅誠服。」當代學者金開誠將「文化」定義為：「文化是對具有一定社會共同性的思想意識、價值觀念和行為方式起引導或制約作用的、由各種集體意識所形成的社會精神力量。」可見，中國學者對「文化」的解釋也是人見人殊的。

雖然眾說紛紜，但以下幾點是我們應加以注意的：

首先，「文化」是一種精神力量。文化是人類在社會歷史發展過程中所創造的物質財富和精神財富的總和。從一般意義上講，可以把文化分為精神文化、物質文化、行為文化三種類型。物質文化是人們改造自然界以滿足人類物質需要為主的那部分文化產物（如生產工具——工藝藝術文化、生態文化）；行為文化是人類處理個體與他人、個體與群體之間關係的文化產物（如禮儀制度、婚姻制度、家庭制度）；精神文化是人類文化心態和精神活動的對象化，包括人們的文化心理和社會意識等諸多形式（如政治、法律、思想、道德、藝術、宗教、哲學）。

其次，在定義「文化」概念的時候應注意的是文化本身可分為「廣義的文化」和「狹義的文化」。「廣義的文化」包含物質文化和精神文化，而「狹義的文化」則主要是指精神文化和制度文化。根據唯物主義反應論的原則和社會存在決定社會意識的法則，應當肯定「狹義的文化」是第二性的東西，屬於意識和精神的範疇。毛澤東在《新民主主義論》中指出：「一定的文化（當作觀念形態的文化）是一定社會的政治和經濟的反應，又給予偉大影響和作用於一定社會的政治和經濟。」美國學者丹尼爾·帕特里克·莫伊尼漢指出：「保守地說，真理的中心在於，對於一個社會的成功起決定作用的，是文化，而不是政治。開明地說，真理的中心在於，政治可以改

---

[1] 黃文山. 文化學體系 [M]. 臺北：中華書局，1971：89.

變文化，使文化免於沉淪。」

最後，文化有一定的社會共同性，這是不可置疑的。這種共同性是相對於人類本能的精神力量而言的。文化的社會精神力量是後天的，文化的傳承是社會的傳承，因此教育和學習在人類文化的傳承與發展中具有前提意義，起著巨大作用。文化的這種社會性是指文化的總體作為精神力量既有一定的社會幅度又有綜合性，它並不是個體的某種精神力量。文化作為社會精神力量具有巨大而深刻的社會影響。它無論是表現為一種有約束力的氛圍、一種約定俗成的習慣，還是表現為一種成文或不成文的規定，都有力地作用於人們的思想和行為，潛移默化，使人自然遵循，使人必然遵守，即達到「化」的作用。

總之，文化是時代精神的客觀表現。正如英國詩人雪萊在《詩辨》中所說：「我們讀到當代最著名的作家的作品時，對於他們字裡行間所燃著的電一般的生命不能不感到震驚，這與其說是他們的精神，毋寧說是時代的精神。」文化是民族精神的客觀表現。只要還有民族存在，文化就必然帶有民族的傳統和特色。文化是文化創造者精神世界的客觀表現。魯迅、屈原、貝多芬、雨果、巴爾扎克、凡·高等人的作品無一不打上了各自的精神烙印。

此外，文化還在諸多領域得到有力的反應：文化的核心是哲學，而其基礎在教育；科學為其脊梁；文學藝術是其血肉；新聞媒體是脈絡。所有這一切結成了一個整體，推動著人類前進。

1.3　中國傳統文化

春秋時代，中國的政治家、思想家有一個建立「文化中國」的偉大理想。「當時他們所謂的『中國』，既不是一個地理概念，又不是一個政治概念，也不是一個種族概念，而是一個文化的概念，即與野蠻相反的『文明』；有所謂『中國而失禮義則夷狄之，夷狄而能禮義則中國之』的說法。從那以後，我們的民族觀念和文化觀念，一直都是密切結合著的。這種將中國等同於文明的觀念，不免帶有某些自我中心的傲慢；而將文明等同於中國，卻又要求著文化上的全方位開放。按照這種觀點，中國應該是文明的；而一切文明也應該使之成為中國的，不存在任何政治的、地域的和種族的歧見。漢唐盛世，便是明證。」①

---

① 龐樸. 文化的民族性與時代性 [M]. 北京：中國和平出版社，1988.

從地理上講，「中國」二字在西周時僅指關中、河洛地區。在《左傳·襄公二十六年》（即公元前 547 年）中出現了「華夏」二字，後孔穎達疏：「華夏為中國也。」「華」即「美麗」，「夏」即「盛大」。「華夏」又指中原諸族。

在古代典籍中，「中國」二字的內涵大致有以下幾種：①「京師」，如《詩經·民勞》之「中國，即京師也」。②天子所轄，如諸葛亮對孫權就曾經講過：「若能以吳越之眾與中國抗衡，不如早與之絕。」③中原地區，《史記·東越列傳》：「東甌請舉國徙中國。」④內地，《史記·武帝本紀》：「天下名山八，而三在蠻夷，五在中國。」⑤諸夏所居，《論語集解》：「諸夏，中國也。」在《史記》《漢書》等典籍中，常見「華夏」及「中國」交替並用。

作為地域觀念，「中國」一詞有一個演變的過程，在《尚書》所記的西周時期，「中國」僅指西周人所居之關中、河洛地區；東周時期也可指稱包括附近各諸侯國在內的黃河流域，進而包括列國全境；19 世紀中葉以來專指全境。首次在對外文件中使用「中國」，則見於在 1689 年 9 月所簽訂的《中俄尼布楚條約》。

「中國」一詞尚有多種表現方式，如「中華」「九州」等。「中華」一詞在《三國志》中就已出現。唐代韓偓的詩句中就有：「中華地向邊城盡，外國雲從島上來。」「九州」始見於戰國中期，《禹貢》將「中國」版圖分為：冀、兗、徐、揚、荊、豫、梁、雍、青九州，故常以「九州」代指「中國」。在古代文獻《爾雅·釋地》《周禮·職方》及《呂氏春秋》中，雖也用「九州」一說，但州名與之有異。古籍中，因中國四境均有海水，故而也有人將「中國」稱為「四海」。

傳統文化是從歷史上流傳下來的民族文化。中國傳統文化是世界上最早產生的四大文明之一，跟埃及、巴比倫、印度及希臘文明不同，是唯一延續到現代，且從未中斷過的文化體系。

中國傳統文化是在西為大陸、東南瀕臨大海、西北橫亙沙漠、西南聳立高山的半封閉地理環境中孕育發展起來的，因此具有明顯的封閉性。此外，中國傳統文化還具有如下一些顯著特點：

首先，中國傳統文化包含著強烈的人文精神。中國傳統文化就其主流而言，最晚從周代開始，就將人置於中心的地位。《尚書》裡說：「民之所欲，天必從之。」「天視自我民視，天聽自我民聽。」（《尚書·秦逝中》），即連上天也要順從人民的視聽，以決定其好惡取捨。《左傳》裡還有這樣的話：「夫民，神之主也。」（《左傳·包公六年》）應該先辦好人的事，然後

再置辦神的事。中國第一部系統的字書《說文解字》解釋「人」這個字的時候說：「人，天地之性最貴者也。」人是和天、地並列的三才之一，是萬物之靈。中國雖然也有神學，也有宗教，神學沒有取得像歐洲那樣無上權威的地位。中國沒有教皇、沒有宗教裁判所。中國文學雖然與宗教有關，但宗教的題材遠不如歐洲那麼盛行和重要。中國傳統文化所崇拜的是祖先、注重的是祭祖，或者崇拜那些為民族的生存以及民族文化的發展做出非凡貢獻的人，例如孔子、李冰父子、司馬遷，雖然都有祭祀他們的廟宇和祠堂，但他們還是人而不是神。所以，中國傳統文化是以人為中心的文化，以人為主體的文化，以人為核心的文化，人和人的關係，遠比人和神的關係重要。

人文精神還有一層含義，就是重視人的節操和修養，注重人之所以成為人的那些道德素質，進而追求人格的完美。孔子說：「朝聞道，夕死可矣。」（《論語‧里仁》）又說「殺身以成仁」（《論語‧衛靈公》）。孟子說：「舍身而取義。」（《孟子‧告子上》）孟子還有一段名言：「富貴不能淫，貧賤不能移，威武不能屈。」（《孟子‧滕文公下》）在他們看來，道德和情操比生命更重要。

其次，中國傳統文化是尚群的文化。崇尚群體利益，這是中華民族的價值觀，與現代西方很不同。小到家庭，大到國家、民族，都是「群」。個體是「小我」，整體是「大我」，「群」就是「公」。《禮記》中說：「天下為公。」（《禮記‧禮運》）孔子說：「君子貴人而賤己，先人而後己。」（《禮記‧坊記》）宋代的蘇轍說：「不以私愛害公義。」（《四部叢刊》影明本《欒城集》卷四一）明末清初的顧炎武也認為天下興亡，匹夫有責。先公後私，對群體負責的精神在千百年文人墨客的文字中不可勝記。杜甫《茅屋為秋風所破歌》裡說：「安得廣廈千萬間，大庇天下寒士俱歡顏，風雨不動安如山。嗚呼！何時眼前突兀見此屋，吾廬獨破受凍死足矣。」（《杜詩詳註》卷十）範仲淹在《岳陽樓記》中說：「先天下之憂而憂，後天下之樂而樂。」（《四部叢刊》影明翻元本《範文正公集》卷七）魯迅在《自題小像》裡說：「我以我血薦軒轅。」（《魯迅全集‧集外集拾遺》）這些都是膾炙人口的名句。從古到今多少仁人志士，為了中華民族的生存不惜拋頭顱灑熱血，以他們的行為弘揚了這一尚群的精神。

再次，中國傳統文化是一種平和的文化。所謂「平」是注重平衡，所謂「和」是注重和諧。老子說：「萬物負陰而抱陽，衝氣以為和。」（《道德經》第十二章）孔子倡導「過猶不及」（《論語‧先進》）的中道觀，《中庸》以「致中和」（《禮記‧中庸》）為修養的最高境界。平和的精神滲透

到各個方面，城市的規劃、房屋的設計、室內的擺設，都講究對稱。書法和繪畫講究結構的對稱與力度的平衡，作詩講究對偶，審美講究「樂而不淫」「哀而不傷」（《論語・八佾》）。做人要兼顧文和質兩方面，質樸超過文採就粗野了，文採超過質樸就浮華了，兩方面配合適當，「文質彬彬」（《論語・雍也》），才稱得上君子。這都是強調把握一個恰當的度，以求得均衡，均衡才能穩定，均衡才美。中醫講究陰陽平衡，人體的各個器官及其功能達到平衡和協調，就可祛病延年。中國人早就懂得保持自然界生態平衡的道理，強調人和大自然和諧相處，古代哲學家們講「天人合一」，就含有這種光輝思想。人是大自然的一部分，是受大自然養育的。大自然的一草一木、一山一水、飛禽走獸，都是人類賴以生存的夥伴。如張載所說：「民吾同胞，物吾與也。」（《正蒙・乾稱篇》）人類雖然是萬物之靈，但不應該破壞人與大自然的和諧，不要做大自然的掠奪者。而要輔助自然界化育萬物，為人類造福。平和的文化精神，滲透到人和人的關係中，便是注重和睦共處，以達到人際關係的平衡。例如，長輩和幼輩，要尊老愛幼；老師和學生，要尊師愛生，都體現了這種文化精神。多元一體的中華民族本身就是多個民族和諧相處的大家庭。

「和」並不是善惡不分，是非莫辯，不是簡單地混同。正如孔子所說：「君子和而不同。」（《論語・子路》）在今天這樣的時代，仍然需要「和」，競爭要在統一的、公認的原則下進行，競爭的各方都具有統一性。通過公平競爭，相互促進，共同提高。

平和的特點還表現在對外的關係上。中華民族熱愛和平，反對侵略戰爭。墨子寫《非攻》一文，斥侵略為「不義」。歷代反對侵略戰爭的詩很多。例如，李白說：「乃知兵者是凶器，聖人不得已而用之。」（《戰城南》）中華文化為世界上其他民族文化的發展做出了許多貢獻，卻從來沒有對別的文化構成威脅。將中國傳統文化平和的特點弘揚開來，對當今的世界有著特殊的意義。

最後，中國傳統文化是自強不息、開放兼容的文化。中國古代的哲人早就看到大自然運行的重要規律，並由此引申出人生的準則：「天行健，君子以自強不息。」（《周易・乾卦》）天道是剛健的，君子效法天道，也應剛健立身，自強不息。剛健自強，奮發有為，才能生存，才能發展。中華文化延續幾千年而沒有中斷，靠的也是這種自強不息的精神。唯有不斷地自強，才能永久自立。然而，自強並不是自我封閉，老子早就說過「容乃公」（《道德經》第十六章），能兼容才稱得上是公，大公才能使天下歸心。《易傳》又說：「君子以厚德載物。」（《周易・坤卦》）君子應善於吸取外來的

文化以豐富自己。魯迅稱讚漢唐兩代人「閎放」，也就是這個意思。中國人敢於、樂於吸收外來的文化，更善於消化外來的文化，吸收其中的營養，使它們變成自己文化的一部分。佛學傳入中國以後，與中國固有的文化相結合，形成中國特有的禪學，就是一個很好的例證。

1.4 中國傳統文化發展的簡要歷程

中國傳統文化的發展歷程大致可分如下幾個階段：

第一，前文明時期：此時期上啓人類的初始至傳說中的大禹傳子，包括舊石器時期（此時屬傳說時期）。在茫茫中華大地上，活動著一大人種，即蒙古人種。經歷100多萬年的採集和漁獵，我們的初民開始農業栽培和家畜馴養，中國已無疑成了世界農業的起源中心之一。在中國黃河、長江流域有眾多初民生活的遺址被發現，說明中華大家庭並非所謂「西來」的。

第二，文明奠基及元典創制時期：它包含夏、商、周及春秋戰國時期。這一時期，包括所謂「軸心時期」。在這一時期中國首先出現了甲骨文，文字的出現使人們可以記錄下大事及多種思維的結果，無疑是人類的巨大進步。由於有了文字，在這一階段出現了影響後世的中華元典：《詩》《書》《禮》《易》《春秋》《論語》《墨子》《孟子》《老子》《莊子》等。這些元典系統地展現了中華文化的中堅概念、人文精神、憂患意識、天道自然的宇宙生成論，以及陰陽、道器、有無、理氣等範疇，並且在諸子辯難、百家爭鳴的時代已張揚展開，在這一時期象形會意的文字、諸子思想、宗法倫理已臻完善，並對後代開始產生深遠的影響。在這一時期中華大地上已開始使用青銅器。這是一種銅錫合金，塊範築法的器物，與西方文明不同的是，它優先應用於生產工具。作為祖先崇拜的天、地、人三大祭祀活動，在此時已經成立了定勢，它形成了慎終追遠、重史立言的一種宗法制。

第三，一統帝國文化的探索定格期，秦漢時期（公元前220—公元220年）。秦始皇完成了中國的統一，從而使這一時段成為古代帝國的完成期。在這一時期裡，中國文化的很多基本層面都已固定，如度量衡的統一，文字的釐定；教育模式、戶籍控制、官吏的銓敘都有一定規範；經學和史學體系有了一定範式；集權制已經形成，儒家文化被經學化、官學化；各王朝的家天下制度已經肇始。

第四，魏晉南北朝至唐代中葉，是漢民族文化與各少數民族文化以及印度文化的融會期。歷史上，中國農耕文化與遊牧文化之間的衝突與融合，南亞次大陸的佛教文化與中國本土的儒家文化、道家文化的相互影響，使

得中原文化向東南推進。

第五，唐代中葉至明代中葉，是中國近古文化定型期。在此期間過去的領主莊園經濟漸趨破產，地主—自耕農經濟逐漸定型，逐漸推進的兩稅代替租庸調，使傳統的賦稅制發生了根本性的變化。唐末宋初，「實物經濟」式微，貨幣（紙幣）大量流通，城市已由單純的政治、軍事中心演變為經濟和文化的集散地。隨著工商業的繁榮、市民階層的興起，市井文化趨於活躍，反應市民生活及情趣的小說、戲曲，在內容及形式上都別具一格。

第六，中西文化交匯及現代轉型期，即明末至五四運動時期。明朝中葉以後，商品經濟漸趨活躍，出現了「資本主義萌芽」。到了清代，由於面臨內部壓力和外力的衝擊，逐漸使清末的社會向著現代化社會轉型，東南沿海成了中西文化碰撞的前沿。而中華民族在空前危機與共同奮鬥中形成了新的凝聚力，在新崛起的工業文明和市場經濟基礎上，開始向現代民族轉變，國家形態終於結束了持續兩千多年的君主專制體制，開始向現代化國家體制轉變。由於新型工業文明的誕生和成長，傳統的中華文明、中華文化面臨著千年未有的巨變，但所有的這些轉變無論在時間範圍內還是空間範圍內仍在進行中，而距離轉變的完成還有很長的距離。

思考題：
1. 何謂文化？
2. 中國傳統文化是怎樣形成的？有何特點？
3. 試述中國傳統文化發展的歷程。

2 中國傳統文化生存發展的自然地理環境

2.1 人類文化與自然地理環境之關係

自然地理環境，是指人類生存發展所依賴的各種自然地理條件的總和，主要包括地形、地貌、土壤、氣候、水文、植被、海洋、陸地、山川、草原等直接影響人類生活的地理區域空間及地理生態環境。在有關人類文化的研究中，自然地理環境與文化的關係，長期以來都是人們關注的重點。近代地理學奠基人之一，德國地理學家卡爾·李特爾（1779—1859），在他的地理學巨著《地學通論》中，多次重複這樣一句名言：「土地影響著人類，而人類亦影響著土地。」從人地關係出發，人類文化的地理起源、文化現象的空間差異以及人類文化的分佈、變動同地理環境的關係等，圍繞這一系列問題的探究，20世紀初，國際學術界專門創生出一門新的學科——文化地理學。大致說來，文化地理學所涉及的人類文化與地理環境的關係，主要有以下一些基本觀點：

（1）文化是人類從適應自然到徵服、改造和利用自然的過程中形成發展的，因此，地理、文化、人，這三者從一開始就存在著不可分割的密切關係。

（2）人類文化必須產生、發展於一定的地理空間範圍，一定的人類文化和一定地理環境密切相關，文化必然要打上地理環境因素的深刻烙印。

（3）任何一種文化都有它自己的發源地，文化發源地的自然特徵與生態環境，往往構成不同空間文化現象的重大差別。地理空間上的文化差異，源於自然環境所形成的地域分隔；特定的地理環境不僅導致特殊文化的產生，而且對於文化的發展演變具有極為重要的制約作用。

（4）文化的本質內涵是自然的人化，人類作用於自然環境的文化活動，實際上是把自然環境中一個個原始景觀轉變成為文化景觀的過程。所謂文化景觀，就是人類的勞動給大自然留下的痕跡，如房舍、耕地、道路、村莊、聚落，等等。自然原始景觀通過人類的勞動轉變成為文化景觀，是人

類創造性智慧最直觀、最普遍的文化成果。

2.2 人類文化產生、形成及發展變化的地理環境因素

立足人類社會物質生產和物質生活與自然界密切相關的認識前提，依據文化地理學的基本觀點，就人類文化產生、形成及發展變化過程中的自然地理環境因素，我們可做以下相關闡述分析。

2.2.1 地理環境制約人的活動，通過影響人類生存方式而影響人類文化

恩格斯在研究人與自然的關係時，曾經說過這樣一句經典結論：「自然的歷史和人的歷史是相互制約的。」人與自然這種相互制約的關係，具有這樣一條共性規律：生產力水準越低，人類受地理環境的制約就越大；反之，生產力水準越高，受環境的制約也就越小。從這一規律出發，人類早期處於低級原始群體階段，生產力極其低下，根本沒有對抗自然界的能力，連人本身，也只能是自然界中微不足道的一分子，其活動完全受自然界制約。恩格斯指出：「自然界起初是作為一種完全異己的、有無限威力和不可制服的力量與人們對立的，人們同它的關係完全像動物同它的關係一樣。」恩格斯這段論述告訴我們，早期人類面對自然完全被動，完全受自然制約擺布。這種受自然條件制約擺布的力度非常大，大到什麼程度，大到影響人的起源。我們知道，人是由猿進化而來的，而從猿到人的進化，只能發生在氣候比較溫暖，動植物資源比較豐富的地區，不可能發生在北極冰天雪地或西亞撒哈拉大沙漠之中。

當人類在與之相適宜的自然環境中起源以後，自然地理環境繼續對人類的生存活動起著決定性的作用。這種作用直接反應在人類群體的謀生方式中。比如，因為地理環境的因素，有的地區土地肥沃，雨水充足，各種植物資源非常豐富，這種自然生態條件把原始人尋找食物的方式引向植物採摘。人類在採摘謀生的漫長年代中，逐漸熟悉了野生植物開花結籽的生長規律，開始對某些植物進行人工栽種，於是產生了原始種植業，產生了種植文明，再由種植業發展到農業，於是產生了農耕文化。而另外的一些地區如高原、草原地區，動物資源非常豐富，把人們尋找食物的活動引向狩獵。漫長的狩獵年代，原始人熟悉了動物的繁衍規律，於是捕獲小動物人工馴養，再由人工馴養發展到較大規模的畜牧業活動，於是產生了遊牧文化。其他如漁業文化，只能產生於原始人捕魚撈蝦的生產活動中，而捕魚撈蝦這種生產活動，只能出現在有江河湖海的自然條件地區。

總之，農耕文化、遊牧文化、漁業文化的產生、形成，是由人類不同的生存方式或群體勞動所決定的，而這類不同的生存方式和勞動活動，又是受地理環境所制約的。地理環境對文化的作用影響，在這裡是通過制約人的活動，通過影響人類的生存方式來實現的。可以這樣說，地理環境通過決定人類的經濟活動或生存方式，進而決定著各類文化現象的產生、形成。

2.2.2　地理環境提供了各類文化活動所必需的特殊物質空間場所

　　既然人類物質生活離不開一定的地理空間，那由人類物質生活所派生的各類文化現象，也顯然不可能離開一定的地理空間單獨存在。從這個意義上講，地理環境作為人類物質生活的必需條件，雖然它本身並不是文化，卻是文化賴以產生或存在、發展的基石。

　　不同的文化活動產生，往往需要不同的自然地理環境，某一類文化現象如果沒有某種特殊的地理環境條件，往往不能產生。比如，懸棺葬作為一種喪葬民俗文化，它必須產生在高山懸崖地區，如果是平原地區或草原地區，沒有山，沒有懸崖，就不可能產生懸棺葬俗。再比如，龍舟競賽這種文化活動離不開水，沒有江河湖海的高原地區，就不可能產生划龍舟這種文化娛樂活動。再比如，平坦開闊的草原地區或平坦的戈壁灘地形地貌，才有可能產生賽馬這種體育文化活動，而崎嶇不平的山丘，通常沒有賽馬之類的體育文化活動產生。這些事例表明，沒有某種特殊的地理空間條件，某些特殊的文化活動就不可能產生發展。

2.2.3　地理環境通過對生產力的影響而影響人類文化的變化發展

　　人類生產力由多種要素構成，其中，生產工具不僅是生產力的重要組成部分，而且是物質文化的一種存在形式。人類在製造第一把石斧擺脫動物狀態之前，根本就沒有什麼生產力。第一把石斧產生，人有了生產工具，創造了物質文化，擺脫了動物狀態。那麼，製造第一把石斧的智慧從何而來？俄國早期馬克思主義者普列漢諾夫這樣說：「只因為地理環境的某些特殊屬性的蔭賜，我們的人類祖先才能提高到轉化為製造工具的動物所必要的智慧發展的高度。」特殊屬性的蔭賜，是指特殊的自然地理條件為人類製造生產工具提供特殊的原材料。比如，在沒有金屬礦藏的地方，就不可能產生優於石器的金屬工具；在沒有野生馬、野生牛的地方，就不可能有被馴服的馬、牛作為運輸工具和交通工具；在沒有海洋與河流的地方，就不可能有木船的產生和行船技術的發展。以石油為能源的工具，只能依賴於

自然界石油的蘊藏；而沒有鈾礦這樣一種礦產資源，就不可能有以原子為能源的各種工具產生。

地理環境的不同和自然資源的不同，還決定著生產力的發展方向和發展水準。比如，加拿大原始森林資源豐富，它的生產力的發展方向和發展水準，反應在木材加工工業方面，非常突出；而澳大利亞草原遼闊，生產力的發展方向和發展水準，在畜牧業方面非常典型。再比如日本，由於國土狹小，自然資源非常短缺，它的生產力無論怎樣進步發展，都不可能建設規模巨大的伐木業、畜牧業和採礦業。這一類例子表明，地理環境對生產力的性質方面，同樣具有非常重大的影響。普列漢諾夫就地理環境對生產力的影響問題，做了這樣一個總結，他說：「生產力的發展歸根到底決定著一切社會關係的發展，而決定生產力的發展的則是地理環境的性質。」普列漢諾夫這一結論的關鍵是地理環境決定生產力，而生產力又是人類文化變革發展的重要因素，所以，地理環境對人類文化的影響，其重要途徑之一是通過決定生產力或影響生產力的變革發展來間接實現的。

另外，科學技術尤其是新技術、新發明作為生產力的重大要素，其推廣和運用，與地理環境的關係也非常之密切。地理環境制約著各地區人們的交往，高山、沙漠、大海成為古代人們交往的障礙，使得許多新技術和新發明失傳。馬克思指出：「某一個地方創造出來的生產力，特別是發明，在往後的發展中是否會失傳，取決於交往擴展的情況。當交往只限於毗鄰地區的時候，每一種發明在每一個地方都必須重新開始。」在這裡，發明創造作為與生產力密切相關的文化現象，其傳播狀況及是否失傳等，與地理環境是否形成人際交往的巨大障礙，有非常密切的關係。

2.2.4　地理環境通過對人的性格和心理影響而對社會文化產生重要作用

地理環境作為人類物質生活的客觀外部世界，對人的主觀世界有巨大的反作用力，對人類複雜的性格特點和心理氣質的形成具有重大影響。不同地理環境中的居民，有的粗狂剽悍，有的豪邁熱情，有的溫和謙恭，有的智慧善良，有的拘謹膽小，有的敢於冒險，等等。這些不同的心理氣質、不同的性格特點，與地理自然環境關係非常密切。《漢書・地理志》：「凡民稟五常之性而有剛柔緩急，聲音不同，系水土之風氣，故謂之風。」這段材料所講的就是地理環境、水土風氣對人的脾氣、性格以及說話發聲的作用影響。

17世紀，西方曾經興起一股影響巨大的「地理環境決定論」思潮，其重要代表人物之一的孟德斯鳩（1689—1755），曾經就天氣對人的氣質性格影響做出這樣的論述：「熱帶民族像老人一樣膽怯，寒帶民族像青年一樣勇

敢。」法國著名的文學家史達爾夫人（1766—1817），曾經以自然氣候因素來比較法國人和德國人的群體氣質性格：「歐洲南方明媚的陽光，使法國人顯得輕快、活潑和更加輕佻；歐洲北方寒冷沉悶的天氣使德國人喜好沉思，顯得嚴肅、莊重。」

「地理環境決定論」的基本觀點是：地理環境決定人們的思想氣質和群體心態性格，而人們的思想氣質和心態性格，又影響、決定著社會的意識形態、政治、法律等方方面面的社會制度。

「地理環境決定論」長期以來影響巨大，但它的基本觀點與馬克思歷史唯物主義的觀點是有所背離的。歷史唯物主義認為：社會的發展，社會形態或國家制度，是由生產力或生產方式所決定的。比如，歐洲地中海地區，在過去三千年內，它的自然地理環境變化非常微不足道，基本上沒有什麼變化，但在這三千年內，歐洲經歷了奴隸制、封建制和資本主義制度，某些東歐國家還經歷了社會主義制度。從歐洲過去三千年社會形態、國家體制變化的歷史來看，內在的決定因素是生產方式，是生產力的變革發展。因此，我們既要理解自然地理環境對社會發展的重大影響，但又要明白，在社會形態或國家根本政治體制方面，自然地理環境不是決定性因素。

2.3 中國傳統文化的地理環境因素及其文化特徵

2.3.1 地理環境的複雜性與差異性，形成中國傳統文化的豐富性與多元性

中國自古以來疆域遼闊，土地面積廣大，地形地貌複雜、氣候類型多樣，各種不同區域地理條件差異明顯，整體地理環境獨立封閉，這是中國總體地理環境的顯著特徵。

從土地面積來看，中國擁有 960 萬平方千米的廣袤土地，南北相距 5,500 千米，緯度相差 49 度多；東西相距 5,200 千米，跨經度 61 度，時差達 4 個多小時。

從地形地貌類型看，中國地形從東到西可劃分為沿海低窪平原地帶、平原向高原過渡地帶以及高原地帶三種類型。地形地勢西高東低，高度由西向東依次遞減，呈現出三大階梯式的地形地貌，從西部的高山到東部的沿海，海拔懸殊，差距達到 9,000 多米。

從氣候氣溫方面來看，中國氣候帶由北向南可分為亞寒帶、寒溫帶、溫帶、暖溫帶、亞熱帶和熱帶等六種類型。從北部的黑龍江流域到南部的南沙群島，氣溫差距冬季可達 50°C 以上，夏季的溫差也可達 20°C～30°C。

年降雨量方面，由於受季風氣候影響，中國的降雨量由東南向西北遞減，多雨地區和干旱地區的降雨量懸殊，相差 1,500 毫米以上，多雨的地區年降雨量可達 1,600 毫米以上，而某些干旱地區年降雨量不足 50 毫米。

地形地貌的差別、氣候類型的差別、海拔高度以及降雨量的差別等，必然形成不同的地理氣候區域環境，由此產生不同的經濟類別區域，形成不同的生產方式和生活方式，從而形成中國傳統文化豐富性與多元性格局的存在形態。

中國傳統文化的豐富性與多元性，與地理環境的差異性密切相關。比如，按中國地形地貌及氣候差異區分的文化類型，有河谷型文化、草原型文化、山岳型文化、海洋型文化，等等。這些文化類型各有特點：河谷型文化以農耕為主，特點是內聚力和容納性強；草原型文化以畜牧業為主，特點是流動性和外向性；山岳型文化的特點是封閉性和排他性；而海洋型文化的特點則是開放性和冒險精神較強。這些不同的文化類別，以地理環境差異為特徵，表現為不同的生產方式和生活方式，並最終形成不同區域人們在衣、食、住、行、風俗習慣及思維意識、觀念方面的巨大差別。

如果再從地理環境更小範圍的區域出發，則可以把中華地理區域環境所涉及的、帶有明顯地方區域個性差異的文化現象，細分為齊魯文化、吳越文化、巴蜀文化、西域文化、中原文化、荊楚文化、關東文化、嶺南文化，等等。把諸多不同地理差異或地緣特徵的文化類別綜合在一起，形成了中國傳統文化的多姿多彩，類別多樣，以及文化內容的博大精深。總的一句話，中國傳統文化的豐富性與多元性，是由文化扎根生存的地理環境的複雜性與差異性所決定的。

2.3.2 地理環境與外部世界相對隔絕，形成了中國傳統文化的封閉性與獨立性

中國傳統文化生存、發展的地理環境，與外部世界基本上處於封閉隔絕狀態。從整體地理環境上看，環繞中國四周的地理格局是：東南面為茫茫大海，是一望無際難以逾越的太平洋，西南面是不可跨越的世界屋脊——青藏高原和艱險難行的橫斷山脈，西北面是帕米爾高原以及高原以外茫茫無際的沙漠戈壁，正北面是干旱的大草原和西伯利亞遼闊的針葉林地帶。這些天然的地理障礙，把古代中國與外部世界隔離開來，形成了相對封閉、隔絕的自然環境，也使中國在世界區域範圍內成為一個相對獨立的地理單元。

大海、高山、沙漠等天然地理屏障，為板塊狀的中國大陸提供了一種天然的空間隔絕機制。作為一個相對封閉獨立的地理單元，中國傳統文化所處的地理環境和古代歐洲地中海文化所處的地理環境相比，形成了鮮明

的對照。歐洲大陸被深入內地的地中海、黑海、波羅的海等內海所切割，形成由幾個龐大半島和眾多小島所組成的大陸板塊，使歐洲大陸腹地距離海洋最多也不過三四百千米，呈現為海洋切割陸地、陸地向海洋開放的「陸海交錯」型地理特點，從而使歐洲文化具有擴散性、開放性的特點。中國則不然，雖然擁有漫長的海岸線，但海洋沒有深入中國內地，陸地面積沒有被內海所切割，從而形成了中國大陸腹地遠離海洋的特點。距海洋超過800千米的陸地占全國版圖的70%以上，蘭州、烏魯木齊、拉薩等地距海洋甚至達數千千米，是世界上「大陸—海岸型」地理特徵最為典型的國家。中國東南面漫長的海岸線，本來應該成為中外文化交流的順暢通道。但是，在古代，航海技術的極端落後，加之太平洋實在太大，這條水上通道基本上沒有被利用，反倒成為中外文化交流不可逾越的天然屏障。浩瀚的太平洋阻礙了古代中國與外界的交往。

　　中國傳統文化生長發育在這樣一種四周封閉的「大陸—海岸型」地理環境中，理所當然造成一種地理隔絕；特殊的地理條件，阻斷了中國同外部世界更多的交往，使中國傳統文化形成一種與生俱來的封閉性。這種封閉性主要表現為文化的傳播障礙和輸入障礙：一方面，中國文化要比較完備地向四周輻射傳播非常困難，障礙很大；另一方面，外來文化由於地理環境限制，傳入中國甚為艱難。或者即便傳入中國，也因地理環境因素的抵消耗損而缺乏巨大能量，對中國文化產生的影響作用就不是很大。比如，古代的西方文明，因與中國距離遙遠，加之高山、海洋、沙漠等地理屏障的天然阻礙，即便有不少西方國家的使臣、商人、學者、宗教信徒、旅行家、避難者等各類人員歷盡艱辛來到中國，但他們輸入帶來的西方文明能量有限，在遼闊的中華大地「氣息」微弱，影響微乎其微。總之，中國文化發展史上，因地理環境相對封閉隔絕的因素，中國文化的孕育產生及其生存狀態或發展方向，都帶有一種先天的封閉性。

　　從另一個角度看，恰恰因為與外部世界處於封閉隔絕的狀態，使中國成為一個相對獨立的地理單元，並由此造成了中國傳統文化獨立發展、自成體系，具有極強的獨立性。特殊的地理環境使中國遠離世界其他文明中心，受外來文化的影響很小，這種狀況決定了中國文化體系的孕育發展必須以自我為中心，獨立完成。事實也是如此，無論是中國的文字和文學，還是中國的哲學和科學技術，都是在與其他文明隔離的狀況下獨立發育而成的，都具有其他文明所不具備的明顯特徵。比如，中國的文字，從早期的甲骨文到金文再到篆體字，在其誕生和發展過程中，沒有受到任何外來文字的影響。中國表意的方塊字與世界上很多民族的字母拼音文字截然不同，毫

無共性之處,其重要原因之一,就是中國文字的誕生發育,完全是在與外界文明缺乏聯繫的情況下獨立完成的。

總之,中國文化的獨立性,是由中國地理環境的封閉性所決定的,而中國文化的封閉性,則是由中國地理環境的相對獨立性所造成的。封閉性與獨立性,既是中國地理環境的基本特點,同時也是中國傳統文化的顯著特徵之一。

2.3.3 地理環境的廣闊性與完整獨立性,形成中國傳統文化的包容性和連續性

從世界地理視野的宏觀角度看,中國地理環境十分封閉,遠離其他文明區域中心,是一個自成體系、相對獨立的地理單元。由於這一地理單元自身幅員廣大,內部疆域異常遼闊,對各種各樣的地域文化,形成了「有容乃大」的極強包容性。也就是說,廣闊的中國地理空間環境,很容易形成一種「大肚能容」的文化心胸,不僅可以容納各有個性的多元本土文化,而且對周邊傳入的外來文化,也能兼收並蓄,在潛移默化的碰撞交匯中,予以吸收同化,具有開闊地理空間的強大融合力。總之,地理環境廣闊,對各種文化有著巨大容量的承載空間,構成了中國傳統文化包容性強的顯著特點。換言之,空間的廣闊性與文化的包容性,二者往往是必不可分地聯繫在一起的。

中國地理環境的完整性與獨立性,則是中國傳統文化得以保存和延續的先決條件。中國傳統文化的重大特徵之一,是文化傳承發展的連續性與穩定性。為什麼中國傳統文化能夠在數千年歷史中不曾中斷地連續傳承發展?根本原因在於地理環境的完整獨立與相對封閉。與世界其他幾大文明古國相比較,古埃及文化因希臘大軍占領而被希臘化,古羅馬文化因日耳曼族入侵而被中斷,古印度文化因雅利安人的入侵而被摧毀。唯獨中國,幾千年傳統文化生生不息,綿延不絕,連續傳承未曾中斷,顯示出經久不衰的強大生命力和凝聚力。分析個中原因,不能不歸結於中國地理環境的完整獨立與相對封閉。上述幾大世界古老文明被摧毀中斷,皆是異族大規模軍事徵服戰爭所為,而鴉片戰爭以前,受生產力發展水準限制,西方沒有一次大規模的軍事行動能夠到達中國,中國傳統文化沒有因對外戰爭的關係而遭受損害或停滯、中斷。這一點,正是中國特殊地理空間環境阻礙隔絕的結果,是東亞大陸相對獨立封閉的地理板塊,保障了中國文化連續傳承。

2.3.4 優越的農耕地理環境，形成凸顯農耕文明的傳統主體文化

中國自古以來就是農業國，具有悠久歷史的農耕文明。中國的農耕文明之所以發達，是因為中國具有得天獨厚的、優越的農耕地理環境。中國大部分地區為北溫帶和暖溫帶氣候，其次為亞熱帶氣候，這種氣候非常適合農耕生產。中華文明最為重要的發源地——黃河流域，土地肥沃而疏鬆，加上溫帶氣候條件，成為中國農耕文化發源地之一，黃河因此被稱為中華民族的「母親河」。長江流域溫暖濕潤，雨量充沛，土地肥沃，湖泊眾多，為水田農耕文化的形成和發展提供了良好的自然條件，長江成為中華民族的第二條「母親河」。除了黃河流域、長江流域外，其他如淮河流域、珠江流域、四川盆地、關中平原等大面積地區以至於整個長城以南的中華大地，都是以農耕經濟為主的重要經濟生產區域。由於中國的農耕文明最早起源於黃河流域，其次是長江流域，所以有學者認為，中國的文化是河谷型文化，中國的文明是大河文明。大河流域的沖積平原，形成了中國得天獨厚的自然條件和優越的地理生態環境，使中國不僅成為世界上農耕最早的國家之一，也成為世界上少數幾個農業文明中心之一，農耕人口也因此成為中國社會人口構成的絕對主體。

就地理環境與中國傳統文化的關係而言，中國古代農耕地理環境和農耕生產、生活的歷史社會環境，不僅形成了中華民族建立在農耕文明基礎之上的民族文化性格，而且必然使農耕文化成為中國傳統文化的主體，構成中國文化形態沿襲傳承的主流。當然，由於中國幅員遼闊，地理環境的複雜多樣導致多元文化的共生共存，但在諸多文化類型共生共存的多元格局中，農耕文化擁有絕對優勢和主導地位，由此形成中國傳統社會以農耕文化為主體的多元一體化格局。

2.4 農耕地理環境支配下的中國「天下中心」觀

古代中國人生活在一個相對封閉獨立並且以農耕生產為主的地理環境之中，農耕生產安土定居，世世代代固守一隅，不輕易離開故土轉換空間，由此導致古代中國人夜郎自大、故步自封等極端狹隘的地理文化觀念。這種地理文化觀念的突出表現，就是古代中國人的「天下中心」觀。作為一個地理概念，「中國」一詞，核心在於一個「中」字，其含義不僅是大一統國家的正統名稱，而且點明中國自古以來就是「天下中心」。

追溯「中國」一詞的本義內涵，經歷了一個逐漸擴展的過程。「中國」

二字,「中」是指方位,四方之中;「國」的本義是城邑(大城曰「都」,小城曰「邑」)。「中國」一詞,在古代典籍裡有狹義和廣義之別。狹義「中國」,是指方形的城,主要是指天子的都城或京城,也包括京師周邊的地區,這些地區和京城合起來,被稱為「王畿」或「京畿」。京師或京畿以外有諸侯封國,京師或京畿處在四方諸侯封國的護衛之中,於是就把處於諸侯護衛之中的京師或京畿稱為「中國」。《詩經·大雅·民勞》:「惠此中國,以綏四方。」《詩經毛傳》註此「中國」一詞稱:「中國,京師也。」後來,「中國」一詞的地理空間開始擴展,由狹義到廣義,其範圍擴大到中原地區,包括黃河中、下游流域。在古代社會,「中國」「中原」「中土」「中州」「中華」都是基本相同的概念。一直到19世紀中葉,「中國」一詞開始專指我們國家的全部領土,不再另作他用。

在古代文獻典籍中,為什麼稱「中國」為「華夏」呢?孔穎達《左傳註疏》:「中國有禮儀之大,故稱夏,有服章之美,謂之華。」「夏」即大的意思,指高大壯觀。揚雄《方言》:「秦晉之間,凡物之壯大者而愛偉之,謂之夏。」中國是禮儀大國,可稱為「夏國」。「華」,指絲綢服裝顏色豔麗,華彩美觀。在「夏」前面加上一個「華」字,稱「華夏」,是古代黃河流域的祖先因其華美絲綢服裝獨步天下,與周邊四夷迥然有異並引以為自豪,非得要突出這一個特點不可,於是以「華夏」自居。由於中原地區是華夏人居住活動的地區,處在周邊四夷之中,於是又稱「中原」或「中國」為「中華」。

古代中國人把自己所見到的或所感知的無限遼闊的地理空間,稱之為「天下」或者「四海」。由於「世界」一詞是佛教傳入以後的外來詞彙,古代中國人不說「世界」,而習慣於以「天下」概念來表述自己生活的遼闊的地理空間。

古代中國人建構的「天下中心」地理觀,包括這樣幾層含義:其一,中國人自己所在的地方是世界的中心,也是文化或文明的中心;其二,地理空間越靠外緣,就越偏僻荒蕪,住在那裡的民族也就越野蠻,文明的等級也就越低;其三,周邊少數民族必須向具有高度文明的中原王朝稱臣納貢,接受中原王朝也就是接受中國的制約與管轄。

從漢代張騫出使西域開始,中國人對於周邊世界的實際認識開始向中亞、西亞擴展。絲綢之路打通,東漢的甘英到達波斯灣海岸,佛教傳入中國,玄奘西赴印度,明代宣揚國威——鄭和七下西洋,隨著不斷有人跨出國門,中國人的地理空間認識範圍已經遠遠超越中國本土無數倍。按理說,中國人狹隘的「天下中心」地理文化觀念,應當以此為契機逐步發生改變,

但遺憾的是，所有這些對外地理空間開拓的壯舉，並沒有改變古代中國人心靈深處的自我「天下中心」意識。

第一次對中國人「天下中心」觀念帶來震撼的，是明朝末年來華的義大利傳教士利瑪竇。利瑪竇帶來了一張反應歐洲文藝復興地理學成就的地圖，名為「萬國全圖」。圖上的中國並不處於世界中心，僅僅是在一個洲即亞洲的某一部分。對此，朝野議論紛紛，表示異常憤慨，說這一世界地圖把中國畫得這麼小，是有意誇大外夷而醜化中國，聲稱這張地圖「其說荒謬莫考」；「以中國數萬里之地為一州，妄謬不攻自破」。利瑪竇面對這些指責很是擔心，怕中國皇帝看到這張地圖後怪罪他藐視中國，於是只好把中國的位置改到了世界中心，並命名這張圖為《輿地山海全圖》。經過改動，這張世界地圖才於1584年得以印刷出版，這也是中國第一次刻印西洋式世界地圖。

據《利瑪竇中國札記》一書記載，利瑪竇在中國見到一張明朝萬歷年間中國人自己製作的世界地圖，地圖的中間部分是明朝的15個省區，在地圖四周的海洋中，散布著一些小島，小島上填寫著當時中國人聽說的若干外國國家的名字。所有這些外國國家區域加在一起，總面積還不如明朝一個最小的省的面積大。這幅地圖是中國人傳統「天下中心」地理觀念最直接的反應。利瑪竇對中國人對地理知識的缺乏感到非常震驚，他在書中寫道：「他們不知道地球的大小而又夜郎自大……認為各國中只有中國值得稱羨，他們不僅把所有別的民族看成野蠻人，而且看成沒有理性的動物。」

大清帝國從東北地區崛起進而統一全國，對外部世界格局的變化一無所知，繼續以「天下中心」的態度處理中國同西方的關係。結果，導致外交關係上和西方國家的嚴重衝突。18世紀末，經過工業革命洗禮的英國已經成為當時世界上最先進的國家，英國海外殖民活動遍及非洲、美洲和中東及南亞，並步步逼近遠東。英國派特使馬嘎爾尼勛爵來華協商通商貿易事宜，提出雙方建立經濟貿易活動，而清廷乾隆皇帝則用以上對下的語氣，給英國國王下了這樣一道敕諭：「我天朝物產豐盈，無所不有，原不假外夷貨物以通有無。」拒絕了英國提出的開展雙邊經濟貿易的要求。英王喬治三世給乾隆皇帝的信，也被大清帝國的官方翻譯一廂情願譯得面目全非，譯文用以下對上非常謙卑的口氣，說英國非常仰慕天朝的文化與文明，「一心想念著來向化輸誠……進獻表貢」。這次中英外交對話，被大清王朝理解為英國是來向清廷歸順納貢的。由於馬嘎爾尼拒絕向乾隆皇帝行跪拜叩頭禮，朝堂一片嘩然，乾隆極不高興，傳旨令馬嘎爾尼盡快離境回國，並在給英王的聖諭中耿耿於懷提及此事說：「念爾國僻居荒遠，間隔重瀛，於天朝體

制未諳習，是以命大臣等向使臣詳加開導。」

　　馬嘎爾尼出使中國拒絕跪拜，表明西方文明首次向中國「華夷之辨」等級秩序和「天朝中心」觀念提出挑戰，但這次挑戰所帶來的西方文明信息，被中國的皇帝和大臣們徹底忽視了。他們把英國使者不行跪拜叩頭禮，理解為遠方蠻夷非常落後，是不知禮節、愚昧不開化的表現。結果，23 年以後（1816 年），英國又派使者羅美爾出使清朝，重新商談雙邊通商貿易事宜，矛盾衝突再次發生。大清朝廷單方面認為，英使這次來華，是為了再次表示英國對天朝的仰慕與歸順，也可能是來對上一次不行跪拜之禮表示歉意。殊不知，當嘉慶皇帝端坐龍椅等著英使前來參拜時，羅美爾一聽說又要跪拜叩頭，在宮殿外拒絕進殿，堅決不行此禮，嘉慶大怒，立即下令將羅美爾驅逐出境。而且，嘉慶還給英王下了一道聖旨，說只要英國傾心歸順清廷就行了，今後不必再派使者來華：「爾國能使百姓和睦安泰，朕就予以嘉許……爾等只需傾心效順天朝，即為心向王化。」

　　中英之間兩次跪拜禮節糾紛，反應了中國傳統「天下中心」地理文化觀以及由此而產生的「華夷之辨」等級秩序與國際工業文明的外交觀念，已經形成嚴重衝突對立。這種衝突對立發生在一個傳統封建農業大國和一個用近代資本主義文明武裝起來的強大殖民帝國之間，給中國社會的變革發展帶來一種極其不祥的歷史預兆：陶醉於自我「天下中心」的古老中華民族，進入國際化工業文明的競爭時代，將不得不付出最慘重的代價。

　　果然，幾十年以後，被中國皇帝稱為「僻居荒遠」的落後英國「蠻夷」，用堅船利炮打開了中國的大門，一系列割地賠款恥辱條約的簽訂，中國人被迫接受這樣一個痛苦的事實——中國不再是天下的中心、不再是世界上最強大的天朝，而被中國稱為「四夷」的，則有可能是一些比中國更文明、更發達的國家。1840 年鴉片戰爭的失敗，引起中國社會「天崩地裂」的思想震撼，中國傳統觀念中的「天下中心」文化優越心理崩潰瓦解，對世界的認識逐漸由「天下」轉為「萬國」。中國不再把外國對中國的關係，繼續定位在向中國「稱臣」、「朝貢」、「朝覲」等一系列妄自尊大的思維模式之中，而伴隨這樣一種根深蒂固的「天下中心」地理文化偏見的消失，中國社會幾經變革陣痛以後，最終由傳統走向現代。

2 中國傳統文化生存發展的自然地理環境

2.5 古代農耕地區與遊牧地區的文化差異與文化融合

2.5.1 中國農耕文明與遊牧文明的區域地界分野

在中國多元化格局的文化形態中，儘管農耕文化是主體，是主流，但遊牧文化也是中國多元文化格局中的重要組成部分，遊牧經濟是中國經濟地理環境中僅次於農耕經濟的又一種基本經濟類型。

在人類文明發展史上，農耕經濟與遊牧經濟的產生，是在各自不同的自然地理環境中，由不同的謀取食物的方式所決定的。以狩獵方式獲取食物的原始群體，在長期的狩獵生活中，逐漸熟悉了動物的繁衍規律，形成專門的人工馴養動物的畜牧業部落，導致遊牧經濟產生。而另一部分以採摘野生植物瓜果籽粒為生的原始居民，在長期的採摘生活中，逐漸形成專門從事人工植物栽培的種植業群體，並最終發展成為農耕經濟。總之，人類謀取食物方式的差異，導致了農耕與遊牧這兩大不同的經濟類型的產生。

在時間先後順序上，農耕文明起源早於遊牧文明，這是人類文明發展史上的通例。為什麼遊牧文明要晚於農耕文明？這是因為，原始社會生產力極其低下，原始人對付野獸動物的能力很低，要捕殺飛禽走獸作為食物非常困難。謀取食物最主要、最根本的方式是採摘，然後是人工栽種植物發展農業，狩獵只是一種解決食物的補充輔助行為。但後來，當原始人從狩獵行為中發生轉變，形成專門從事人工馴養動物的畜牧業，畜牧業生產同樣給原始人提供了穩定豐富的食物來源和保證。於是，原始社會出現了第一次社會大分工，畜牧業開始從農業中分離出來，形成專門的、獨立的遊牧經濟類型。既然畜牧業是從農業中分離出來才成為自主獨立的經濟類型，因此在沒有原始社會第一次社會大分工之前，它是依附採摘經濟、依附農耕經濟而存在的。這樣，農耕文明在起源上自然早於遊牧文明。

當畜牧業從農業中分離出來，形成獨立自主的遊牧經濟後，農耕與遊牧作為各自不同的經濟類別，開始出現了明顯的地域分野。

從中國地理環境的總體情況看，長城以南以東的廣闊地區基本上都是農耕經濟區，長城以北以西的地區，則基本上是遊牧經濟區。所以，從宏觀地理大格局來看，長城成為中國古代農耕與遊牧區域劃分的重要標誌。在長城以南的農耕區域中，凡是有河流的地帶，往往形成沖積平原，水源充足，氣候適宜，植物容易生長，最適合從事農耕生產。所以，黃河流域、長江流域、珠江流域、渭水流域、淮河流域等都是農耕經濟的典型區域。

從自然地理學角度來看，農耕文化往往被稱為河谷型文化，遊牧文化則通常被稱為草原型文化。這種區分反應出農耕與遊牧的自然區域界限，具有非常典型的地理環境特徵。

需要指出的是，把長城作為農耕區域與遊牧區域的分界線，這只是一種宏觀的大輪廓劃分法。具體在各大片區內，還有其他局部分界線，如在長城以南農耕區域大環境中，同樣有相對小塊的遊牧區域存在。以四川盆地為例，川南、川東以及川西成都平原，是優質農耕區，但以成都平原邊緣地帶的岷山為界限，岷山西北部的川西高原（包括今天的甘孜、阿壩、涼山三州地區），就有不少的遊牧片區存在。

在中國古代數千年歷史發展進程中，與地理環境相關的文明演進，始終表現為具有明顯區域特徵的農耕文明和遊牧文明之間的並立互存，二者既相衝突矛盾，又互為補充、相互交融，共同建構了中華民族波瀾壯闊的區域歷史文明。需要補充說明的是，中國古代農耕經濟區域與遊牧經濟區域大致格局定型以後，其邊緣界限並非長期固定、一成不變，而是隨著氣候環境的週期性冷暖變化而有所調整，在一定幅度內出現伸縮波動。比如，中國歷史上西北遊牧民族人口多次南遷，遊牧區域向南擴展，這與中國古代週期性變冷的自然條件變化，就有著非常密切的關係。

2.5.2 中國古代農耕文化與遊牧文化的異質差異

（1）農耕文化的基本特徵

①安土重遷，定居封閉，因循守舊，缺乏開拓創新意識。農耕生產離不開土地，春種秋收周而復始，必須定居下來，順應季節的變化按部就班進行田間勞作。農耕生產的性質要求生產者必須定居，而長期定居一隅被束縛在狹小的土地上，必然封閉狹隘，目光短淺。世世代代在單一的、傳統的生產方式中重複勞動，必然對舊的生產模式習以為常，中規中矩，形成農耕社會因循守舊的傳統習俗或墨守成規的封閉意識。

另外，農耕民族安於故土，決不輕易遷徙，群體不流動，而一個民族如果永遠離不開腳下那片故土，也就不敢踏上陌生的土地，不敢接近陌生的人群，不敢嘗試陌生的事物。這樣一來，在死守故土，年復一年的封閉、與世無爭的「定居」中，農耕民族生就缺乏一種冒險精神，缺乏遊牧民族那種強烈的徵服慾望或抗爭意識。換句話說，安於故土缺乏流動，世世代代不能進行地域空間的轉換，必然形成農耕文化的封閉保守，使之缺乏一種積極進取，不斷開拓的創新精神。

②居安求穩，和諧有序，防守心態，不尚武力，熱愛和平。農耕生產

靠天吃飯，生產者最大的心願，就是希望一年四季風調雨順、收成穩定，希望遠離旱澇蟲災，日子平安、生活穩定，這樣就形成了農耕民族居安求穩的性格心態。由於農業生產必須順應自然氣候，順應天時，與季節變化協調一致，保持和諧；一切農事活動，以全年二十四個農事節氣為指導，有條不紊地依次進行，這樣就形成了和諧有序的生產、生活秩序，形成了農耕文化的和諧性。這種居安求穩、和諧有序的農耕文化心態，有利於中國古代封建王朝維護社會秩序、保持社會政治的穩定。

同時，處在居安求穩、和諧有序生產活動和生活狀況中的農耕居民，總是表現出一種不尚武力、熱愛和平的防守心態。由於農耕民族所處的大河流域，其地理環境非常優越，他決不願意離開適宜耕種的優越地理環境向其他地方流動遷徙，不像遊牧民族那樣「逐水草而居」不斷爭奪水草、徵服異邦，因此不尚武力熱愛和平，追求一種平安穩定的和諧生活，是農耕民族文化性格的重大特徵之一。這一特徵反應在軍事上，主要表現為防守性——防禦外敵，保衛故土家園。農耕民族在軍事上缺乏主動進攻性，其防禦外敵的最基本策略是：「修障塞、築烽燧、屯戍以備之。」中國古代歷盡艱辛修築起來的萬里長城，體現的是中原農耕居民的自我保護意識，是把農耕區域圍護起來的一種防禦心態。長城不是向外擴張、崇尚武力的產物，而是退處守勢，抵禦進攻，保衛家園維護和平的手段。總之，農耕民族因生產方式離不開土地，是其防守心態產生的根本原因。

③以土為本，穩定型強，依戀故鄉，具有很強的凝聚力和容納性。土地是農耕社會最根本的生產資料，農耕生產主要是栽種莊稼植物，所有的莊稼植物生命都來自於大地泥土，有地則生，無地則死，農耕居民很早就樹立了「以土為本」的人地觀念，並由此形成對土地的強烈依戀。土地是根，是農耕民族的歸宿與希望，這種深厚的「戀土情結」，表現為生於斯死於斯，再窮再苦也要死守故鄉，決不離開父母家庭。所謂「葉落歸根」，正是這種「戀土情結」的表現。由於農耕生產方式扎根土地，生產區域長期固定，群體不流動，生產模式不變化，反應在文化上必然是一種不急不躁的穩定心態，形成不輕易變動的穩定文化系統。

同時，固守一隅依戀土地，必然形成農耕民族濃厚的鄉土情懷，而對故鄉本土的熱愛進一步擴展昇華，便成為熱愛祖國的民族情感。換句話說，對土地的認同，對家鄉的依戀，往往形成農耕居民極強的鄉土凝聚力，把這種鄉土凝聚力放大，最終內化演變成為強大的民族凝聚力。由於國家的概念在地理學的意義上，是指具體的疆域、山川河流等土地區域空間，因此「以土為本」的農耕文化，最容易培養人民熱愛故鄉、熱愛土地、熱愛

祖國的民族情感。這種情感，是民族凝聚力的根本，是中華民族農耕文化最本質的精神體現。所謂「兄弟鬩於牆而外禦其侮」，講的就是農耕民族那種內部團結，齊心協力對付外敵的極強的凝聚力。中華民族是一個具有強大凝聚力的民族，重要原因之一就是我們民族的主體文化是農耕文化。

強大的內在凝聚力使農耕民族充滿自信，再加上農耕生產自給自足，食物資源穩定，形成農耕居民無求於人、知足常樂的優越心態，對外來文化往往大度寬容，形成農耕文化極強的容納性。當其他類型文化進入農耕區域以後，農耕文化對它們具有很強的吸收包容或同化能力，通過吸收容納其他異質文化不斷豐富發展，農耕文化最終成為中華民族的主體文化。

④勤勞務實，自給自足，無求於人而安於現狀。俗話說：「一分耕耘，一分收穫。」這句話淵源於農耕生產實踐，顯示出農耕社會的勤勞務實精神。中國人比較講現實，關注瑣碎日常事務，關注平凡的世俗生活，這與農耕文化勤勞務實的傳統有很大的關係。中國古代社會是小農經濟社會，小農生產的特點就是事必躬親，所有繁雜的農事都必須一件一件地親自去做，否則你就不能養活自己。中國古代農耕經濟的特點是自給自足，這一特點一方面養成了農耕居民兢兢業業，腳踏實地，自力更生，自食其力的勤勞務實精神；另一方面，也由此造成農耕居民知足常樂的社會心態，形成農耕民族無求於人，安於現狀的群體文化人格。簡單歸納起來，勤勞務實、知足常樂、無求於人、安於現狀，這是中國農耕文化或農耕民族文化性格的又一傳統精神體現。著名國學大師章太炎先生說：「國民常性，所察在政事日用，所務在工商耕稼，志盡於有生，語絕於無驗。」比較準確地刻畫了以農耕居民為主體的中國人注重實際、各安本業的務實精神。

總的來看，定居封閉，狹隘保守，居安求穩，和諧有序，勤勞務實，不尚武力、熱愛和平，具有很強鄉土凝聚力以及容納性強等，構成了中國農耕文化的顯著特點。這些文化特點的形成，歸根到底，是由中國古代農耕地理環境和農耕生產方式所決定的。

（2）遊牧文化的基本特徵

①流動外向，開拓進取。遊牧生產通常發生在擁有遼闊草原的高原地區，如中國長城以西的青藏高原和長城以北的內蒙古高原，自古以來就是地理環境極為優越的遊牧經濟區域。遊牧文化通常也稱為草原型文化，其生產方式最本質的特點是「逐水草而居」，具有極強的流動性。遊牧人群、牲口群，隨著季節的變化流動於各個草地和水源之間。以水草為目標不斷轉換地域空間，流動性的群體、流動性的生產方式，必然導致遊牧文化的外向性與開拓性。大規模四處流動，敢於踏上陌生的土地，勇於開拓新的

生存空間，不斷和陌生的群體相碰撞，使遊牧民族與生俱來帶有一種開拓進取的積極精神。不狹隘，不守舊，視野開闊，敢於冒險，勇於探索創新，是遊牧文化基本的精神特質，而這種開拓性的文化特性，是由遊牧生產流動性、外向性的基本生產方式所決定的。

②強悍好勇，崇尚武力。遊牧經濟是從原始狩獵活動中孕育產生的，狩獵活動免不了隨時直接與動物野獸面對面搏鬥，以後發展成為畜牧業，為了保護牲畜牛羊，同樣要與猛獸尤其是和狼群搏鬥，面對隨時可能出現的野獸攻擊或暴風雨的襲擊，遊牧生產緊張、驚險、刺激，充滿危險。正是這樣一種特殊的生產、生活環境，不僅養成了遊牧居民強健的體魄和強悍的性格，而且形成了遊牧民族講究體力，重視騎射，爭強鬥勇，崇尚武力的尚武精神。或者說，好勇鬥狠，勇武有力，騎馬射箭等尚武行為，就成為遊牧民族所必須具備的生存本領或生存需要。

相比之下，農耕民族是從採摘生產方式中發展而來，採摘瓜果植物與狩獵活動相比，相對輕鬆安全，沒有與動物野獸格鬥拼搏的緊張、刺激與危險。後來由採摘發展為農耕，春種秋收，靠天吃飯，一切生產活動按部就班。這樣一種平穩和諧的生產、生活方式，養成農耕民族不尚武力，缺乏爭勇鬥狠的強悍勇武精神。

③擴張進攻，掠奪性強。與流動性、外向性或開拓性相伴隨而來的，是擴張性與進攻性。擴張性是外向性的延伸和結果，進攻性是開拓空間區域過程中的主動手段，往往帶有軍事進攻性質。因放牧的需要，遊牧民族不斷外向流動擴展地理空間，這一過程難免和其他部落群體爭奪水草發生衝突，爆發戰爭。戰爭的結果，戰敗的一方往往成為戰勝一方的掠奪對象，水草場地被占領，人口、牲畜被掠奪一空。如果遇到氣候週期性變冷，水草不豐，牛羊無草，遊牧經濟陷入危機，為了生存，遊牧族群有時候會大規模地集結起來襲擊平原農耕居民，掠奪糧食、牲畜及其他物質財富。遊牧民族剽勇強悍，崇尚武力的群體特點，為其對外擴張掠奪，提供了進攻動武的種種優勢。

④地域轉換頻繁，文化缺乏穩定。遊牧文化欠缺穩定，是一種非穩定性的文化類型，這一特點是由遊牧生產方式的流動性造成的。頻繁遷徙轉移，使遊牧民族沒有自己固定的地域空間，它的文化處在不斷的地域遷轉流動中，漂移不定，沒有像農耕文化那樣牢固的鄉土地緣根基，不能形成自己穩定的體系，容易被其他文化類型所吸收，或者被農耕文化所改造融合。

上述農耕文化與遊牧文化之間的種種差異，是由各自不同的自然地理環境因素和生產方式因素所決定的。在中國古代多元文化格局體系中，農

耕文化與遊牧文化這種巨大的異質差異，一方面構成了中國文化的多姿多彩、內涵豐富，呈現出不同區域文化的鮮明個性特徵；另一方面，這種差異也必然導致兩種文化的相互碰撞摩擦，相互對話交流，並最終形成中國歷史文明進程中農耕文化與遊牧文化兼容並包、互補融合的歷史發展潮流。

2.5.3　遊牧文化與農耕文化的互補融合

在中國古代多元化的文化格局中，農耕文化與遊牧文化是兩種最基本、最主要的文化類型。兩種文化在中國歷史上曾經多次發生衝突甚至引發戰爭，給社會帶來血與火的痛苦與災難，但這僅僅是中華文明發展史的一個方面。另一方面，也是最主要的方面，在長達數千年的歷史發展中，農耕民族與遊牧民族通過遷徙、互市、和親等經濟文化的碰撞接觸，兩種文明相互對話、互相交流、互為補充、相互融合，最終形成農耕文化與遊牧文化混血融合的整體發展趨勢。尤其是農耕文化，通過不斷吸收融合異質遊牧文化而蓬勃發展，充滿生機，不僅發展成為博大精深的中國傳統文化主體，而且鑄就成為中華民族強大凝聚力和容納性的生命根基。

（1）錯落雜居的民族分佈，有利於民族融合。中國歷史上北方（包括東北、西北）遊牧民族不斷遷移、流動，變換地理空間，他們進入中原內地以後，和該地區的農耕漢族形成「錯落分佈，雜居相處」的地理分佈格局。史書記載西晉的情況是：「西北諸郡，皆為戎居」；「關中之人，百萬餘口，率其多少，戎狄居半。」北魏鮮卑遊牧民族進入中原以後，採取的措施是：「離散諸部，不聽遷徙，其君長大人，皆同編戶。」內遷遊牧民族和農耕漢族雜居相處，必然要受農耕漢族較為先進的封建文化的影響。這種影響最終導致內遷遊牧部落在其組織結構體系及生產、生活方式上發生兩個重大變革：一是定居農業化，二是封建化。由流動的遊牧生產轉變為定居的農耕生產，必然促進這些遊牧民族自身的封建化過程。這種轉化現象，學術界通常把它叫作民族同化或民族融合。

（2）民族融合的途徑。在中國古代漫長的歷史進程中，進入農耕地區的遊牧民族，主要是沿著以下幾種主要途徑融合、步入漢民族大家庭的。

第一，生產實踐途徑。這是最重要、最基本的一條民族融合途徑。遊牧民族和農耕民族雜居相處，不可能不接受農耕漢族經濟生活的影響，不可能不學習漢族先進的生產技術，而一旦這樣做，必然引起他們自身的改變。比如，一旦接受農耕，生產方式的變革，遊牧民族必然由流動群體變為定居群體，而一旦分土定居，過去流動性的部落組織結構隨之解體，而以地籍為居民劃分標準的郡縣編戶制度必然應運而生。最終，通過農耕生

产的变革实践，游牧民族与农耕民族之间先前存在的那种不同经济类型所造成的文化差异逐渐消失，他们的思维方式、风俗习惯，随着经济生活的变化而发生改变，最后彻底融入农耕民族经济生活之中。马克思对从游牧转向定居的征服民族，曾经做过这样的论述：「定居下来的征服者所采纳的社会制度形式，应当适应于他们所面临的生产力水准。」进入中原农耕区域的游牧民族，要适应该地区的农耕生产力水准，只好放弃游牧旧制采纳新制，促使他们尽快融入汉民族。

第二，婚姻关系途径。进入中原农耕地区的北方游牧民族，在长期和汉族杂居相处的过程中，男女之间不可能不发生婚姻关系和两性行为。通婚是最为直接的血缘关系融合途径。考察中国古代民族关系发展的历史，胡、汉通婚的现象非常常见，如北魏鲜卑游牧民族进入中原农耕地区后，不仅在舆论导向方面，而且在具体政策措施方面，大力鼓励鲜卑人和汉人通婚，使得中原地区胡、汉通婚的现象甚为普遍。

在中国古代民族融合的方式中，婚姻混血的融合方式最为快捷见效。通过婚姻家庭的建立，不仅有利于思想的交流、语言的学习以及生活习俗的认同，而且婚姻关系本身，从血统稀释或体质进化的角度，大大加快了民族融合的速度。

第三，权力推动途径。民族融合的权力推动途径，主要是指在汉族地区建立政权的游牧民族统治者，采取种种强制措施，促进本民族成员汉化。这种自上而下的强制性汉化融合，是古代民族大融合过程中的常见现象，可以称之为「权力推动型」。如494年前后，北魏鲜卑族皇帝孝文帝提倡说汉话、写汉字、穿汉服、改汉姓，和汉人通婚等，这一空前规模的汉化运动之所以获得巨大成功，就是因为它有强大的专制皇权作为保障。

权力推动型汉化，大多发生在游牧民族入主中原成为统治民族时期。由于农耕汉族作为被统治民族，其文明程度远远高于入主中原的游牧民族，因此，作为统治民族的游牧民族，始终感到一种巨大的压力与危机。要维持自身的统治地位，不能不提高自己，迫使自己尽快掌握农耕汉族的先进文化，只有这样做，才能更好地维持他们对汉族的统治。而且，作为统治民族，他们具有通过权力运作方式主动实施汉化的有利条件。史载元朝皇帝忽必烈，曾深切地意识到「国家当行汉法无疑也」。为蒙古民族与汉族的融合，做出了积极的贡献。清朝也是如此，满族入主中原不久，不少清朝贵族便已「习汉书入汉俗，渐忘我满洲旧制」。

上述种种民族大融合途径，均是北方游牧民族融合进入中原农耕汉族，其所体现的是农耕文明在中华文化多元一体化历史进程中那种无法抗拒的

認同感和無法抗拒的凝聚力與向心力。遊牧民族生產活動的流動性，造成了他們文化類型的不穩定性，這種欠缺穩定性的遊牧文化，面對凝聚力極強的農耕文化，必然被其改造、被其同化以至最終質變融合進入農耕文化。

（3）民族融合的「永恆規律」。中國古代民族大融合的主流是「漢化」，是進入農耕地區的遊牧民族被漢民族徹底同化。那些進入中原農耕地區的遊牧民族，為什麼都沒能保住他們原有的語言、原有的生活習慣、原有的社會組織結構，尤其是沒能保住他們的遊牧生產方式呢？這個問題，是由民族同化或民族融合的歷史規律所決定的。任何一種大規模的民族融合現象發生，都擺脫不了一定的規律的支配。馬克思研究了有關民族徵服的歷史後，總結提煉出了這樣一條「永恆」的規律：「野蠻的徵服者，總是被他們所徵服的民族的較高文明所徵服。」馬克思的這一論述，揭示了民族關係史上一個最具普遍的共性規律：被徵服的民族，如果具有較高的社會文明和比較先進的生產方式，那麼，這種較高的文明和比較先進的生產方式，反過來就會徵服、同化那些野蠻的、文明程度不高的徵服者。中國古代的民族發展歷史，完全印證了馬克思這一精闢論斷。在中國古代進入中原農耕地區的遊牧民族中，羯族人建立了後趙政權、鮮卑人建立了北魏政權、女真人建立了金國、蒙古人建立了元朝、滿族人建立了清朝等，表面上看，他們是徵服者，他們統治了農耕漢族。但是，被徵服的農耕漢族，他們的生產力、生產方式比較先進，社會文明程度比徵服者高，最後的結果是：農耕漢族的先進生產方式和較高的社會文明，反過來同化了這些進入中原地區的少數民族。在遊牧民族對農耕地區的徵服過程中，「漢化」成為民族關係發展的主流，所有作為徵服者的遊牧民族進入中原農耕地區以後，無一例外地紛紛融合於漢民族，成為漢族大家庭的成員。

（4）民族融合的歷史意義。在中國古代農耕文明和遊牧文明的碰撞衝突與交匯相融的發展整合過程中，北方黃河流域的民族大融合，一直是中國古代多民族統一國家發展進程中最積極、最進步、最富有生機的歷史現象。中國古代的民族大融合，主要是指進入中原地區的遊牧民族融合進入農耕漢族，對這一重大社會現象的歷史意義，我們可做以下幾點歸納分析：

第一，極大地豐富了農耕漢族的物質文化和精神文化生活。在民族融合過程中，遊牧民族的大量「胡物」，隨著胡、漢雜居相處格局的形成而在中原地區逐漸推廣流行。比較常見的如胡床、胡服、胡樂（胡笳、胡琴、胡笛、琵琶等）、胡舞、胡戲、胡食（胡餅、胡羹、胡椒等）等，種類非常之多。這些胡物進入中原農耕地區，對農耕漢族人民的衣、食、住、行及社會生活，影響非常大。比如，胡床本是遊牧生活中的一種坐具（折疊

凳），東漢傳到中原，然後推廣到南方，很快演變為凳子、椅子，由此引起漢族民眾坐姿的改變。古代農耕漢族沒有坐凳，習慣的坐法是席地而坐，與之相適應的用於讀書、寫字、吃飯的家具，是低矮的案几。凳子、椅子的產生，坐姿發生改變，人體重心上升，低矮案几不再適用，於是產生了各種桌子，引起家具的革命。其他如胡樂、胡舞傳入中原，很快風靡漢地，成為漢族民眾喜聞樂見的藝術表演形式。

總之，遊牧民族進入中原，大量胡物或胡文化元素被漢民族採納吸收，無論在物質文化還是精神文化方面，都極大地豐富了中原農耕漢族的社會生活，給漢族文化帶來新的特色和新的內容。

第二，推動了古代中國多民族統一國家的發展壯大，促進了封建社會政治、經濟、文化事業的繁榮發展。中華民族的歷史，是中國境內各個民族共同創造的歷史。我們在強調漢族對古代多民族統一國家的發展壯大所起的重大作用的同時，不能忽視其他少數民族在締造中華民族過程中所作出的歷史貢獻。事實表明，每一次民族大融合高潮的掀起，都推動著中國多民族統一國家的發展邁上一個新的臺階，都給古代封建社會政治、經濟、文化事業的發展，帶來新的繁榮。比如，春秋戰國時期的民族大融合，帶來了秦漢封建國家的發展和政治經濟的繁榮；魏晉南北朝時期的民族大融合，迎來了隋唐多民族統一國家的鞏固穩定與經濟文化的興盛發達。史載唐代經濟發展，文化繁榮，胡商活躍，胡風盛行，加之政策寬鬆，思想開放，出現了令史家感嘆不已的盛唐氣象。

盛唐氣象的出現，與魏晉南北朝以來的民族大融合的完成，有非常密切的關係。比如，北魏以來的民族大融合，不僅消弭了中原地區自西晉以來極其尖銳的胡、漢民族矛盾，而且使南、北政權長期對峙關係中所包含的「華夷之辨」民族對立情緒逐漸淡化消失，為隋文帝楊堅重新完成封建國家的統一奠定了基礎。

魏晉南北朝民族大融合帶來的盛唐氣象，非常典型地表現為唐代民族關係和睦，華、夷之別觀念淡漠，各民族空前團結，唐太宗被周邊各少數民族稱頌為各民族的共同首領「天可汗」。史載唐太宗在晚年總結一生治國成敗得失時，最引以為自豪的就是堅持實施民族平等政策，使大唐帝國各兄弟民族和睦友好，空前團結。他說：「自古皆貴中華，賤夷、狄，朕獨愛之如一，故其種落皆依朕為父母。」唐代華、夷觀念淡漠，民族政策平等，民族關係和睦，多民族統一國家出現「九州殷富，四夷自服」的盛世局面，究其歷史原因，不能不歸功於魏晉南北朝以來的民族大融合的完成。

第三，源源不斷的少數民族融入漢民族，促進了漢族共同體的混血發

展。長期以來，中華民族以漢民族為主體，毛澤東同志對漢民族的歷史發展，曾做過這樣的論述，他說：「漢民族人口多，是長時期內許多民族混血形成的。」周恩來同志在闡述漢民族人口數量時，也曾經這樣論述道：「漢族所以人數這樣多，就是因為它吸收了別的民族。」中國古代民族融合的歷史，雄辯地證明，歷史上的遊牧少數民族，他們對漢民族的發展壯大，對漢族成為中華民族的主體，做出了極大的自我犧牲和巨大的歷史貢獻。

思考題：
1. 試述人類文化產生、形成及發展變化的地理環境因素。
2. 試述與地理環境因素密切相關的中國傳統文化特徵。
3. 簡述農耕地理環境支配下的中國「天下中心」文化觀。
4. 簡述中國傳統農耕文化的基本特徵。
5. 試述中國古代農耕文化與遊牧文化的不同特徵。
6. 試述中國古代民族融合的途徑方式及其歷史意義。

3 弘揚主體精神的儒家

儒家是中國先秦時期最為顯赫的思想流派之一，也是被古代中國統治者確立為官方正統學說歷史最長的一個以政治及倫理思想為主要內容的學派。儒家思想是中國傳統文化的核心部分。儒家文化倡導的中庸精神、仁愛精神、禮讓精神以及自強精神等，奠定了我們民族精神的基調，成為中國文化與世界其他文化相區別的根本性標誌。中華民族的許多優秀傳統，都與儒家及其創始人孔子的影響密不可分。

3.1 周文化與儒家文化的緣起

儒家文化根植於中國夏商周以來的文化傳統。從其直接來源而言，儒家思想是孔子在繼承和發展西周初年中國傑出政治家、思想家周公姬旦的思想的基礎上形成的。

3.1.1 殷文化到周文化：從神本到人本的文化轉向

人類文化發展史經歷了一個由以神為本向以人為本發展的過程。早期人類面對自然界的淫威，深感無能為力，不得不將自身的幸福寄託於那無所在又無所不在的種種「神靈」的庇護和保佑。因此，世界各民族文化史的前期，不約而同地都出現過職能範圍寬廣、權位十分顯赫的神職社會成員。就中國文化史而言，殷商時代興起的壟斷神壇、把持政壇、執掌學壇的巫史，便是這種神本文化的人格化體現。隨著實踐經驗的豐富和智力、體力水準的不斷增進，人類對於神的力量的崇拜便漸次淡薄，而對於自身能力的信心卻與日俱增。於是，以神為本的文化便逐漸向以人為本的文化過渡。從西周開始，社會文化的濃鬱的宗教迷信氛圍漸次被注重世事的精神所衝淡。對天神的無條件的絕對依賴，修正為有條件的相對崇拜。人們從惶恐地匍匐於天神腳下的奴婢狀態中逐漸解脫出來；在理性之光的照耀下，開始伸直腰杆，著力於創造現世的美好人生。

殷商西周時期是中國文化史上以神為本的文化過渡為以人為本的文化的關鍵時期。

（1）巫史及其對早期中國文化的影響

殷商西周時期，中華民族剛從野蠻時代步入文明時代的大門，社會分工日趨細密、固定。自從傳說中的顓頊時代「絕地天通」以來專司人神交通的巫，逐漸職業化、世襲化。隨著階級分野的明朗化、統治秩序的制度化，以及文字的創制和普遍使用，巫的職責也由單一的占卜擴大為參與政治管理。巫參與國家管理的主要方式是「掌官書以贊治」。殷商西周時期，史與巫通常是一身二任，所以後世也就以「巫史」相稱。

巫史在殷商西周時期的社會宗教、政治生活中具有崇高的地位。從宗教方面說，他們是神人交通的媒介，因而是神的意志的唯一的權威闡釋者和神權的實際掌握者。從政治方面說，巫史以上天意志的代表自居，有權訓御君主的言行。巫史不僅是社會的精神領袖，而且在政治統治機構內，也居於顯赫地位。作為中華民族第一代「文化人」，巫史從事著卜筮、祭祀、書史、星歷、教育、醫療等多方面的文化活動。

殷商西周時期巫史的勃興，是中國文化史上的獨特現象。巫史壟斷神壇，把持政壇，執掌學壇，不僅奠定了中華文化黎明時期的繁榮格局，而且對後世文化的發展，產生了深遠影響，引出中華傳統學術的一系列特點。

首先是學術與政治糾纏。巫史們占天卜地，祭神祀鬼，記史傳文，都有一個共同的政治目的：維護現存制度。中華文化階層對學術的探究與對政治的關注高度一致的傳統，正是由殷商西周時期的巫史開其先河。

其次是神學與科學交織。巫史們由神學祭壇走向科學殿堂。他們既滿腦袋的荒誕迷信，又自覺不自覺地接觸到天文、地理、人體等方面的科學真理。在他們身上，神學的幽靈和科學的睿智始終形影相隨。後世中華文化的許多精彩思想，幾乎很少不被思想家們編排進天命、天道、天志之類的神學框架之中，正是這種巫史文化之風的長久遺傳。

再次是自然科學與社會科學混雜，而且前者往往被籠罩在後者的龐大身影之中。巫史們觀天文，測地象，研人體，累積了豐富的自然科學知識，培育了中國古代天文學、歷算學、醫藥學的萌芽。但是，在他們心目中這一切並非真正的目的，只不過是論證天人關係、社會等級制度、倫理道德學說等一系列社會問題的手段和依據。自然科學相對於社會科學的奴婢身分，極大地限制了中國文化中自然科學尤其是理論形態自然科學的獨立發展，這一畸形現象，其胚胎正為巫史文化所孕育。

最後是在社會科學方面出現了文、史、哲的匯通。巫史們書史傳古，是最早的歷史學家；載文記言，是最早的文學家；經天緯地，是最早的哲學家。從學術流變上，中華文化中被冠以「國學」尊號的文、史、哲三家，

其學術源頭最早在巫史那裡便相互匯通。這種匯通被中國士人作為優良傳統繼承下來並且發揚光大。

（2）宗天、尚鬼、嗜酒的殷人

殷商時期，迷信的空氣籠罩整個社會。日常生活中，事無鉅細，都要先卜而後行，幾乎到了無事不卜、無日不卜的地步。年歲豐歉、出入吉凶、旬夕安否、戰爭勝負、官吏黜陟、疾病輕重、婦女生育，統統都在問卜之列。而且，一卜總要連問多次，正卜、反卜、一卜、再卜以至於十幾卜。次數多了，總可以遇到幾次合乎人們意願的卜兆。巫史把所卜的日期、事件記錄在兆的旁邊，有時把問卜的人和地點也刻上去。占卜之後，經過若干時日，果然效驗了問卜的結果，於是巫史又把效驗的情況也刻進卜辭。

卜辭中「帝」以人類主宰神的身分反覆出現。後來，又演變為「上帝」「天」。「宗天」觀念是殷代文化的重要特色。宗天，意味著對自然神的虔誠崇拜。殷人祭風雨、祭星辰、祭山川、祭土地，但在他們心目中，地位最崇高的乃是太陽神。

在殷人的觀念中，至上神同時又是自己的宗祖神。殷人認為，王母簡狄在春分時節去河邊沐浴，吞食玄鳥遺卵，懷孕產契。玄鳥是天的使者，殷人的祖先契也就是天的兒子，天神自然也就等同自己的宗祖神。因此，宗天與祭祀在殷人那裡是密不可分的。

殷代行六十甲子紀日。殷人在甲日祭上甲，在乙日祭報乙，依次順列，絲毫不差。殷人以為只有如此，列祖列宗顯考顯妣才會樂意前來接受後人的祭享，保佑子孫的平安。因每旬都有人逝去，於是每旬都必須舉行繁復的祭祖儀式，周而復始，不得空閒。

殷人迷信人死之後，精靈不滅，稱為鬼。殷人誠惶誠恐地奉祀祖先，是因為他們確信在冥冥上界，祖先的亡靈時時刻刻都在監視著人間的事務，隨時隨地準備予以訓誡和懲罰。殷人尚鬼，成為一大特殊的文化現象。日常起居，諸多禁忌，神經緊張，疑神疑鬼，幾乎到了無處不祟，動輒得咎的程度。為了取悅於鬼神，殘暴的殷王除了日復一日地虔誠祭祀之外，有時更不惜殘民以事神，殺人以殉己。新居落成、陵寢竣工之時，為了避祟，殺牛宰羊還不夠，還要斬殺幾十上百的奴隸，以種種姿勢，埋於墓前屋隅，以此為主人消除災禍。

殷人的宗教迷信與他們的嗜酒風習息息相關。殷人毫不懷疑人神之間能相互交通。但在現實生活中，頭腦清醒時，人神交通很難取得出神入化的滿意效果，而酒正好可以幫助人們在醉眼蒙眬、神情恍惚之際，置身於與神共處的美妙氛圍。為滿足社會對酒器需求量的劇增，出現了專以製作

酒器為生的氏族。相傳武王克商之後，分魯公以殷民六族，其中的長勺氏、尾勺氏兩族便以製作酒器著稱。

據《尚書・酒誥》記載，帝乙之前，統治者畏天明命，兢兢業業，成就了赫赫功業。但到了後來，其不肖子孫自恃天神先考的蔭蔽，躺在先輩創下的豐厚家底上，胡作非為，怙惡不悛，酗酒成風。整個統治階級沉溺在紙醉金迷之中，腥穢上衝，天怒人怨，一朝覆亡。

《尚書・酒誥》本是西周統治者誡諭殷代遺民和周族新貴，嚴禁酗酒的誥命。從文化史的角度看，其中蘊含著酒與宗教、政治密不可分的文化信息。《尚書・酒誥》對於殷人「荒頑於酒」的嚴厲譴責，正是對他們泛濫成災的宗教活動和極端迷信思想的變相批判。而周人正是從這種批判出發，撥亂反正，發動了一場以疑天、敬德、保民為旗幟的宗教—政治革新。

3.1.2 周文化對儒家學說的影響

（1）周文化的觀念創新：「天命靡常」，敬德保民

周人是後起的部族。在古公亶父時代，定居於周（今陝西岐山），穴居野處。經過王季、文王兩代，僅僅五六十年時間便驟然強盛，取殷而代之。政治上的興旺，並不能掩蓋周人文化上的貧乏。當周人在殷廢墟重建統治秩序時，更多的是從殷人而非自己的先輩那裡繼承精神財富。在天命觀上，也不例外。

正如殷人篤信「我生不有命在天」一樣，周人也認為是上天保佑著周王，使他江山鞏固，多福多益，享有百祿，一切興旺。周人心目中的上天，雖然「無聲無臭」，卻耳聰目明。面對這位至高無上的宇宙主宰，周人肅然起敬。但是，周人對天的敬畏之情，又比殷人那種僵化、機械的宗天迷信有所進步。「殷鑒不遠，在夏後之世。」殷人原本是天之驕子，為什麼上天後來卻一改初衷，轉而給予周人以格外的青睞呢？對這一問題的嚴肅思考，引導周人得出「天命靡常」的邏輯結論。

「天命靡常」觀點的提出，顯然有兩方面的政治目的：一則警告殷商遺民，老老實實承認天命已經轉移於周人的現實，不要逆天意而妄動；一則告誡周初統治者，要吸取殷人的教訓，不要讓天命再轉移到別人手裡。那麼，如何才能使「靡常」的天命不再轉移，永久地照耀周人呢？殷人在這方面可以說是竭盡了全力的，可最終還是被上天無情地拋棄了。因此，「受祿於天」的必要前提條件，並不在於祭物的豐厚和禮拜的虔誠，而在於統治者的「宜民宜人」。

周人進而提出「德」的概念，作為統治者「宜民宜人」的理論依據。

「皇天無親，唯德是輔」，「德」在殷商卜辭中從未出現，可見它是周人獨創的思想。「德」的出現是中國文化史上里程碑式的事件，它對於中華民族文化心理的建構，文化形象的塑造，都起到基礎和骨架的作用，它的主要發明人周公，也因此成為後世志士仁人的偶像。

「德」具有宗教、政治、倫理等多方面的理論內涵。三者之中，尤以倫理內容為核心。只有統治者自身修養達到「德」的境界，才能實現「宜民宜人」，從而得到「麐常」天命的長久垂青。《詩經》《尚書》反覆贊頌的周代先王，就是「敬德」的模範。

《尚書·康誥》記載著周公對康叔的諄諄告誡：為民除惡當如病痛在身，不可有絲毫的鬆懈。天威之明，唯德是輔。德之與否，驗之民情便一目了然。小民難保，你要盡心盡力，毋苟安淫樂，這才是治民之道。由此可見，周人保民思想的實質——保民正是為了保王，保民是比宗天、尚鬼更為急迫的現實課題。周公的本意，原來並不包含悲天憫民的慈悲情懷，但其中包含的「民之所欲，天必從之」，「德不失民，度不失事，民親而事有序，其無所啓也」的觀點，卻成為春秋戰國時期民本思潮的源頭。周公的思想，贏得了後世政治家的極度推崇，「德治」「仁政」之說歷數千年而不失其在中國政治思想領域的至尊地位，起到了引導中國文化基本走向的作用。

(2) 周文化的制度創新：宗法建構

從西周開始，周人祖先的世界與神的世界逐漸分開，成為兩個範疇的問題。與殷人不同，周人的祖先已不是神了。周人取殷而代之以後，乾脆把上帝與人類始祖的血緣聯繫一刀截斷，把人與神劃分到不同的血緣系統中去。割斷人神之間的臍帶以後，人類本身、氏族本身的自然血緣關係便成為壓倒性的因素。正是在這種觀念驅使之下，古代血緣關係的遺存，到了西周，以完整、嚴格的宗法制度形式得到強化和鞏固，並流傳後世，影響深遠。

宗法制是一個龐大、複雜但井然有序的特殊社會構造體系。社會的最高統治者周王自稱為「天子」，即上天的長子，接受並管理上天賜予的土地和臣民。在政治上，他是天下的共主，在宗法上，他又是天下的大宗。王位由嫡長子繼承，世代保持大宗地位。其餘的王子則封為諸侯，對周王為小宗，但在其封國內又為大宗，其位亦由嫡長子繼承，餘子封卿大夫。自卿大夫以下，大、小宗關係依上例。

宗法制不僅適用於同姓貴族，也適用於異姓貴族。西周時，同姓不婚，因此，同姓之間是兄弟叔伯關係，異姓之間則多為甥舅親戚關係。不論同姓還是異姓，都被宗族血緣關係串連為一體。從消極方面看，宗法制度下

的宗族成為人們進行社會活動的唯一場所和不可逾越的界限,極大地限制了人們社會關係的多樣化發展,從而束縛了社會的進步;從積極方面看,一個個單獨的社會分子被宗族血緣關係緊密地連接為一個整體,借以克服單個分子所無力克服的困難,承受單個分子不能承受的壓力。與氏族社會中人不能脫離他的氏族一樣,在宗法社會中,個人脫離了他的宗族,也將陷入絕境。周人選擇了宗法制度這樣一種特殊的社會結構形式。

(3) 周公政治思想:儒家文化的直接源頭

周公名旦,是中國西周王朝的奠基者和制度的制定者,他經歷了小邦周滅掉大邦殷商的歷史滄桑之變。《尚書·周書》中的《大誥》《康誥》《酒誥》《梓材》《召誥》《洛誥》《多士》《無逸》《多方》《立政》諸篇,不僅是周的誥命和政策,同時也是周公對以前歷史所做的總結。可以說,在中國古代政治思想史上,周公有著特殊的地位,他提出了系統的政治主張和理論,是中國古代政治思想的開山鼻祖。

周公的封地是魯國,由其長子伯禽代為受封。因此,到春秋之世,魯國對周公的禮制資料保存得最為完整。孔子是春秋時期的思想家、教育家,生活在春秋時期的魯國,正好具有系統學習、掌握周公思想的得天獨厚的條件。他對周公滿懷敬佩,周公是他心目中的聖人。周公的政治思想自然對孔子有著深刻的影響,其本人更是中國古代的一位文化巨匠。

周公在政治思想上對儒家思想產生的影響主要有兩個方面:

第一,周公「明德慎罰」「敬德保民」思想的重要影響。

「明德」即是周公發布的一系列誥命的思想支柱,他用「德」來說明「天」的意向,「德」是其得天命與治天下的「合法性」的根本保證。同時,鑒於殷代濫用刑罰而招致民怨民叛的歷史教訓,周公對罰的原則也做了新的闡發,提出「慎罰」思想。慎罰既是德的內容之一,又與德並列,常稱「明德慎罰」。「保民」是周公提出的又一新的政治概念。這種「保民」思想的提出,主要來自將民情視為天命的認識。周公格外強調治民要謹慎從事,並認為應把民之苦痛視為己之苦痛而加以格外重視。他一再告誡子弟臣僚,要約束自己的思想與行為,不要貪圖安樂,切忌恣意妄為,要能體察民情。周公還提出要把民眾視作自己的鏡子。這些思想在中國政治思想史上產生了極為深遠的影響。

周公的上述「明德慎罰」「敬德保民」的政治思想無疑為孔子的「德治」思想提供了豐富的思想資源,而且孔子剔除了周公政治思想中的宗教信仰成分而使之完全人文世俗化,如孔子所言:「為政以德,譬如北辰,居其所而眾星共之。」孔子期望統治者將「仁者愛人」的精神原則貫徹到政治當中

去，這主要是要求統治者首先要正己而後正人，「其身正，不令而行；其身不正，雖令不從」。孔子所強調的是一種道德規範性的政治原則。孔子主張足食、惠民、利民、富民而反對苛政暴斂，要求統治者應「節用而愛人，使民以時」。孔子也主張德刑並用，然而應先德後刑、先教後殺，「不教而殺謂之虐」。這與周公「敬德保民」「明德慎罰」的政治思想是一脈相傳的。

第二，周公制禮的影響。

周禮主要是有關社會等級秩序與倫理道德、行為規範的制度性規定。把禮作為治國之經緯，也正是西周以來的思想傳統。周禮是由周公制定的，據《左傳·文公十八年》：「先君周公制周禮。」周禮的制定是周公經邦治國的一項重要政治措施。由此，周人樹立了一種「尊禮」的政治文化傳統，直到春秋時期人們猶「尊禮重信」，而且視禮為國家政治之本。

孔子生長於春秋時期「猶秉周禮」「周禮盡在」的魯國。他為「禮壞樂崩」而痛惜，他為復興周禮而奔走呼號。子曰：「周監於二代，鬱鬱乎文哉！吾從周。」在孔子看來，周禮經過對夏商兩代之禮的損益，已十分完備，因此他不僅興辦私學而把禮作為教育的一項重要內容，認為禮是一個人立身的基點；而且更是反覆地講「為國以禮」，認為禮是治國之本。以禮治國既強調「君君、臣臣、父父、子子」的政治倫理規範與要求，也強調用禮治民。孔子指出，治國治民光靠政、刑不行，「道之以政，齊之以刑，民免而無恥」，即行政命令和刑罰，可以使民暫時免於犯罪，但不能使民心服；而只有「道之以德，齊之以禮」，才能使民「有恥且格」，即以德禮治民，民才會有羞恥之心，並自覺遵守規矩。

周公在商周之際宗教思想文化的急遽變革中開創了一種「尊禮」「敬德」的政治文化傳統；而孔子生活的春秋末期，也正值社會思想文化的大變革之際，面對周天子式微及「禮壞樂崩」的時勢，他崇尚周代的禮樂文明制度，大聲疾呼而力勸當時的統治者們推行「德政」「禮治」，正是志在對周公之遺風餘緒的發揚蹈厲，儘管他的理想難以實行於當時，卻在後世對中國的社會、政治、文化產生了極為深遠廣博的影響。

3.2 孔子、孟子與儒家文化的產生

3.2.1 孔子學說及其傳播

（1）孔子生平與事跡

孔子，名丘，字仲尼，生於公元前551年，卒於公元前479年。他的祖

先是殷人後代，宋國的貴族，因在上層政治鬥爭中失敗，流亡於魯國，父親叔梁紇做過魯國的陬邑宰。孔子早年地位低賤，當過管理倉庫和看管牛羊之類的小吏和家臣，以後主要是從事幫助貴族辦理喪事贊禮的「儒」的職業，後來做過魯國的大司寇，並一度「攝行相事」，但為時不長。他推崇西周政體，以西周社會為藍本構建其政治理想，並四處奔走，周遊列國，上說下教。他整理三代典籍，刪詩書，定禮樂。中年後收徒講學，「弟子三千，賢人七十」，為儒家學派的形成和儒學理論體系的建立奠定了基礎。他的及門弟子和再傳弟子將他和弟子們的言行編纂整理成書，是為《論語》。《論語》是今人研究和瞭解孔子及早期儒家思想的最主要的資料。

孔子的事跡主要表現在他的著述上。主要表現在以下幾個方面：

第一，創立了儒家學說。

孔子總結了堯、舜、禹、湯、文、武、周公以來貴族階級的統治經驗，把它融入自己的理論之中，形成了個人系統、完備的思想主張，建構起了儒學的理論體系，奠定了儒家學說的理論基礎。

孔子創立的儒家思想具有顯著的特色：其一，它注重人的因素，重視「人生」的價值，提倡人的道德修養，主張「仁者，愛人」。其二，具有積極的入世精神，關注現實，關注社會問題，希望社會上下和諧，不僅主張臣民「事君盡禮」「事君以忠」，還要求君上「為政以德」「君使臣以禮」。其三，他看重下層民眾的力量，他希望實行「仁政」，主張「使民以時」，愛惜民力，關心人民生計，有一定的民本主義色彩。其四，孔子主張「敬鬼神而遠之」，有顯著的人文主義精神。因此，儒家對於文化傳統格外強調，積極培養人才，發展文化教育。其五，提倡「中有」「中和」，不僅注重人際和諧、社會和諧，更注重天人和諧、人生自身的和諧。孔子的這些理論，正是整個儒學的理論根基。

孔子的思想初步形成以後，他的一生都在為宣傳和實踐自己的學說而努力。《史記・孔子世家》記載：在魯國，「孔子為中都宰一年，四方皆則之」；他為大司寇，「三月大治，道不拾遺」。孔子仕魯，連齊國都感到不安，認為「孔子為政必霸」，說明孔子以禮治國十分得力。孔子在齊國時，景公問政，他回答說：「君君，臣臣，父父，子子。」他希望以禮治國，君臣各安其位、各盡其責。他斥責無道的政治，批評不合禮的行為，即使在周遊列國時，也不忘宣傳自己的政治主張。

第二，推動了平民教育的發展。

孔子以前，學在官府，教育由貴族階級壟斷。孔子作為從貴族階級沒落而來的下層的「士」，他首先揭起私學的旗幟，招收弟子，推動了學術下

移，衝破了原來由貴族壟斷文化的局面。孔子在教學中，總結和創造了一系列的教學原則和方法，對學生進行訓練，教他們學習《詩》《書》、六藝，其目的無非是為了使他們成為賢人，晉身社會上層，以最終治國、平天下。孔子平時還注意學生性情的培養，增長德行修養，他們講論學問，相互切磋，隨時問難，增加了知識，擴充了經驗。有人學成以後，出仕為各地大夫們的邑宰家臣，有人則自己收徒授學。這樣，幾十年後，孔子及其弟子便逐漸變成一個人才多、勢力大的學術集團。孔子以後，他的弟子分散到各地，繼續傳播和弘揚孔子的學說，使孔子思想的影響越來越大。

第三，整理了古代文化遺產。

孔子整理「六經」，使之成為儒家的經典，這也是孔子對於儒學奠基所做的重要貢獻。

從早年時代起，孔子便致力於推行自己的主張，然而，他到處奔走，結果卻「干七十諸侯」而不見用。孔子感嘆：「吾道不行矣，吾何以自見於後世哉？」於是，孔子想到「載之空言，不如見之於行事之深切著明者也」。因此，他便致力於整理古代文獻。

孔子整理古代文獻的對象主要是「六經」，即《詩》《書》《禮》《樂》《易》《春秋》。他對「六經」的整理方式各不相同，分別來說，即刪訂《詩》《書》，修訂《禮》《樂》，贊《易》，修《春秋》。其於《詩》《書》《禮》《樂》，主要在於重新編訂，也就是刪除雜蕪，選錄精華，更正錯誤，編次順序。相傳古代文誥繁多，孔子選取其中數十篇，進行排列整理，這便是《書》，又稱《書經》或《尚書》。《詩》亦如此，據說孔子從三千餘首詩中進行了選擇，得305篇，稱「詩三百」，對於這些詩，孔子皆能配樂弦歌。孔子對《詩》《書》《禮》《樂》的整理在周遊列國時就開始了，而對《易》的研究則是50歲以後的事。《易》為卜筮之書，其中有豐富的思想內容。孔子贊《易》，闡發其中的哲理，成《易傳》或稱「十翼」。「十翼」即《象傳》上、下，《象傳》上、下，《系辭》上、下，《說卦》，《序卦》，《雜卦》和《文言》。《史記》《漢書》也說《易傳》為孔子所作。史籍中稱孔子對《春秋》是「修」，其實是孔子依據魯國史記，按照自己的標準，「筆則筆，削則削」，托古見意，隱微地表達了自己的觀點，內含了孔子一貫主張的綱常名分和與之相應的禮制。

（2）孔子的基本思想

①孔子的仁學思想

仁，是孔子哲學思想的核心範疇，仁學也就是孔子哲學思想的主要部分。

「仁」的概念，古已有之。《尚書·金滕》裡有「予仁若考能」的語句，「仁」與技巧相聯繫；《詩經》裡有「洵美且仁」「其人美且仁」，「仁」與「美」相聯繫。此時，「仁」的涵義比較單薄。到了春秋時期，「仁」的涵義豐富起來，《左傳》中多次出現「仁」的概念，其意義有關政治、道德、事功等多種層面。孔子正是憑藉這些思想資料，創立了「仁學」體系，並以之作為儒家學派的思想核心。

在篇幅僅萬餘字的《論語》中，「仁」出現百次之多。東漢許慎在《說文解字》中說：「仁，人也。從人從二。」許慎是從字形解字義。就「仁」作為一個字而言，其本義就是關於人與人之間的關係。據孔子解釋，仁者「愛人」。強調血緣紐帶是「仁」的最基本含義，這決定了儒家思想區別於其他各家的最大特徵。

孔子認為，「仁」是人們道德行為和社會規範之本，它具有廣泛的內涵：

其一，它是治國使民的基本原則。孔子說，能夠做到「恭、寬、信、敏、惠」五者就可說做到了「仁」。他認為，作為一個在位者，若稱得上「仁」的話，就應該「出門如見大賓，使民如承大祭」。

其二，「仁」在眾德的體系中居於核心的地位。一則，它在一定意義上高於其他德性。具有仁德的人必定同時具有勇敢的品德，而勇者就不一定同時具備仁德，具有智慧的人也一定要有利於仁。二則，仁德包含著孝悌之德。從其社會功能上說，孝悌是仁德的開始和基礎。三則，它是禮的內在原則。在孔子看來，人若是未達到仁，要禮還有什麼用呢？他反問道，所謂禮難道僅僅就是犧牲、玉帛等形式嗎？禮只是達到仁的手段。克制自我，使視聽言行符合禮的規定，這就是仁。四則，仁以意志堅強、真情實感為前提。剛毅木訥者接近於仁，而花言巧語、面貌偽善者即使有仁也是不會多的。

其三，仁是最完全的人格的內涵。如同智者不惑，勇者不懼，具有仁德的人心胸坦蕩，無憂慮，無怨艾。只有仁者才能長久地固窮而不濫、享樂而不淫。「知者樂水，仁者樂山；知者動，仁者靜；知者樂，仁者壽。」從這個意義上說，仁是一種高妙的人生境界。

其四，仁是人道之根本，是人應該畢生努力追求的理念。一則，它是君子、聖人成為君子、聖人之所在。二則，它是志士仁人嚴格遵守、堅決捍衛的。正所謂「志士仁人，無求生以害仁，有殺身以成仁」。

在孔子看來，他的學生中只有英年早逝的顏淵能夠做到三月不違仁，其餘者只能是十天半月達到一回仁。儘管如此，孔子還是強調，仁並不是可望而不可即的，關鍵在於個人的努力和主觀的認同。在這個意義上說，

仁似乎離我們很遠，但只要向往它，在行為中追求它，它就在我們的面前。具體說，從眼前做起，從身邊最親的人開始，從小事開始，這就是得到仁的必由之路。正所謂「我欲仁，斯仁至矣」。

②孔子的禮制思想

孔子把春秋時代看作「禮壞樂崩」，臣殺君，子殺父，「邪說暴行」不斷發生的糟得很的大亂局面。孔子認為要制止上述各種「邪說暴行」的流行，就必須恢復周禮的權威，重新肯定宗法等級制度的秩序，而其要害就是要正名。他認為，只有正名，才能挽救秩序的崩潰，促進周禮的復興；也只有正名，才能恰當地運用刑罰，制止邪說暴行的產生和流行。

首先，在孔子看來，周禮是最完美的，即所謂「鬱鬱乎文哉，吾從周」。他一生的夢想就是要復興周禮。他要求用周禮來約束人們的一切行動：「非禮勿視，非禮勿聽，非禮勿言，非禮勿動。」他非常強調的「正名」，就是要辨證禮制等級的名稱和名分，嚴格遵守「君君、臣臣、父父、子子」的等級秩序，使人人都明白自己在社會之網中的位置，控制自己的「欲」，不超出由「名分」規定的「度量」範圍，從而消除爭亂。孔子提出這個理想標準的「名」，來糾正那些不符合周禮情況的「實」。孔子這種用名以正實的觀點，就是後來所謂的「名教」。

孔子提出正名思想，以求恢復周禮所制定的世襲宗法等級制度。就君臣關係來說，對於君，就應強調君應該享受的權利，對於臣，就應強調臣應該盡的義務。例如，魯昭公娶同姓女為妻，本來違反周禮，孔子也明知道這一點。但當別人問他時，他卻說魯昭公「知禮」，故意替魯昭公掩飾。季氏有些僭越的行為，這在當時已經是相當流行的現象了，孔子卻特別憤慨：「是可忍也，孰不可忍也！」

孔子要求復興周禮，但不是完全因襲周禮。他對周禮有一定的補充和發展，這就是他所說的對周禮的「損益」。他對周禮的補充和發展的第一點就是上面所說的，將周禮的根本歸納為正名思想。這樣，就使周禮的指導思想更集中、更明確，也更理論化了。他特別提出要掌握周禮的這種思想實質，對周禮的瞭解不要停留在玉石絲帛這一類禮的形式上，雖然他對有些具體儀式和形式也是很重視的。

其次，他對周禮的補充和發展表現在強調道德教化。他認為，用政令和刑罰這些辦法進行統治，只能懲罰犯上作亂於事後，即使可以一時避免犯上作亂的事繼續發展，但是人民並不認識這類事件的罪惡而感到羞恥，這類犯上作亂的事仍舊有一天可能爆發出來。如果運用禮治德化和政令刑罰相輔而行，就可以預防犯上作亂於事前，引導他們不敢想和不會想犯上

作亂的事，人心自然歸服了。這也就是加強人們對自身行為的道德感和人的自覺行為，反對專以政令、刑罰治國。

在儒學裡，「禮」的內涵極為豐富。社交禮儀、生活標準、政治秩序、風俗習慣，無不囊括在內。換言之，即完整的社會系統從各個側面、各個層次、各個角度，細緻入微地限定了每個社會成員的地位、責任、義務。從積極的方面看，它承認每個個體的基本生存權利，認為每一個社會成員在獲得一份生活資料的同時，又要承擔一定的社會責任，從而為整個社會的和諧，預備下一個個安定的「細胞」。從消極的方面看，它又極大地限制、摧殘了人的主觀能動精神和創造慾望，在嚴格的社會名分的重壓下，剝奪了人的自由意志和人格尊嚴，這種兩重性作用於孔子以後的悠悠歲月，造成中華民族崇奉公德，壓抑私慾，蔑視義務，蔑視權利，以及安貧樂道、因循保守等社會文化心理特徵。

③孔子的認識論思想

孔子在幾十年的教育實踐中，累積了豐富的經驗，也對人們的認識過程和知識的發展等理論問題有所思考和心得。

孔子強調以知（智）為認知手段，誘導社會成員知仁、循禮、行義。孔子承認人的先天素質有差異，雖然「唯上智與下愚不移」，但是畢竟任何人都有「知」的可能條件。孔子從人們獲得知識的途徑和學習的態度立論，將人們依認知水準高低排列大致分為四類。對於第一類「生而知之者」，孔子十分欣賞。但他同時也承認，連他也未見過誰是「生而知之者」。他明確地說自己不是「生而知之者」，自己的豐富知識是靠勤奮好學得來的。對於末類「困而不學」者，他明顯地帶有幾分鄙夷，其中包含有道德人格的價值評價。而他講得最多和突出強調的是「學而知之者」。因此，「學而知之」是孔子知識論的主流。

孔子非常重視耳目見聞，認為它是知識的可靠來源。他說：「多聞，擇其善者而從之；多見而識之。」要多聽，選擇其中合理的部分加以接受，多看而且要記在心裡。聰明才智就是這樣學來的。而且，他認為學習的機會很多。三個人在一起走，其中就有自己的老師。因此，就應該對他人好的地方加以學習，不好的地方注意借鑑。他「學而不厭，誨人不倦」「入太廟，每事問」。他關於西周禮樂文化的淵博知識，就是通過這樣虛心好學、不恥下問和日積月累而得來的。

在學習的過程中，他還強調知行的統一，在他看來，行既是知的目的，又是檢驗知的標準。學必須與習結合起來，「學而時習之，不亦說乎？」對學過的知識時常溫習，這是一件令人高興的事情。學是知的起源，思是知

的途徑，習是知的應用。因此，他主張學以致用。他說，一個人若能夠做到看重妻子的品德而不是容貌，盡心竭力侍奉父母，服侍君主不惜生命，對待朋友誠實守信，雖然他沒有讀過什麼書，我也一定要說他有學問。他還說，若是熟讀詩經三百篇，讓你從事政務，卻不會辦；讓你出使各國，又不能獨立地談判交涉。書讀得雖多，也是沒有什麼用的。

他還說，學必須與思結合起來，「學而不思則罔，思而不學則殆」。就是說，只讀書而不思考，就會茫然無所得；只思考而不讀書，就會困頓不解。後來，儒學經典《中庸》又進一步地將以知為認知手段條理化為「博學之，審問之，慎思之，明辨之，篤行之……人一能之，己百之；人十能之，己千之，果能此道矣，雖愚必明，雖柔必強」，勤奮的學、思、行的一致，既是求學之道，更是為人之道。

孔子還總結了許多的學習原則和教學經驗。他認為，學習是一個老老實實的事情，「知之為知之，不知為不知」，這才是明智的態度。在學習的過程中，要力戒主觀武斷和固執己見，所謂「毋意，毋必，毋固，毋我」，而要採取客觀的態度。另外，他還提出因材施教、啟發式等教學和學習方法。這些原則和方法是留給後人的一筆寶貴財富。

儒學將對人民的教化寓於日常生活之中，「君子之學也，入乎耳，著乎心，布乎四體，形乎動靜，端而言，蠕而動，一可以為法則。……君子之學也以美其身」。一切從自己開始，從身邊做起，不需要到彼岸世界的冥冥之中去搜尋，也不需要脫離世俗生活的苦行修煉，就在平凡自然的人生中，實現思想的淨化和行動的自如。

這種充滿理性實踐精神的問學、施教之道，是儒學體系中最具科學意義的組成部分。這一思想精華對於中華民族以入世思想為社會主導心理，全民族的宗教迷狂得以避免，起到了導向作用。

3.2.2　孟子學說及其影響

（1）孟子生平及其事跡

孟子，名軻，生卒年不詳，大約為公元前 385—公元前 304 年，是戰國中期鄒（今山東鄒城）人。孟子的祖先也是魯國公族「三桓」中的孟孫氏，到孟子時代，孟孫氏已經衰落。

孟子幼年喪父，母親從事女織，家境比較貧寒。孟子年幼時，他家住在墳地不遠處，孟子做游戲時便學習埋葬死人，孟母唯恐對孟子影響不好，就搬了家。這回他們住在集市附近，孟子又學商販叫賣，孟母便再次搬家。這次是搬到學校旁邊，孟子便從此學習禮儀，「設俎豆，揖讓進退」。這就

是「孟母三遷」的故事。另一個傳說故事中說，孟子小時候不愛讀書，貪玩好耍，孟母質問他，他卻說是去找丟失的東西。孟母很生氣，就用刀把正織著的布割斷，並趁機教育孟子說：「要你讀書，就是希望你成名。現在你不讀書而去玩耍，就像割裂機上的布一樣。學習不努力是不行的。」這就是「斷機教子」的故事。

孟子的學術師承於子思的弟子。孟子通曉五經，尤其長於《詩》《書》《春秋》。他雖然沒有直接受業於子思，卻屬於子思學派。他的思想與孔子、子思一脈相承，以子思和孟子為代表，又形成了「思孟學派」。

孟子一生的經歷與孔子相似。經過青年時期的刻苦學習和鑽研，孟子在後來便開業授徒了。孟子認為，人生最大的快樂便是「得天下英才而教育之」。中年以後，他懷著政治抱負遊歷魏、齊、宋、魯、滕等國，雖然他也常受到諸侯國君的優遇，卻一直沒有受到重用。他的一生除中年以後的二十幾年遊歷各國外，主要從事教育事業。孟子的弟子雖不及孔門弟子的數量多，但僅《孟子》一書中可考者也有十幾人，如公孫醜、萬章、樂正子、公都子、屋廬子、孟仲子等人。遊歷各國回到鄒地以後，孟子與萬章等人序《詩》《書》，述仲尼之意，作《孟子》一書。

孟子所處的時代，是一個諸子並起、百家爭鳴的時代。當時與儒家對立的，以墨家和楊朱勢力最大，儒、墨、楊有三分鼎足之勢。孟子繼承孔子的衣缽，以孔子的保護者和儒家的衛道者自居，捍衛孔子之道。他對孔子思想做了系統的闡發，既有繼承，又有改造，奠定了孔孟之道的基礎，對光大儒學做出了巨大貢獻。由於孟子的宣揚，戰國時的儒學才成為諸子之學中的「顯學」。正因為如此，後世的學者十分推崇孟子，漢朝的學者把《孟子》一書視為輔翼經書的「傳」，並設立博士官進行研習；唐朝的韓愈提出道統說，他把孟子看成儒家道統的嫡傳；五代時期的後蜀主孟昶刊刻經石，《孟子》亦為其一；宋代以後，隨著理學的興起，學者們更多地談論心性等問題，由此出現了孟子地位的「升格運動」：北宋神宗時封孟子為鄒國公，與顏回、曾子、子思一起配享孔廟；南宋的朱熹則把《孟子》一書列入《四書》，孟子的地位空前提高；元朝，元文宗加封孟子為鄒國亞聖公；明朝景泰年間與孔子同去臣爵，尊為亞聖孟子。這樣，孟子成了孔子以後被後儒尊崇的又一位「聖人」。

（2）孟子的基本思想

①性善論：仁學的心性學根據

孟子在新的歷史條件下開拓和發展了孔子的仁學思想。孟子用來發展仁學的理論基礎，是他的天賦道德的「性善」論。

孟子從人的心靈深處探究「仁」的心性學根據。他並沒有滿足於一般地講「愛人」，而是透過「愛人」的表層現象，深入到人的心理活動的深層進行探討。孟子認為，人生來都有一種最基本的共同天賦本性，這就是「不忍人之心」，或者說對別人的「同情心」。孟子舉例說：人突然看到小孩子要掉到井裡去，都會有驚懼和同情的心情。這種同情心，並不是為了要討好這小孩子的父母，也不是要在鄉親朋友中獲得個好名聲，也不是討厭小孩子的哭叫聲，而完全是從人天生的本性中生發出來的，這就是「不忍人之心」。由此，孟子做出結論，他的「仁政」就是根據這種「不忍人之心」提出來的。他說：「人皆有不忍人之心。先王有不忍人之心，斯有不忍人之政矣。以不忍人之心，行不忍人之政，治天下可運諸掌。」這就是說，「仁政」來源於「不忍人之心」的道德觀念。古代的帝王所以有「仁」政，那是因為他有「不忍人之心」，有了這種「心」，行了「仁政」，那麼治理天下就十分容易而且不會失去。

「不忍人之心」也叫作「惻隱之心」。除此以外，孟子認為人人生來都有的天賦本性還有「羞惡之心」「恭敬之心」（或叫「辭讓之心」）、「是非之心」。這四種「心」，就是孟子說明天賦道德觀念和論證人性本善的根據。孟子說：「惻隱之心，仁之端也；羞惡之心，義之端也；辭讓之心，禮之端也；是非之心，智之端也。」這是說，人最基本的四種道德品質仁、義、禮、智，是從這四種天賦的「心」發端的，也可以說就是這四種心；「惻隱之心，仁也；羞惡之心，義也；恭敬之心，禮也；是非之心，智也。」所以，孟子得出結論說：「仁義禮智，非由外鑠我也，我固有之也，弗思耳矣。」意思是，這些「心」、這些道德品質，並不是由外面強加給我的，而是人生來本身就固有的，只不過沒有好好想罷了。

所謂「惻隱之心」就是人們在一個特定的情境之下所自然和無意識生發的以痛苦、恐懼、緊張等為主的感情、情緒體驗。這是一個非常複雜的情感活動過程。孟子認為，「高不可及」的「仁」就是從人人習見、自然而具的心理過程中產生的。這樣，就把關於以仁為代表的人之美德的內在根據的討論大大地深化了，這是理論上的進步。

孟子從他的天賦「性善」論出發提出了一套修養辦法。他認為，人要達到他所講的這些道德的標準，根本問題在於本人的主觀方面，即「反求諸己而已」，也就是在於主觀的反省，注意保存天賦的那四種「心」。修養這四種天賦的「心」的最好辦法，就是少與外物接觸，盡量減少自己的各種慾望。拿孟子的話講就是「養心莫善於寡欲」。同時，孟子認為，還要培養一種由「義」的道德觀念和行為集合（累積）起來的、充塞天地之間的、

有巨大力量的神祕的「浩然之氣」。有了這種氣，人的每一念頭、每一行為就都能理直氣壯，符合道德標準的要求。

人如果有了違背道德的思想和行為，孟子認為，那就應該閉門思過，檢查自己主觀上是否放棄了那些天賦的「心」，努力把這些「心」找回來，恢復人的本性。這就是孟子所謂的「求其放心」。同樣，如果反省自己，一切都合乎天賦的道德觀念，那就是最大的快樂。這也就是孟子所謂的「反身而誠，樂莫大焉」。

孟子對仁愛之心的由近及遠的推及過程進行了細緻的討論和規定。

孟子以三個概念：愛、仁、親來解析「仁」的內部深層結構。三者與「仁」的關係是一般與個別、普遍與特殊的關係。一方面，它們統歸於「仁」，都是「仁」；另一方面，它們又都有著各自的規定和內容。它們通過各自施予的對象不同以及親和力的強弱不同而共同表現著「仁者愛人」；具體說，就是愛之於物、仁之於民、親之於親。親親、仁民、愛物，它們在本質上統一於「仁」，處於一種由近及遠、由淺及深、逐漸遞進的聯繫之中，恰好地構成了「仁」的推衍、引申的現實具體的過程。孔子所沒有明確的理論問題在這裡得到了較好的解決。

關於「人性」問題，在孔子那裡只講了「性相近也，習相遠也」，沒有更多地發揮。孟子在中國思想史上第一個系統地闡述了「人性」問題，提出了「性善」論。孟子講的「性善」，表面上說是人人都具有的普遍的共同的「人性」。其實，他所講的「人性」只是「仁、義、禮、智」等道德觀念。所以，孟子雖然在口頭上說「性善」是人人一樣，「人皆可以為堯舜」，但在實踐中他嚴格區分「君子」和「小人」，認為「仁、義、禮、智」這些善性，只有「君子」能保存、能恢復，而「小人」是不會保存，也不可能恢復的。

②「良知」說和「勞心者治人」的社會分工說

孟子認為，道德觀念都在人「心」中，都是人生來在本性中就固有的，而不是後天獲得的。他稱這種不用學習，不用思慮就具有的知識、才能為「良知」「良能」。所以，孟子認為，「學問之道無他，求其放心而已矣」。這是說，學習知識沒有別的途徑，而只要把他放棄（散失）掉的天賦本性找回來就行了，也就是說，不必要到實際生活中去實踐、學習。他還說：「盡其心者，知其性也；知其性則知天矣。」意思是說，人只要充分發揮天賦的那四種「心」，就可以認識自己的本性（即「性善」），進而瞭解「天」的意思，掌握「天」給人們安排好的「命運」。

「盡心」也就是孟子所謂的「思誠」。在孟子看來「誠者天之道也」，

「誠」是天的根本法則，而「思誠者人之道也」，忠實地實行「誠」是做人的根本法則。「誠」的中心內容是「善」，「思誠」的中心內容也就是要「明乎善」。他說：「不明乎善，不誠其身矣。」所以「思誠」或「誠其身」，也就是「盡心」，也就是要恢復和保持「良知」「良能」。能夠做到「盡心」「誠其身」，也就可以達到「萬物皆備於我矣。反身而誠，樂莫大焉」。即世界上萬事萬物都具備於我心中，自己確實是做到了「誠其身」，因此沒有比這更快樂的了。「萬物皆備於我」「反身而誠，樂莫大焉」，這是孟子天賦道德觀念論在認識論上的必然結論。一切不必依賴於客觀存在，而只要主觀上做到「誠」，即「明乎善」，那麼，萬事萬物就都具備於我心中了，同時也就與「天之道」的「誠」完全相符合了。這在孟子看來，也就是具備了一切做人的知識和才能。

　　孟子還注意到了社會分工的問題。

　　據《孟子》書中記載，當時孟子還曾與一位個體農業小生產者的代表許行進行過辯論。許行主張，君主必須與人民一起耕種，然後才可以取得糧食，自己動手做飯，同時治理國家。他還主張實物交易，物品在數量上、重量上相等者，價格相等。許行的這些思想反應了小生產者反對統治者不勞而獲的剝削行為，有它的進步性。但他從平均主義和否定分工的角度來提出解決階級對立的矛盾，是不符合當時歷史發展的規律的，它反應了小生產者思想的局限性。

　　孟子揭露了許行思想中的這一局限性，他從社會分工在一定歷史階段的合理性出發，把分工看作社會發展的必然結果。認為，從政治和經濟地位看，人生來就分為「君子」和「小人」「勞心者」和「勞力者」。他說：「無君子莫治野人，無野人莫養君子」；「或勞心，或勞力。勞心者治人，勞力者治於人。治於人者食人，治人者食於人，天下之通義也。」這就是說，「君子」「勞心者」，生來就是統治「小人」「勞力者」的，他們是受供養者；而「小人」「勞力者」，則生來就是應該被統治、被剝削的，他們的任務就是供養「君子」「勞心者」。孟子強調指出，這種生來就決定的統治者與被統治者的等級關係，正是社會分工的結果，是天下共同的道理，是不可更易的。

　　從知識、才能來看，孟子認為人生來就分為「先知先覺」和「後知後覺」。他認為，「天」生下人類來，就是要使先知先覺的人去開導啟發後知後覺的人。孟子認為歷史的發展，就是靠那些明君、良臣、聖人的先知先覺的智慧和才能。他對古代一些所謂的聖人都十分推崇，其中特別崇拜孔子，他認為孔子是聖人中的集大成者，是自有人類以來最偉大的人物。

③「仁政」學說與民本思想

孟子發展和改造了孔丘的「禮治」和「德政」的理論，提出了「仁政」學說。這是他政治思想的中心。孟子「仁政」的政治主張，是針對當時地主階級激進派推行的「嚴刑峻法」的政治措施而提出來的。他對當時新興地主階級改革家商鞅主張積極開墾土地、鼓勵私人佔有土地、招徠勞動力等變革措施表示反對。他認為，這樣就會造成互相爭奪，出現「私肥於公」的情況。所以，他主張用他自己設想的「仁政」措施，通過「井田制」的形式來推行封建制度。

孟子設想的「井田制」就是國家把土地分給各級官僚地主，即所謂「分田制祿」。然後，由地主把土地出租給農民耕種。具體來講，就是每平方里（1里＝0.5千米）劃分為九百畝，中間一百畝為公田，其餘八百畝為私田，分給八家農民，每家種一百畝，八家共同耕種一百畝公田，先把公田種好了，然後才能種自己的私田。這種生產方式也就是後人所謂的「以私養公」的勞役地租的剝削方式，它是封建制初期帶有農奴制色彩的剝削方式。孟子一方面希望用這種土地制度來限制由軍功、墾荒等上升而來的新興地主階級擴大土地的佔有；另一方面，又企圖用這種剝削方式來束縛農民，把農民牢牢地固定在土地上，以供封建領主的剝削。這就是孟子「井田制」的實質。新興地主階級當時通過土地自由買賣、開墾荒地和實行實物地租的剝削方式來不斷擴大私產，這是當時在推翻奴隸制後，封建經濟得到蓬勃發展的必然現象，是有利於封建制的鞏固與發展的。孟子要限制新興地主階級暴發戶的經濟發展，反對土地買賣、反對開闢荒地、反對實物地租、主張勞役地租等，顯然是一種保守的思想。

孟子還把他這種「八家皆私百畝，同養公田」的主張，稱之為「制民之產」，意思是要分配給農民固定的土地，使他們「死徙無出鄉」。他認為：「無恒產者無恒心」，就是說，必須把勞動人民束縛在土地上，否則勞動人民就可能逃亡和起義反抗。孟子把他這種「制民之產」的「仁政」描繪成一種最美好、最理想的社會制度。孟子經常稱道的每家給予「五畝之宅」「百畝之田」，使五十歲的人有絲綢衣服穿，七十歲的人有肉吃，八口之家可以不餓肚子，就是他對封建小農經濟的一種具體設想。

孟子雖說反對開闢荒地擴大私產，然而對於發展農業生產也還是比較重視的。他提倡「薄賦斂、深耕易耨」，要人們「不違農時」地進行生產，並且主張要給老百姓以一定的生活上的滿足。他認為，老百姓連最起碼的生活條件都得不到滿足，那麼「此唯救死而恐不贍，奚暇治禮義哉？」這種重視生產，主張給老百姓以一定的生活上的滿足的思想，對於當時發展封

建經濟，鞏固封建秩序具有重要意義。

孟子的仁政學說，在政治上還主張採用「以德服人」的辦法。孟子認為，用「力」不能使人心服，只有用「德」才能使人「心悅誠服」。這是公開地反對暴力，主張仁義說教的感化政策。而他所謂的「以德行仁者王」的「王道」「仁政」，實際上是要繼續保持住由奴隸主貴族轉化過來的封建貴族的原有特權。所以，他說「為政」要「不得罪於巨室」。對於當時地主階級激進派和代表小生產者利益的墨子等把實際功利放在第一位，而使「義」「禮」等道德規範服從於實際功利的思想，孟子則竭力加以反對。他認為，統治者根本不應當講「利」，不應當把「利」放在第一位。他認為，如果人人都去追求「利」，就會損害整個統治階級的利益。所以，他認為必須把「仁」「義」放在第一位，也就是說要從思想意識上使臣民們都自願地為最高統治者效力。孟子通過提倡「仁」「義」的根本目的，是要人們不後其君，企圖用宗法觀念維護封建制的統治秩序。

孟子繼承老子、孔子以來的「重民」思想，又從新的時代環境中吸取營養，使其宗旨更明確，措施更具體，尤其是在君民關係方面，強調「民」的作用和地位，從而將民本主義發揮到極致。在中國政治思想史上，孟子首先提出「民為貴，社稷次之，君為輕」的輝煌命題。

基於這種認識，孟子提出君主必須「愛民」「利民」，如若不然，而像夏桀、商紂那樣「虐民」「殘民」「同民」，那就不成其為君主，而成了國人共誅之、共討之的獨夫民賊。孟子還認為，對那些不負責任、「四境不治」的君主，應該撤換；君主有大的過失，經過臣下的諫諍，「反覆之而不聽，則去」。

孟子有關民本思想的論述有如下幾點：

其一，輕刑薄稅，制民以產。孟子並不反對剝削，但他認為這種剝削不能超過民眾所能忍受的一定的限度。所謂「有恒產者有恒心」，民眾有了一定的生產、生活資料，掌握一定的謀生手段，「仰足以事父母，俯足以畜妻子，樂歲終身飽，凶年免於死亡」，當然就不會鋌而走險，揭竿而起，君主的統治也就自然平安無事了。

其二，聽政於國人。孟子認為，統治者注意傾聽民眾的意見，用人得當，刑賞有度，是有利於鞏固統治的。他建議梁惠王參考民眾的意見，作為施政的依據。

其三，與民同樂。孟子建議梁惠王「與百姓同樂」，又建議齊宣王「王如好貨，與百姓同」，使得「居者有積倉，行者有裹糧」；「王如好色，與百姓同之」，使得「內無怨女，外無曠夫」。孟子是在提示君主們，用「與民

同樂」的手段來爭取民心，進而「得天下」。

孟子的上述思想，達到了先秦民本主義的最高峰。殷商末年，統治者自恃「天之驕子」，完全不顧忌民的怨憤，「君本」達到極點。明智的西周開國之君，汲取殷亡之鑒，民本思潮漸次萌生，但此時的民本還僅僅停留在「保民」的層次上。進入春秋戰國時期，民重於君的認識，完全是建立在人重於天的理性覺醒的基礎之上，這是與西周民本思想的不同之處。當然，歸根到底，春秋戰國時期的民本主義，還是從維護地主統治的長治久安目的出發的，與產生於資本主義大生產基礎之上的近代「民主」，是分屬不同歷史階段、不同社會條件、不同理論範疇的問題，絕不可同日而語。

3.3 宋明理學與儒家文化的發展

3.3.1 秦漢至隋唐時期儒家文化地位的演變

(1) 董仲舒進獻《天人三策》：儒家文化獨尊地位的形成

秦王朝初年，秦始皇聽從丞相李斯的建議，下達焚書令，除了醫藥、卜筮、種植類圖書，其餘圖書盡遭焚燒。後因秦始皇一向厚待的方士侯生、盧生私自逃走，又下令將460名犯禁的儒生全部坑殺在咸陽城外。這就是歷史上著名的「焚書坑儒」事件。這一事件給儒學的發展帶來了一場劫難，秦以前的儒家經典被焚毀殆盡，形成了中國傳統文化歷史上極端殘酷、極端黑暗又沉重的一頁。

西漢初年，由於剛剛經過楚漢戰爭，山河破敗，人民困窮，國家元氣大傷。漢初的統治者為了修復戰爭的創傷，輕徭薄賦，盡量不去干擾人民的生活。在這樣的歷史背景下，整個朝廷崇尚無為之治，並以黃老之學作為國家的意識形態。在這種無為而治、任民發展的政策下，社會經濟恢復得很快，人民安居樂業，因此出現了歷史上有名的文景之治。漢武帝繼位以後，他覺得整個朝廷無所作為也不是辦法，應該有一種積極的精神，打算用儒術治國。但一開始卻遭到其祖母、崇尚黃老之學的竇太後的阻撓。竇太後還背地調查主張用儒術治國的王臧、趙綰的受賄行為，漢武帝只好將其下獄處死，連帶權臣田蚡和竇嬰被罷免。儘管如此，儒家思想在朝廷和民間還是越來越受到重視。

漢武帝建元六年（公元前135年），竇太後死，這就為「罷黜百家」掃除了障礙。第二年，漢武帝下詔要各地官府舉薦人才，提出更為積極的治國之策。按照漢代的制度，讀書人為國效力，都要先由地方官府以「賢良」

「文學」「方正」「直言」等名目舉薦出來，然後坐公家的車船會集到京城長安，在皇宮的金馬門外等著回答皇帝提出的問題，這叫作「策問」和「對策」。誰的對策文章做得好，合乎當時的政治需要和皇帝的心意，誰就可能被任命為政府官員。儒家大學者董仲舒，就在這次對策中脫穎而出。

　　董仲舒（公元前176年－公元前104年），河北廣川（今河北衡水市景縣廣川鎮）人，博通六經而專治《春秋公羊傳》。他在呈給漢武帝的第一策中，依據《春秋公羊傳》和《易經》的陰陽之道，提出了「法天」「正始」「教化」「更化」四策。董仲舒認為，「法天」就是帝王應該上承天命，順天而行，以德政普被天下；「正始」就是說要重視開始，端正根本。政治之本在百官，百官之本在朝廷，朝廷之本在君主，所以人君正心以正朝廷，正朝廷以正百官，正百官以正萬民，正萬民以正四方；「教化」就是正民；「更化」則是革除積弊，改革舊制。

　　漢武帝十分欣賞董仲舒的第一策，又提出「堯舜垂拱無為而治，周文、武王勤勉有為而治，難道帝王致治之道，可以不問嗎？」於是，董仲舒又上了第二策，他回答武帝說：「聖王之治之所以有差別，那是因時而異也。無論是黃老的無為而治，還是周文、武王的有為而治都有歷史的合理性，不過現在是漢承秦敝，非力行有為不可。」

　　最後，董仲舒又進獻了第三策，他根據《春秋公羊傳》「大一統」之義，認為，《春秋》大一統者，是大地的常法，是古今的通義。而現在，人們追求怪異的學說，雜說異端，學術分歧，朝廷沒有一個統一的思想，百官也沒有一個遵守的準繩，使得在上的君子令不行、禁不止；在下的民眾不知所從。他建議：「凡是不在《易》《詩》《書》《禮》《樂》《春秋》六經孔子學說範圍內的議論、學術，應該全部罷去不用。」這就是歷史上有名的「罷黜百家，獨尊儒術」。

　　漢武帝仔細閱讀董仲舒進獻的對策，基本上採納了他的建議。於是，朝廷在京城長安設立了太學。根據當時儒家各學派的流行情況，太學為《易》《書》《詩》《禮》四經各設了三個專科，為《春秋》一經設了兩個專科。每個專科都任命相應學派的大學者為博士官，負責傳授各自的學說。對於州、郡推薦優秀人才的察舉工作，武帝關照要特別注意以儒家道德行為標準。非儒家的百子學說，既不能在太學裡講授，又不能作為察舉的依據，僅允許其在民間流行。

　　（2）漢末名教信仰危機：儒家文化地位的衰落

　　所謂「名教」，即指儒家的政治原則，名即名分，教即教化。名教即通過正定名分、教化天下，以維護封建的倫理綱常和等級制度。或者說，名

教即是以所謂「三綱六紀」為核心的封建禮教，它倡導孔子所說的「君君、臣臣、父父、子子」，要求上下有別，長幼有序，父子君臣各安其位，以維護封建社會的穩定。

東漢時期，統治者十分重視利用儒家思想作為精神統治的重要武器，特別注重提倡講經論理，從儒生中選拔人才。一方面，通過學校培養人才，另一方面，又通過察舉孝廉等方式羅致人才。東漢王朝通過提倡經學，表彰名節，弘揚了封建禮教思想，從而在社會上逐漸形成了重視名節的風氣。這一風氣在東漢豪強地主勢力迅速發展的時候，仍能得以維持。

然而，東漢末年，人們對儒家所提倡的封建禮教的信仰卻出現了危機。一方面，東漢後期以來，政治十分腐敗，出現了外戚、宦官當權的黑暗局面，正常的封建秩序幾乎完全遭到了破壞。另一方面，東漢末年自黃巾大起義以來，社會一直動盪不安，這對於人們的思想意識是一個極大的刺激。

首先，人們的君臣觀念出現了淡漠的趨勢。西漢以來大一統局面之下形成的君臣觀念，隨著察舉制的長期推行，逐漸為私家的君臣之義所替代；由於門第勢力的不斷擴大，作為家族秩序主幹的父子之倫，大有超過作為政治秩序主幹的君臣之倫的趨勢。與之相應，父子、夫婦、朋友等方面的人際關係也都發生了一定的變化。

其次，東漢後期的兩次黨錮之禍，給官僚士大夫以沉重的打擊。在自身的生存都不能保全的情況下，他們無力顧及其他。因此，他們對於如何維繫社會的統一與穩定已經不再十分關切。與此同時，經學盛極而衰，儒學威嚴掃地。在這種背景下，出現了「舉秀才，不知書。察孝廉，父別居。寒清素白濁如泥，高第良將怯如雞」等名位與德行相悖的現象，人們對儒學的信仰開始改變。自東漢以來，一些有識之士深感儒家的思想主張已不能挽救社會危機，因而便對漢代以來的儒家思想進行反思，仲長統提出了「人事為本，天道為末」的叛逆思想，由否定天道到否定三綱，他的主張意味著儒家的三綱在當時已經發生了根本上的動搖。

儒家禮法被打破，學者「末求浮虛者各競逐」，過去對經學的崇尚和對名教的恪守，變成以「儒家為迂闊，不周世用」。如當時著名的古文經學大師馬融，本來他志行高潔，但為了生存，終因饑困難忍而應大將軍鄧騭之召，後來更是「奢樂恣性」「達生任性」，聲色犬馬，不拘禮節，如同風流人物。他甚至還把儒學與老莊並舉。之所以出現這樣的情形，是因為儒家原有的一些社會文化功能在無奈中喪失。於是，世人只能背棄儒學，而生發了傾向道家之心。士大夫在思想上逐漸以易、老、莊「三玄」之學代替了經學就是其具體表現，他們的行為也大都拋棄傳統禮教的牢籠，而形成

了一種崇尚自然的風氣。

(3) 唐太宗：儒家文化地位的有力倡導者

唐高祖武德三年（620年），李世民在秦王府設置「文學館」，聘請了大學者杜如晦等十八人為「學士」，分三班輪流進府值宿，陪他談論儒家各經經義和天下大事。

李世民（599－649）雖然是行伍出身，但他的文化造詣卻不一般。在他做秦王統率大軍打天下的時候，就經常對屬下說：對一個國家來說，周公、孔子說的道理，就像鳥兒的翅膀，魚兒的水，離開了它就要死。我真不明白魏晉以來，歷朝的皇帝們為什麼忽視它！

李世民登位為唐太宗後，又在皇宮正殿的左邊設置「弘文館」，派當朝大臣中著名儒家學者虞世南、褚遂良等人兼任「館學士」，也像當年的「文學館」一樣，大家也分成數班，每天退朝之後，陪唐太宗研討儒家經義，規劃國家大事。後來，這些學士中出了好幾任宰相。以至於後來形成了一條規矩，凡是宰相都要有大學士銜。

唐初，國子學仿照隋朝的規模，學生名額只有幾百名。貞觀二年（628年），唐太宗開始擴充國子學。他把國子學分設國學、太學、四門、書算等四個大學院，新建校舍1,200餘間，把學生名額增加到3,260名，並且在校園裡建了一座儒家先聖廟。按照唐太宗的旨意，立孔子為儒學先聖。從此，歷朝在國家和地方各級官辦的學校裡，都立廟祭祀孔子。

從這以後，唐太宗決心以周文王為榜樣，以仁義治國，行教化於民。他甚至還派博士官到京城衛戍部隊中去為軍人們講課。規定軍人有能學通一經以上的，都可以去應科舉考試。這一系列舉措在全國造成了很大的影響，一時間，各地的讀書人都帶著自己的經典、筆記到京城裡來切磋學問。國子學又經常舉行演講會，請著名學者演講經義，凡讀書人都可以去聽講。有時，演講會的聽眾竟達七八千人，會場裡裡外外坐得滿滿的，整個國子學被擠得水泄不通。

貞觀年間，大唐國勢強盛，由於重視文化事業，世界各地的學者紛紛前來交流學問，周邊不少國家還把自己的貴族子弟送來求學，如朝鮮半島上高麗、新羅、百濟三國，就是最早派出留學生的國家。後來，在國子學求學的還有日本人、東南亞各國人、波斯人、大食（阿拉伯）人、東羅馬人，等等。從此，中國的國家高等學府開始對外接受外國留學生。

文化事業的發達，使國民的道德和文化素質空前提高，相傳當時長安城裡路不拾遺，夜不閉戶。唐太宗嘗到文化治國的好處，他對於學術研究的興趣也越來越濃厚。在學習中，他發現國子學所傳的經文也有許多不統

一的地方，博士們授課時也往往根據自己的理解各講一套，甚至有許多互相矛盾的地方，這樣就在學生中間引起了思想混亂。於是，他便令中書侍御、大儒顏師古組織一班學者，仔細考據各經，做出統一標準的經文頒布於天下。又令國子祭酒孔子後人、大儒孔穎達負責，組織一班學者一起整理漢末以來流傳天下的各家經解，去偽存真，取長補短，寫定一百七十卷《五經正義》，頒發全國。從這以後，各官學的教材都統一了，各門各派的門戶也被打破，學術研究也出現了兼收並蓄、融會貫通的學風。

貞觀二十一年（647 年），為了表彰歷朝歷代對儒學發展做出貢獻的文化名人，唐太宗又下詔，將左丘明、伏生、孔安國、毛萇、劉向、鄭玄等 21 人的牌位送進孔廟，和孔子一起接受皇帝和國學師生們的禮敬。

唐太宗如此重視文化建設，不僅本人讀書不倦，還在全國大興讀書之風，這在中國歷史上實為少見。這對於中國後來各個時代的儒家文化的發展產生了極其深遠的影響。

3.3.2 宋明理學的流變

(1)「北宋五子」與宋代理學的開端和奠基

理學，亦稱為新儒學。之所以稱為理學，是因為兩宋諸子所創建的思想體系以「理」為宇宙最高本體，以「理」為哲學思辨結構的最高範疇；之所以稱為新儒學，是因為理學雖以儒家禮法、倫理思想為核心，但其張揚的孔孟傳統已在融合佛、道思想精粹中被加以改造，具有一種煥然一新的面貌。理學是一種以儒學為主體，吸收、改造釋道哲學，在融會三教思想精粹之上建立起來的倫理主體性的本體論。

「北宋五子」指「理學宗主」周敦頤、象數學家邵雍、「關學」領袖張載和理學的奠基者程顥、程頤兄弟。

①周敦頤

周敦頤一向被視為「理學宗主」，理學開山祖。這位被人稱為濂溪先生的大學者，對理學的突出貢獻有兩個方面：

第一，提出了一種新的宇宙觀。周敦頤把道教的無極視為宇宙的本原，把儒家的太極視為無極的派生物，由無極而為太極，由太極的陰陽運動而生五行，由五行的運動而生萬物，生男女，萬物生生變化無窮。由此，周敦頤借助於道教的無極概念便比較好地解決了宇宙萬物和人類的發生、發展與統一問題，從而為宋明理學提供了本體論方面的依據。他沿著「出入於釋老」而「反求諸六經」的路數，以道教《太極先天之圖》與陳摶的《無極圖》為主要依據，又參照佛教的《阿黎耶識圖》，並融會了自古相傳

的陰陽、五行、動靜等觀念，構制了《太極圖說》。在《太極圖說》中，周敦頤建立了「無極」—「太極」—「陰陽」—「五行」—「男女」—「萬物」的宇宙生成圖式。

第二，提出了一種新的倫理觀。在《通書》中，周敦頤依據《易》與《中庸》之論，以「誠」為最高道德倫理境界，更進一步將《太極圖說》中的宇宙圖式與「誠」—「幾」（善幾、惡幾）—「德」（愛、宜、理、通、守和仁、義、禮、智、信）的倫理範疇溝通起來，從而顯示了理學借釋道宇宙論、認識論的理論成果以構造倫理哲學的基本趨向。

周敦頤還提出了「主靜立人極」的倫理觀。在周敦頤看來，正像世間萬物因有不同稟賦而形色不一那樣，人也因為心性受感萬物而有善惡之分。因此，他主張「主靜」而「立人極」「無欲故靜」。「主靜」就在於「無欲」「無思」「無為」，是一種精神內省功夫，消除欲念，達到無所欲求境界。這樣，人通過內心的道德修養，遏制思想，制約情感，不偏不倚，「定之以中正仁義」，使個人行為符合封建倫常標準。從而為理學的發展奠定了方向，以後的理學諸子在修養問題上從未離開過「主靜」「窒欲」這條路徑。

②邵雍

邵雍長於象數學。他依據道教的《先天圖》，提出「先天象數學」，構造了一個包括自然和人類歷史在內的世界圖式。由於邵學重數術，後人不視他為理學正統，而以他為修仙、占卜、算命的宗師。

邵雍的思想貢獻主要在於對宇宙本原及其演化規律的探討上。其所著《皇極經世》一書，認為，世界萬物均由一個總的本體「太極」演化而來，然後「一分為二」生出陰陽，「四分為八」生出八卦……依次分化，遂生世間萬物。邵雍還指出太極為心。以心為太極，則宇宙萬物生於心；宇宙的法則就是我心的法則；由此，邵雍認為人的認識並不在於如何把握客觀外界，而是如何認識自心。他以為宇宙間的萬事萬物在本質上與人體的構造並無太大等別，天有四時，地有四方，人則有四肢，故而最終天地與人合一。這樣，邵雍便將儒學原來的經學傳統轉換為心性之學，從而為理學的最終形成奠定了基礎。

③張載

周敦頤與邵雍是理學的開端發引性人物，而張載與「二程」則為理學真正地奠定了基礎。

張載（1020—1077），字子厚，北宋鳳翔眉縣（今陝西眉縣）人。他開創的關學與周敦頤的濂學、二程的洛學、朱熹的閩學並稱為理學的四大派。張載的名言「為天地立心，為生民立命，為往聖繼絕學，為萬世開太平」，

一直是後世儒生的座右銘，是他們齊家治國平天下的精神楷模。

張載是一位唯物論的氣一元論者，他以「氣」為本體，解說了宇宙萬物的自然形成、萬千變化、動靜聚散、生死存亡……駁斥了從原始迷信（鬼神）到釋、道理論的各種唯心主義。然而，張載與其他理學家一樣，更為關注的還是重建以人的倫常秩序為本體軸心的孔孟之道。在宇宙論的基礎上，張載深入地探討了「天」（宇宙）「人」（倫理）合一的關係。他的代表作《西銘》便體現了把人之為人的「所以然之故」，上升為宇宙（「天地」）的「所以然」的致思趨向，從而將「人性」與「天地之性」渾然一體，使倫理學獲得本體論的論證。張載所提出的「心統性情」「天地之性」「氣質之性」「德性所知」「見聞之知」等命題亦都關乎倫理行為這一大關目，後來理學諸子無不以上述命題作為理學基本命題。

④二程

「二程」即程顥、程頤兩兄弟。他們是周敦頤的學生，邵雍的晚輩，張載的姻親。二程居住於洛陽，後人便以「洛學」來稱呼他們這一學派。

從根本上說，二程的思想具有相當的獨創性，從而別具一格，自成體系。較之周敦頤、張載和邵雍，二程進一步擺脫了道教的影響而迴歸到儒學正宗，朱熹曾說：「孔孟之道不法久矣，自頤兄弟始發明之，而後其道可學而至也。」又說：「夫以二先生倡明道學於孔孟既沒，千載不傳之後，可謂盛矣。」事實也的確如此，不僅由二程開始充分論證的「理」是宋明時期儒學的最高範疇，而這時期學術思想的體系與規模也是二程確立的，因而，其思想便理所當然地成為理學的正統與典型形態。可以說，程顥、程頤乃是宋明理學的奠基者。

（2）二程天理論：倫理的本體化

二程兄弟在總結了先秦關於理和道的觀念以及宋初以來的思想家關於理的論述的基礎上，進一步把「理」抽象為宇宙的本體，作為哲學最高範疇提出來，構造了一個以理為最高本體的唯心論體系。

二程兄弟的基本哲學觀點是一致的，他們都把「理」作為宇宙萬物的本原，或稱之為「天理」「道」。程顥說，「天者，理也」，又說，「萬物皆只是一個天理」。他認為「理」不僅總攝天地萬物，而且存在於一切事物之中。在此以前，雖然也有人提出過「理」，但只是被作為事物的規律提出的，而把它當成萬物本原和人類社會的最高準則，則從程顥開始。對此，他曾說：「吾學雖有所授受，『天理』二字，卻是自家體貼出來。」程頤也主張天理論，他說，「天下只有一個理」「萬物皆是一理」。世界上只有一個絕對的理，包括人在內的萬物都是由「理」派生出來的，它們在「理」的基

礎上統一起來，是凌駕於萬物之上、統馭萬物的絕對精神實體。不僅如此，在人類社會中，封建制度和與之相適應的倫理綱常，也是天理的表現。理的原則「推之而四海皆準」，不僅不能違背，而且要順「理」而行，自覺接受「理」的支配，依「理」行事，具體說來，便是嚴格遵循封建秩序。二程兄弟把封建主義的等級制度與倫理原則，上升到了哲學本體論的高度。

儘管如此，二程兄弟對於「理」的體認也同中有異。程顥認為，理是自然而然的自然趨勢，將道視為無始無終的萬物主宰。強調「我」與天地萬物不可分，天地萬物皆與我渾然一體，只要人們「誠敬存之」，使內心寂然無事，便可達到「仁」的境界。因此，他又認為理心一體，萬物皆在我心中，人們不需要去認識瞭解客觀世界，而只需要認識自己的心即可。程顥的這種主觀唯心主義思想直接開啓了此後的陸王心學（陸九淵、王陽明心學）。程頤所認為的「理」，重在指客觀事物之所以然，如水之所以寒，火之所以熱，是自然之理。還認為，一物須有一理，但一物之理即是萬物之理，而萬物之理就是一個天理。很顯然，這種主張與程顥的主張有明顯的差別。程頤特別強調形而上與形而下的區別，以為一陰一陽之謂道。道非陰陽也，所以陰陽者道也，離開了陰陽便沒有道。這就在某種程度上肯定了外部世界的客觀性，其客觀唯心主義傾向比較明顯，他的思想後來由朱熹全面繼承並大成。所以，我們通常所說的「程朱理學」中的「程」主要是指程頤，而非程顥。

（3）朱熹：理學的集大成者

①朱熹生平事跡

朱熹知識淵博，造詣高深，形成了自己完整、精密而獨特的思想體系。他的思想成為元、明、清時代占統治地位的官方理論，在封建社會的後期產生了重大影響，清朝的康熙皇帝稱他「集大成而紹千百年絕傳之學」「啓愚蒙而定億萬世一定之規」。

朱熹乃安徽婺源人，婺源古屬新安郡，所以他常自己署名「新安朱熹」。又因他寓居福建，所以他的學術有「閩學」之稱。學者多稱他為晦庵先生。朱熹年輕時興趣很廣泛，知識面很寬。五歲即開始跟隨父親讀書，十四歲時又遵父命師事於幾位二程的信徒，同時也大量閱讀其他書籍。朱熹與北宋理學家一樣，對釋道之學十分留心，年長以後朱熹也潛心於佛。對於道教經典，朱熹也下過許多搜集整理和研讀的功夫。他曾托名「空同道士鄒訢」為《參同契》作註，嘗自謂「清夜眠齋宇，終朝讀道書」，足見他對道教的重視。三十歲時，正式拜程頤的三傳弟子李延平為師，專心於性命義理之學。正是在「集遊儒之大成」並充分吸取釋道哲理的基礎上，

朱熹對理學展開了一次系統的、創造性的總結，從而成為兩宋理學的「集大成者」。

朱熹在中國文化史上的一個重大貢獻就是定「四書」。

儒家的經典汗牛充棟，就連最重要的「五經」也是卷帙浩繁，文義艱深，一般人要讀懂還真不容易。北宋時的程顥、程頤兄弟有感於此，他們曾經主張重點學習《大學》《中庸》《論語》和《孟子》，循此再深入「五經」。南宋淳熙五年（1178年），朱熹被朝廷任命為南康軍（今江西星子縣）太守，他一上任首先就修復了白鹿洞書院，並且親自撰寫了書院的學規。為了搞好教學，朱熹繼承二程的傳統，重點講授《大學》《中庸》《論語》和《孟子》。他要求學生們首先要讀好這四本書。

朱熹還認為：「四書」完整地代表了由孔子經過曾參、子思傳到孟子這樣一個儒家道統，而二程和自己則是這一久已中絕的道統的繼承者和發揚者。因此，朱熹後半生用了大量心血撰寫和反覆修改「四書」的註釋，經過四十餘年的研究探索，到七十歲臨死前一天還在修改《大學》「誠意」一章的註釋。他還給《大學》區分了經傳，重新編排了章節，並且將四書作為一部「套書」刊行，「四書」之名由此始定。

②朱熹思想體系及其影響

在自然觀方面，他堅持並發展了二程的「理本論」，特別是程頤的理氣說，認為「理」或「天理」是宇宙的本原或根本，天、地、人、物都是因「天理」而存在，都是由最根本的「理」所產生、所承載。

朱熹在講到宇宙的統一性和多樣性問題時，著意發揮「理一分殊」的思想，認為「萬物各具一理，萬理同出一源」。之所以如此，他認為「理」是宇宙萬物的唯一本原和共同本質，是多樣性之所以統一的根據，他同時還認為由於統一的「理」又使萬物表現為多樣性。為了更好地說明二者的關係，他借用了佛教的「月印山川」來解釋：「本只是一太極，而萬物各有稟受，又各自全具一太極耳。如月在天，只一而已，及散在江湖，則隨處可見，不可謂月已分也。」

在人性論方面，朱熹繼承並改造了張載、程頤等人的思想，把「天地之性」與「氣質之性」納入自己的體系。朱熹認為性是天理的體現，是形而上的本然狀態；人稟氣而生，是形而下的有形存在。人和萬物都是天理的體現，人是稟氣而生的，萬物也是由氣而構成的。據此，人與物一樣。然而，從另一個角度講，人與物又有根本的不同，只有人才具備仁、義、禮、智、信，而物則沒有。人的這種本性就是天理，天理從來就不可能有不善的狀態。天命之性與氣質之性分別的意義在於強調人的根本使命就是

要認識人自身，就是要克服人類的那些本然的劣根性，即要在氣質之性上下功夫。

朱熹的修養論大體上是繼承二程尤其是程頤的思想而又有所發展。在持敬問題上，程頤把「涵養須用敬，進學在致知」作為修養的兩大綱目，朱熹進而發揮為「持敬說」和「格物致知論」，認為敬是為學修養的立足點，居敬並不是目的，而只是功夫，居敬的目的在於「窮理」，而窮理又是「格物致知」的功夫。

朱熹所構建的理學體系，不僅將綱常倫理確立為「天理」，即萬事萬物之所以然，而且高度強調人們對「天理」的自覺意識。人們的倫理行為不應是盲目、自發的，而應是高度自覺，即具有自我意識的。為指明自覺認識天理的途徑，朱熹精心改造了漢儒編纂的《大學》，突出了「正心—誠意」的「修身」公式：「古之欲明明德於天下者，先治其國；欲治其國者，先齊其家；欲齊其家者，先修其身；欲修其身者，先正其心；欲正其心者，先誠其意；欲誠其意者，先致其知；致知在格物。」在這一系列範疇中，「格物—致知」是基本出發點。所謂「格物」，便是體驗作為外在性規範的「天理」；所謂「致知」，即悟到倫理本體並貫徹到自己的行動中。從「格物」到「致知」，實質上便是將外在規範轉化為內在的主動欲求，即倫理學上的「自律」。有了這一自律，方有誠意—正心—修身乃至齊家、治國，明德於天下的功業。

於是，經朱熹構造，一個龐大的以人的倫常秩序為本體軸心的儒學體系得以建立。其價值在於總結先前儒家學者的貢獻，回答了當時所能回答的一系列問題，從而使儒學真正擺脫幾百年來佛教與道教的衝擊，重新恢復了權威和信心。孔、孟的一系列思想在這一體系中被加以新的形而上的解釋，釋道兩教關於個體修煉與宇宙論、認識論的思想精粹亦被廣為攝取入內。自兩漢以來多元發展的思想意識形態進入「合」的集大成境地，朱熹亦因此成為儒學「正宗」承統者和「禮教」的聖人。

兩宋以後，以程頤和朱熹為代表的「程朱理學」地位的日益上升。朱熹死後，朝廷便將他所編定註釋的「四書」審定為官方教材，從此盛行起來。元代延祐年間（1314—1320）恢復科舉考試，朝廷正式把出題範圍限制在朱註「四書」之內。明清沿襲而衍出「八股文」考試製度，題目也都是出自朱註「四書」。從此以後一直到近代，「四書」不僅是儒家的重要經典，是每個讀書人的必讀書，而且是全國統一的標準的小學教科書。

(4)「宇宙即吾心」：陸九淵心學

①陸九淵生平事跡

陸九淵是宋代理學之心學的創始人。陸九淵（1139－1192），字子靜，江西撫州金溪（今江西臨川縣）人。由於他曾經在江西的貴溪象山講學，又自號「象山居士」，所以歷史上稱他為象山先生。

陸氏家道整肅，以詩書傳家，州里聞名，宗法倫理十分嚴格，宋孝宗曾稱贊陸氏「滿門孝悌」。陸九淵的父親陸賀，被贈宣教郎，以「究心典籍，見於躬行」著稱，這種環境的熏陶，對陸九淵一生的活動起了不小的作用。陸九淵自幼聰明好學，他從小就不愛玩耍，卻善於思考，經常提出一些連大人也想不到的問題。陸九淵四歲那年，一日，他吃完午飯就走出屋外，直望著天空發呆，父親見狀，連忙過來問他在想什麼。陸九淵指著藍藍的天說，天何其大，但怎麼才能窮盡它的邊呢？父親一聽連連稱奇，不過他無法回答兒子提出的問題，陸九淵則一直深思到晚上。

陸九淵二十四歲以《周禮》中舉，三十三歲又以《易經》中進士。四十三歲時赴國學，講習《春秋》。四十七歲回鄉講學，聽者甚眾。五十歲開講於象山，名講堂為精舍，又於山間設方丈，四方學者雲集。他居山五年，來見求學者逾數千人。此時，他的心學經過不斷地深化和完善，已經達到了完成階段。

②陸九淵思想及其地位、影響

陸九淵在象山書院講學，主要就是講自己創立的心學，他的名言是「吾心即宇宙」。他的學生一開始很不理解，於是他耐心解釋這個命題：吾心的這個「心」，是根據孟子「萬物皆備於我」而來的。此心此理，我固有之，這就是「萬物皆備於我」。從前的聖賢之心，同我的心是一致的，只是先於我心所得而已。

從「吾心即宇宙」出發，陸九淵進一步提出：「人皆有是心，心皆具是理。心即理也。」在陸九淵看來，人的「心」與二程與朱熹說的「理」是同一個概念，它們是一個東西，同是宇宙的本原，同是天地自然、人類社會的總規律；同時，人的仁、義、禮、智四端也是天賦予的，是人內心根本就有的，完全不必向外探求。

從「心即理」這一基本前提出發，陸九淵教人的易簡功夫就是「自存本心」。他認為，「自存本心」是人生的基本功，只要「自存本心」，就可以充分瞭解和認識天下之事物以及該事物之理，做到一理通則萬理通。所以，做學問最重要的是向內心用功，發明本心，不必向外去探求。只要按照發明本心的理去做，一言一行，自然都是對的，都是按照聖人的教導去做的。

陸九淵的觀點來自程顥，也遠承了孟子「盡心」的學說。他充分發揮了孟子的一系列思想學說，認為首先應該「先立其大」，然後再反身內求，這樣就能達到自我反省、自我認識、自我完善的境界。不僅如此，陸九淵的心學形成過程中，還受到了禪學的影響。如他認為人不應受外物所累，「收拾精神，自作主宰」，成為「似個無所不知無所不能之人」。陸九淵主張「安坐瞑目」，時常夜以繼日，修身養性，不僅自己這麼做，他也教人這樣養心，這顯然是受了佛教禪宗「頓悟」修煉方法的啟示。

在建立倫理學主體性的本體論上，無論程朱理學還是象山心學都指歸一致，殊途同歸。但由於心學更為強調感性，實際上已為理學分裂並最終走向瓦解潛埋下種子，而這一任務，將由明代王陽明來完成。陸九淵所建立的「心學」，經明代王陽明的擴充和發揮，成為儒學史上的一個重要學派。

(5) 鵝湖之會：南宋理學辯論會

鵝湖之會是南宋時期以朱熹為代表的理學學派與以陸九淵為代表的心學學派進行的一次學術辯論會，於淳熙二年（1175年）在信州（今江西上饒市）鵝湖寺舉行。此年四月，婺學代表人物呂祖謙邀請朱、陸兩人和兩派學人到鵝湖寺聚會。與會者除朱熹、陸九淵之外，還有陸九淵的兄長陸九齡、臨川太守趙景明及其所邀請的劉子澄、趙景昭諸人。

以朱熹為代表的理學學派與以陸九淵為代表的心學學派，是當時新儒學內部兩大對立的學派。從其哲學基礎到方法，以至最終目標，朱熹與陸九淵二人在一系列問題上存在著很大分歧。呂祖謙為了調和二人在方法論等方面的分歧，寫信給陸九淵兄弟，邀請他們來鵝湖聚會，希望通過他們之間的自由討論，使兩個分歧的學派統一起來。

鵝湖之會的中心議題是修養方法，同時也涉及本體論上的問題。在修養方法上，朱熹主張「泛觀博覽而後歸之約」，即從博覽群書和觀察外物來啟發對理的認識，強調的重點是「道問學」和即物窮理；陸九淵從心即理的本體論出發，在修養方法上主張「先發明本心，而後使之博覽」，反對朱熹多在讀書窮理上下功夫，他強調的重點是「尊德性」。鵝湖會議上，陸氏兄弟在詩中以「心」為基礎，把他們的方法概括為易簡功夫，而把朱熹的方法譏諷為繁瑣破碎的「支離事業」，引起朱熹的十分不滿，朱熹指責陸氏兄弟的方法為「空疏」。雙方不斷提出自己的主張，辯論非常激烈。

這次集會，對於所爭執的問題並未明定結果，沒能消除歧見。從此，朱、陸的信奉者各為一派，朱學被稱為「理學」，陸學被稱為「心學」。鵝湖之會實際上是以朱熹、陸九淵、呂祖謙為首的南宋理學三大學派舉行的一次規模盛大的學術研討會。三大學派齊聚共商，相互切磋，是南宋學術

史上最重要的一次集會，在理學史上有很大的影響。

（6）王陽明心學：高揚人的主體性

①王陽明生平

王守仁字伯安，生於明憲宗成化八年（1472年），死於明世宗嘉靖七年（1528年），諡文成。他的祖籍是浙江餘姚，青年時，隨父遷家於山陰（越城），後來他結廬於距越城不遠的會稽山陽明洞，自號陽明子，學者都稱他陽明先生。

王陽明的父親王華，是成化十七年進士第一。王陽明本人也於二十六歲時中進士。後授刑部雲南清吏司主事，後改兵部主事。正德元年（1506年），一度被權宦劉瑾排擠，謫貴州龍場驛驛丞。1508年，到龍場，著名的「龍場悟道」就發生於此。1519年6月，率部鎮壓福建農民起義軍，於豐城途中獲悉寧王反，即返安吉起義兵，水陸並進搗南昌，連下九江、南康、費時35天，平叛擒宸濠。9月抵杭州獻俘，因宦官許泰、張忠讒言，非但無功，反遭誣獲咎。正德十六年初始於南昌揭示「致良知」學說，終完成心學體系，該年6月升南京兵部尚書。

王陽明的主要著作為《傳習錄》，後人把他的思想材料編為《陽明全書》，共三十七卷。

②以「心」為主體

王陽明是繼張載、朱熹之後宋明理學全程中的關鍵性人物。張載建立理學，朱熹集大成，而王陽明則造成理學的瓦解，其武器便是他承陸九淵而發展起來的「心學」。

「心學」是一種高揚「心」亦即人的主體性的主觀唯心主義的哲學。作為理學家，王陽明與朱熹同樣以建立倫理學主體性的本體論為目標，同樣鼓吹「明天理去人欲」。然而，朱熹與王陽明的思維走向卻大不一樣：程朱以「理」為本體，充分肯定理的客觀性和人的理性認識客觀的理的可能性。但是，「理」哲學更多地突出了超感性現實的先驗規範，而沒有給人以應有的地位。對於它來說，人是受外部的天理或自身的人欲支配的客體，而不是具有自主性、能動性的主體；而「心」哲學則以心為主體，從而導出了人的主體性這一主調。

王陽明的「心」本體論，以「心」為天地萬物主宰，進而從主體的角度去觀照萬物。「我的靈明，便是天地鬼神的主宰。天沒有我的靈明，誰去仰他高？地沒有我的靈明，誰去俯他深？鬼神沒有我的靈明，誰去辨他吉凶災祥？天地鬼神萬物離卻我的靈明，便沒有天地鬼神萬物了，我的靈明離卻天地鬼神萬物，亦沒有我的靈明。」對於王陽明此論，當然可以用唯心

主義謬論一語加以批評，但是細加推敲，卻可覺察出其間所蘊有的主體自覺的意蘊：自然的天永遠存在，但是沒有作為認識主體的人去仰視它，它就沒有高的意義，也不作為高的事物存在；大地永遠存在，但如果沒有作為認識主體的人去俯瞰它，它就沒有深的意義，也不作為深的事物存在。（如果說）世間有鬼神存在，但如果沒有主體的分辨，它就沒有吉凶災祥的價值，鬼神也就不能作為有這種價值的事物存在；同樣，離開價值的世界，主體也就不能作為主體存在。顯而易見，王陽明通過「心」本體論，充分肯定了人的主體性、能動性，指明了人是世界的主體，人所生活的世界離不開人的主觀能動性。當然，王陽明對人的能動性的認識是全然唯心的。他把這種能動性僅僅歸結為人的仁愛之心對他人及天地萬物的愛憐，以及由此情感而產生的仁民愛物、修齊治平等倫理、政治行動，而完全不領會人的最基本實踐活動——生產活動的意義。

　　立足於「心」本體論，王陽明又提出「心即理」「心外無理」的著名命題。既然世上人人有心，人人也就心中有理。以「心」去裁判外間事物，一切是非的價值便有了重估的必要。是與非，不聽任於眾口之然否，而決定於吾心之會契與否。在這樣的價值判定原則面前，聖人的權威也發生了動搖。不僅如此，王陽明甚至認為人人都是聖人。其弟子董夢石出遊回來說：「今日見一異事。……見滿街都是聖人。」王陽明則說：「此亦常事耳，何足為異。」「滿街聖人」是王陽明講堂裡的流行話語，它意味著世人皆聖人。對於虔誠頂禮膜拜聖人，以為「天不生仲尼，萬古如長夜」的朱子學派來說，這確是狂悖之論，其害不下於異端。

　　③知行合一與致良知

　　「知行合一」是陽明「心學」的又一重要命題。而這一命題同樣是在極大地強調主體實踐（道德行為）的能動性。所謂「知行合一」，即「知之真切篤實處即是行，行之明覺精義處即是知」，這實際上是把一切道德歸結為個體的自覺行為。

　　針對當時人們知道應該孝敬父母和友善兄弟但在行動上又出現不孝不悌的社會現象，王陽明解釋說：不能孝，不能悌，這是被私欲隔斷了，不是知行的本體了，沒有知而不行的。知而不行是未知。聖賢教人知行，正是要恢復那本體。王陽明曾經說：知是行的主意，行是知的功夫；知是行之始，行是知之成。如果能夠真正理解，只說一個知，已經自有行在，只說一個行，已自有知在。他還進一步解釋說：說一個人知孝，必定指此人曾真行孝；說一個人知味，此人一定嘗過此味；說一個人知路之險夷，一定是他親身履歷過這條路。總之，知與行是不能分開的。學習書法，就必

須每天臨池揮筆；學習騎射，就必須引弓挾矢，經常練習。

為達到「知行合一」的境界，王陽明提出了「致良知」的綱領性口號。「良知者，孟子所謂是非之心，人皆有之者也。是非之心，不待慮而知，不待學而能，是故謂之良知。」良知既是本體，就無待於外，「致良知」也就意味著在自覺的倫理行為中，去證實、肯定和擴展人的存在，「致吾心良知之天理於事事物物」。這就在強調倫理學的意志自律的原則上，極大地突出了個體的歷史責任感以及道德的自我意識。

④王陽明學說的影響

從其初衷而言，王陽明建立心學體系，是要修補由於程朱理學僵化所造成封建意識形態的缺漏。他的「破心中賊」論便鮮明地表露出他鞏固封建秩序的宗旨。然而，由於王陽明感應明朝中葉以來社會氛圍和心理狀態的變遷，從人的主動性、能動性上順次展開他的宇宙論、認識論、價值主體論，從而否認了用外在規範來人為地管轄「心」禁錮「欲」的必要，高揚了人的主體性地位，造成對正宗統治思想的一種反叛。比較程朱理學，陸王的心學更具有哲學的思辨色彩，並且對後世主張獨立思考、衝破「坐而論道、不求開拓進取」的學術之風起到了振聾發聵的作用，客觀上起到了思想解放的作用。正因為如此，明代統治者曾一度以「心學」為「詆毀先儒」「傳習邪說」的「向導」；而士子們則從「王學」中感悟到「震霆啓寐，烈耀破迷」的思想啓蒙。在四方熱烈回應的氛圍中，「王學」如洪波急流，泛濫無下，成為晚明人文思潮的哲學基礎。

隨著哲學家們關注的重心從外在的「天理」規範秩序轉向內在的人的主體性，人的自然之性的合理性與正當性也在明代中後期被加以注意和強調。王陽明的門下弟子王艮，是明朝中葉率先高揚人自然之性的先導性人物。王艮之學「非名教之所能羈絡」，王陽明學說中的若干異端萌芽，在這位「泰州學派」的創立者手中有了創造性的發展。

王艮改造了陸王心學所確定的「心」的倫理特性，而賦予「心」一種自然本質：「天性之體，本是活潑，鳶飛魚躍，便是此體」「凡涉人為，便是作偽」。王艮所強調的，顯然是人的自然而然的不受既有觀念污染的純真的本性，以此來對抗仁義道德的「天理」決定論。王艮又有「百姓日用即道」的著名命題，這個「百姓日用」，包含了老百姓日常生活的物質和精神的需要。這樣一來，理學家視為萬般邪惡的「人欲」，在王艮那兒反而成了天經地義的「道」。泯滅人欲，窒息人自然之性的理學禁欲主義，在「泰州學派」日漸強大的勢力面前，受到強勁的衝擊。明清許多思想家，如唐甄、李贄、譚嗣同等人，也曾利用陸王心學的一些理論反對權威崇拜，破除教

條，宣傳革新思想。

思考題：

1. 周文化對儒家思想有哪些影響？
2. 孔子對中國傳統文化有哪些貢獻？
3. 孔子思想有哪些基本內容？
4. 孟子性善論的基本內容有哪些？
5. 孟子仁政說與民本思想及其評價。
6. 漢武帝「罷黜百家，獨尊儒術」的原因是什麼？
7. 比較程顥、程頤在思想上的異同點。
8. 朱熹思想體系的基本內容及其影響。
9. 陸九淵思想淵源是什麼？陸九淵思想有什麼影響？
10. 王陽明以心為主體的學說有哪些內容？對中國古代文化有哪些影響？

4 崇尚自然無為的道家

對於中國文化中的儒、道、佛的關係,一個較為普遍的看法是:儒家治世,道家治身,佛家治心。這種看法未必全面,但應該說基本抓住了儒家、道家、佛家思想的基本特質。儒家治世,提倡「士以天下為己任」,故而深得統治階級和那些憂國憂民、有「平治天下」宏大抱負的知識分子的青睞。自西漢董仲舒「罷黜百家,獨尊儒術」後,儒家思想就一直成為歷代統治者推崇的「顯學」。道家思想吸引人的地方並非它玄妙高深的宇宙觀,而恰恰在於它「獨善其身」的「治身」之道。作為蕓蕓眾生的下層百姓,他們成天為生計忙碌、勞累,道家思想能在精神上讓他們獲得某種輕鬆、解脫,比起儒家那種沉重的社會責任和道德說教,當然對他們就更有吸引力了。

此外,某些研究中國文化的西方人也特別喜歡道家思想,特別是《老子》中講的「恍兮惚兮」的「道」,與西方哲學追求的宇宙「本體」極為相似,讓人沉思,奧妙無窮。

4.1 老子:道家文化的創始人

4.1.1 老子的生平與故事

老子,又稱老聃,姓李,名耳,楚苦縣厲鄉曲仁里人(今安徽渦陽縣)。大約2,500年前,老子降生在這裡一個背山依水的小村莊。這裡風景秀麗,環境清幽。山坡上鬆柏交翠,棟槐苗壯,古桐參天,濃蔭蔽日。村子四周,是成片茂密的李子林。

老子從小就是一個勤於用腦的孩子。他喜歡與小朋友在家鄉的河灘、林間玩耍。獨自一人時,常常面對昊昊天穹和河中的流水久久無語,似乎在揣摩著大自然的奧秘。

老子最喜歡家鄉的小河。它不僅默默流淌,日夜不息,滋潤著兩岸的土地,而且能夠包容忍讓,有東西擋道便悄然繞道離去,從不嫌棄污濁和陰暗。雖然有時候它是涓涓細流,看似柔弱,可一旦到了洪水季節,它又

像脫韁的野馬，浩浩蕩蕩，無堅不摧，正所謂「天下莫柔弱於水，而攻堅強者莫之能勝」。家鄉的小河就像一本讀不完的書，使老子獲益匪淺。它「善利萬物而不爭」的稟性，對老子後來哲學思想的形成，產生了重大的影響。

少年時期，經族人介紹，老子拜商容為師。一次，他聽說商容得了重病，前去探望。據說當時商容問了老子三個極富哲理的問題。

商容首先問：「不論什麼人，經過故鄉時都要下車，你知道這是為什麼嗎？」老子答：「這是表示人不論如何騰達，都不應忘記家鄉、忘記根本。」商容點了點頭，表示贊許，又問：「人從高大的樹木旁邊經過時，要彎腰鞠躬，這又是為什麼？」老子說：「在高大的樹下彎腰，是表示敬老的意思。」商容見老子聰明過人，十分滿意。接著，商容又問了第三個難度更大的問題。他先張開嘴讓老子看，然後問：「我的舌頭在嗎？」老子答：「在。」又問：「我的牙齒還在嗎？」老子搖了搖頭：「沒有了。」商容接著問道：「知道這是為什麼嗎？」老子略加思索，答：「舌頭還存在，是因為它柔弱；牙齒掉光了，那是因為它太剛強。」商容沒有想到老子小小的年紀竟能對這些深奧問題有如此深刻的理解，心裡非常高興。他進一步教誨說：「要記住，水雖是至柔之物，但滴水卻能穿石；舌頭雖然沒有牙齒的堅硬，但舌頭卻能以柔克剛。最柔軟的東西裡，蘊藏著人們不容易看見的巨大力量，這種力量甚至能夠穿透世上最堅硬的東西。現在我已經把天下最根本的道理都告訴你了，再也沒有什麼可以教你了。」

隨著老子人品和學識的不斷長進，他的名氣也越來越大。公元前551年前後，朝廷史官空缺時，老子被選中，擔任了守藏吏，相當於周王室典籍圖書檔案館的館長。因為從事圖書管理工作，老子得以博覽群書，特別是熟讀了《詩》《易》《尚書》等圖書文獻，成為一名精通周禮的學者。作為史官，老子還負責記錄一切官場重大活動。

當時，周王室由甘簡公執政，他與族人甘成公、甘景公不和。公元前535年，也許是因為記事不合甘簡公的意思，老子被免去了史官之職。免職後，老子出遊魯國。同年，孔子曾從老子「助葬於巷黨」。魯昭公十二年（公元前530年），甘平公登基，老子被召回守藏室繼續任職。幾年後，孔子到周，再次向老子請教。魯昭公二十二年（公元前520年），周王室內亂再起，王子朝殺王子猛（周悼王），自立為王。五年後，王子朝被眾諸侯趕下臺，攜帶大批周朝典籍逃往楚國，老子因此被追究失職之責，再次被免去守藏吏之職而回到闊別多年的故鄉。

在故鄉，老子目睹了連年戰火帶來的惡果：土地荒蕪，滿目瘡痍，民

不聊生。這使他更加痛恨朝政的腐敗，對「仁義」的看法徹底動搖，毅然與周禮決裂。從此，老子把對現行制度的批判以及救世方略的思考，昇華為對宇宙生成及萬物本原的探索，成為中國古代著名的哲學家。

老子著有《老子》一書，該書又稱《道德經》，共五千餘字。1973年，湖南長沙馬王堆三號漢墓曾出土兩本抄在帛書上的《老子》，與通行本大同小異。1993年，湖北荊門郭店一號戰國楚墓又發現抄在竹簡上的部分《老子》內容。可以認為，《老子》一書基本上為老聃自著，在流傳過程中也有一些變動。

關於《道德經》的由來，有一個歷史傳說。

春秋末年，在東周王朝都城洛邑（現河南洛陽東）通往西部邊陲——函谷關（函谷關位於現河南省靈寶市境內西南，是周王朝西去秦國的重要關隘）的漫漫長路上，一位滿頭白髮的老人騎著青牛緩緩西行。自武王姬發滅商起，周王朝歷經數百年，曾經有過那麼多的輝煌。如今卻群雄並起，戰亂頻仍，簡直沒有一塊安靜的地方讓人打理生計，更不用說做學問了，因此每天經由這裡出關躲避戰亂的人不少，那位老者就是李聃（即老子）。

負責守衛函谷關的關令名叫尹喜（又稱關尹），據傳說，他自幼聰慧過人，好觀天文，精通占星之術，並能根據星體的明昏和位置來預測人的吉凶禍福。尹喜曾在朝廷中擔任大夫，他廉潔勤政，學識高深，頗受王室賞識，如果繼續做下去，應該前途無量。不過尹喜的志向並不在此。據說，他有一天觀看天象，發現有一團祥瑞的紫氣在東方聚集並緩緩向西移動，便知有聖人將要經函谷關西去。於是，主動辭去大夫的職務，到這個偏僻的邊防關隘當了關令。

尹喜早就仰慕老子的學說，如今與老子不期而遇，高興萬分，連忙對老子說：「我早知道先生是一個學問高深的人，提起先生大名，猶如霹靂在耳，讓人仰慕不已。我知道，先生一出函谷關，必然行影無蹤，不知道是否還有再見面的機會。所以，儘管先生自己不願意，但我希望在先生離去之前，為我作一部書，將高深的學問留下，以免遺忘於世。」

老子見尹喜一片誠意，又是個可度之才，便答應在函谷關暫住。

於是，尹喜在官邸設座，行弟子禮，拜老者為師。

老子在函谷關住了一百多天，常常與尹喜徹夜長談，向尹喜傳授內外修煉的方法。經尹喜再三懇求，著書五千餘字後出關西去。

據說臨別前，尹喜曾要求隨老子一同西行，表示：「即使蹈火赴淵，上天下地，滅身舍命，也在所不辭。」老子說：「我不是不想帶你走，而是你現在修行的功夫不到家，需要繼續修煉。」

傳說老子離開函谷關入秦後，遍遊秦國各地的名山大川，最後隱居於扶風一帶。由於老子學識高深，寬以待人，深受當地百姓愛戴。老子曾在槐里講學，老子去世後，那裡的百姓懷念他，將他葬於槐里，就是現在陝西省周至縣東南的終南山麓。

4.1.2 老子的宇宙觀

老子創立的學派之所以稱為道家，就在於他提出了一個以「道」為最高範疇的完整的思想體系，從「道」的眼光和高度考察自然、社會和人生問題。「道」論是中國哲學史上第一個系統的宇宙論，對後世的哲學產生了重大而深遠的影響。

（1）宇宙本源論——「道生萬物」

老子的「道」究竟是什麼？老子似乎自己也說不清楚，因為它「視之不見」「聽之不聞」「搏之不得」「繩繩不可名」。「道」雖然不可感知，不可名狀，但又確實是真實的存在：「道之為物，惟恍惟惚。惚兮恍兮，其中有像；恍兮惚兮，其中有物。窈兮冥兮，其中有精；其精甚真，其中有信。」

就是這樣一個說不清、道不明的神祕兮兮的「道」，它卻「先天地生」，是「萬物之宗」「天下母」，萬物都是「道」創生的，「道」是萬物之本源。「道」創生萬物的具體過程是：

「道生一，一生二，二生三，三生萬物。」

「道」首先生出個陰陽未分的混沌的宇宙；混沌的宇宙變生出陰、陽二氣兩個對立面；陰陽二氣產生之後交感和合，產生了蘊涵陰、陽二氣於一體的「和」合之氣，即衍生萬物的「三」。「三」如何衍生萬物？按老子的說法是「萬物負陰而抱陽，衝氣以為和」。

可見，「道生萬物」的過程實際上是一個從「無」到「有」的過程，即老子所說：「天下萬物生於有，有生於無。」（《道德經》第四十章）這裡的「無中生有」決不能把它歸結為唯心主義。因為老子講的「無」並非「虛無」，而是「有」出現之前的孕育、萌生狀態。正如「猴子變人」的過程就是人類從「無」到「有」的過程一樣。

大千世界，芸芸眾生，層出不窮，生生不息，老子從這紛亂的世界中找出了一條規律，那就是「萬物並作，吾以觀復。夫物芸芸，各復歸其根。」萬事萬物最終都不可避免地要向自己的本根復歸。「樹高千丈，落葉歸根」，老子關於萬物「各復歸其根」的思想啟示人們，歸根就意味著新生。由於萬物的復歸，「道」中又凝聚著新的生命力，集結著新的創造力，孕育著新的事物，醞釀著另一輪循環過程。這就是老子向人們描述的關於

「道」與萬物運動的永恆過程。

（2）宇宙法則論——「道法自然」

「道」不僅是萬物之本源，而且為萬物提供「自然主義」的普遍法則。

老子講：「人法地，地法天，天法道，道法自然。」老子所謂的「自然」，不是現代人所謂的「自然界」或「大自然」，而是自己如此、本來如此、自然而然的意思。這裡的「法」是效法、取法的意思：人取法於地，地取法於天，天取法於「道」，「道」則取法於「自然」。老子講：「莫之命而常自然」（《道德經》第五十一章），「道常無為而無不為」（《道德經》第三十七章），這就是說，「道」的作用是自然而然，順其自然，並不想有所「為」，然而卻沒有一件事不是它所為。

「萬物莫不尊道而貴德。」「道」所以受萬物尊崇，就在於它從不對萬物發號施令，從不對萬物進行絲毫的限制與干擾，完全順其自然地任萬物自我化育、自我完成。這裡面隱含著老子思想中的一個深層觀念，那就是：自然的便是最尊貴的，自然是最高的價值，也是事物存在與發展的最佳狀態。

「道」創造和成就萬物並不含有目的性，從不將萬物據為己有而宰制之，也不試圖得到回報，所以說「生而不有，為而不恃，長而不宰」。這裡的「不有」「不恃」「不宰」都是說明「道」沒有佔有的意欲，「道」只是輔助萬物的生長，即所謂「輔萬物之自然而不敢為」。「道」的這樣一種品德，就是「玄德」，即最高的品德。

4.1.3 老子的辯證法

老子在中國哲學史上第一次提出了系統而豐富的辯證法思想，老子辯證法最著名的命題就是「反者道之動」，揭示了「對立統一」這個辯證法的核心規律。

（1）「反者道之動」揭示了事物運動變化的動因

「反者道之動」這一命題有著豐富而深刻的涵義，它揭示了世界萬物運動變化的原因和動力，那就是「反」，即「陰」和「陽」矛盾雙方的相互鬥爭。

老子認為世界萬物都處於永恆不息的運動變化之中，那麼，這種運動變化的動力來自哪裡呢？或者說，是什麼原因使得事物在不斷運動變化呢？是神意的安排嗎？是由於某種外在力量的推動嗎？老子的回答都是否定的。在老子看來，事物運動變化的原因就在事物的內部，它們是自己運動、自己變化的。「道」在自身中潛在地蘊含有兩種對立相反的力量——「陰」和

「陽」，而一切事物都內在包含著「陰」和「陽」，通過「陰」和「陽」的相互鬥爭，「萬物負陰而抱陽，衝氣以為和」，「道」才能「周行而不殆」。

總之，從本原的「道」到具體的萬物，無不內在包含著對立相反的作用——「反」，正是由於這種內在作用的存在，才使得「道」能夠循環不止、化生萬物，才使得萬物能夠變動不居、生生不息。因而我們說，「反者道之動」揭示了事物運動變化的內在動因。

(2)「反者道之動」揭示了事物運動的規律性

「反者道之動」的命題不僅解釋了事物運動變化的動因，也揭示了事物運動的規律性。老子認為，自然界中事物的運動和變化莫不遵循著一定的規律，其中的一個總規律就是「反」，即事物無不向相反的方向運動發展；同時，事物的運動發展總要返回到原來的出發點。因而，「反」的總規律中蘊涵了兩個重要的思想：

其一，對立面的相互依存與相互轉化。

老子指出，任何事物都有它的反面，同時又都依賴它的反面而存在，這種相反亦相成的對立依存關係在自然界和社會現象中是普遍存在的。老子以人們熟悉的美與醜（惡）、善與不善為例，精闢地分析了對立雙方的相互依存。他分析說：有了美的觀念，醜（惡）的觀念也就產生了；知道了什麼是善，也就知道了什麼是不善。美與醜、善與不善是相對立而存在的。根據這一道理，老子指出，一切事物及其特性，都是在相反對立的關係中產生和存在的。有無相生，難易相成，長短相形，高下相傾，音聲相和，前後相隨，等等。

在老子看來，事物間對立相反的關係不是僵死的、凝固的，而是可以變動的，當事物發展到某種極限的程度時，便會改變原有的狀態，而向反面轉化，這就是古語所說的「物極必反」。老子以禍福轉化為例：「禍兮！福之所倚；福兮！禍之所伏。」人們通常只看到事物的表面，難以透視其中隱藏著相反的可能性。老子卻看到了事物的發展往往是盛極必衰、樂極生悲、否極泰來，所以他主張「貴柔守雌」，反對剛強和進取。

其二，返本復初的循環運動。

「反者道之動」的另一層涵義是：一切事物的運動變化都是循環往復的。在古漢語中，「返」是「反」的涵義之一，因而可以借為「反」。1993年，在湖北荊門郭店發現的戰國楚墓竹簡《老子》中，「反」字正作「返」，可知「反者道之動」的「反」最初用的是「返」字。

老子十分重視返本復初的思想。他概括萬物生滅變化的規律說：「夫物芸芸，各復歸其根。」萬物為什麼一定要返回根本呢？原來萬物返本歸根，

是為了從本根處獲得新的生命力，重新聚集能量，再次投入到新的一輪循環。這種終而復始的循環運動生生不已，永不止息，這就是宇宙大化的真諦。可見，老子關於循環運動規律的思想中，蘊涵著更始新生的重要觀念。

在《老子》中，與「返」同義的還有「復」「歸」「周行」，都是循環的意思。這種回到原來出發點的循環往復的運動，鮮明地表現了事物運動的規律性。老子第一個揭示了這種回到原來出發點的運動，並把它看作宇宙萬物運動的總規律，這是他的重大貢獻。從形式上看，這一規律同西方近代哲學十分注重的「仿佛又回到原來的出發點」的否定之否定規律是相吻合的。當然，老子只發現了這一規律的循環性，而沒有發現這種循環中還有前進和上升，這是時代的局限。

4.1.4 老子的處世方法：貴柔守雌

老子觀察到，凡是柔弱的東西都是充滿生機和具有發展前途的，凡是剛強的東西都是快要走下坡路的。他舉例說：「人之生也柔弱，其死也堅強；草木之生也柔脆，其死也枯槁。故堅強者死之徒，柔弱者生之徒。是以兵強則滅，木強則折。堅強處下，柔弱處上。」（《道德經》第七十六章）

老子由此得出結論：「柔弱勝剛強。」這句話後來成為千古流傳的格言。老子喜歡以水為例來說明「柔弱勝剛強」的道理，他說：「天下莫柔弱於水，而攻堅強者莫之能勝。」天下沒有什麼東西比水更柔弱的了，但任何堅強的東西都不能改變水的本性；相反，滴水可以穿石，洪水可以衝決一切堅固的東西。因而，水是最柔弱的，但又是最強大的。

在老子看來，柔弱與剛強是對立相反的雙方，任何事物在它新生的時候都是柔軟和弱小的，事物成長的過程也就是由柔弱而剛強的過程，並通過剛強最終走向死滅。既然如此，只要事物盡量保持柔弱的狀態，經常處於不盈滿、不旺盛的狀態，就可以延緩乃至防止向剛強的轉化，從而推遲乃至避免死滅的到來。老子稱這種方法為「守柔」「守雌」「不盈」。老子不崇尚剛強，不主張從正面積極進取，而是以柔弱的、反面的姿態出現，應當說這種方法在實際生活中並非總是有效的，有其局限性。但老子善於提出與常識常規相反的觀念和方法，往往可以在實際運用中收到意想不到的效果。從思維方式上來看，這種方法屬於辯證思維中的逆向思維，其中包含著深刻的哲理和高超的智慧。

老子的辯證法是中國最古老而龐大的辯證法思想體系，在歷史上產生了重大而深遠的影響。它的影響不僅表現在哲學思維的領域，而且滲透到社會生活的各個方面，在一定程度上決定著中國人的思維方式和生活態度。

老子提出的以及由老子思想衍生出來的許多極富辯證意味的格言警句，如柔弱勝剛強、以柔克剛、相反相成、物極必反、欲取故與、欲擒故縱、禍福相依、大器晚成、大智若愚、功成身退、知足常樂、不爭而善勝、無為而無不為等，早已深入人心，成為中華民族的寶貴精神財富和智慧源泉。

4.1.5　老子的政治觀、人生觀：清靜無為

從自然現象中確定社會、人生的法則，是中國傳統哲學的一個基本套路或特徵。這一基本套路或特徵被史家概括為「究天人之際，通古今之變」。

(1)「無為而治」的政治觀

人們常用「自然無為」來概括老子的思想。所謂「自然無為」是指順任事物之自然，排除不必要的作為或妄為。順其自然不妄為，實際上也是「為」，是一種獨到的、有深刻意蘊的「為」，這就是老子所說的「為無為，事無事」，即以「無為」的態度去「為」，以清靜無事的方式去「事」。

老子認為，要治理好一個國家，就必須採取這種順其自然不妄為的方式。他以烹魚為例來說明這一道理：「治大國，若烹小鮮。」治理國家就好比煎小魚，不能多攪動，否則魚就會爛，這就是「無為」；而魚還是要烹的，國還是要治的，並且還要烹得好，治得好，這又是「為」；如能按照「無為」的原則去「為」，不妄加攪動，任其自成其功，就可以把魚烹好，把國治好，這就是「無為而無不為」。可見，「無為」只是一種手段，「無不為」才是所要達到的目的。

「無為而治」是老子為解救社會危機而提出的一種獨特的、極具啟發意義的政治主張。具體來講，「無為而治」包括如下一些具體的內容：

首先，統治者要「少私寡欲」。老子所處的時代，列國的統治者無不窮奢極欲、貪得無厭，致使民不聊生，危及國家社稷。老子指出：「禍莫大於不知足，咎莫大於欲得。」（《道德經》第四十六章）老子認為，只要統治者減少私心，降低慾望，就能恢復清靜無為的政治，人民自然就會安居樂業，社會自然就會走上正軌。

其次，實行「清靜」「無事」的政治。老子指出：「民之難治，以其上之有為，是以難治。」（《道德經》第七十五章）統治者的貪得無厭，決定了他們必然要推行「有為」的政治，「有為」的政治必然會造成成堆的問題。正是由於看到了統治者的所作所為是社會治亂的關鍵，所以老子才提出了「清靜」和「無事」的主張：輕徭薄賦，減輕人民的負擔；謹慎用兵，不要發動不義的戰爭；減輕刑罰，刪簡法令，不要用高壓政策對付老百姓，等等。從這些具體的主張來看，老子是一個對勞動人民的疾苦富有同情心，

對國家社會具有高度責任心的進步思想家。

從「無為而治」的政治主張出發，老子描述了「小國寡民」的理想社會：

「使有什伯之器而不用；使民重死而不遠徙。雖有舟輿，無所乘之；雖有甲兵，無所陳之。使人復結繩而用之。甘其食，美其服，安其居，樂其俗。鄰國相望，雞犬之聲相聞，民至老死，不相往來。」（《道德經》第八十章）

在這樣的社會裡，國家小，人民少；雖然有各種各樣的先進器具，卻並不使用；人們愛惜自己的生命，不輕易冒險向遠處遷徙；人們不出遠門，雖有車輛和船只等便利的交通工具，卻沒有必要去乘坐；人與人之間沒有爭鬥，國與國之間沒有戰爭，所以雖有兵器鎧甲等暴力用具，卻派不上用場；人們的生活簡單淳樸，不需要高深的文化知識，僅用祖先們用過的結繩記事的原始方法就足夠了；人們的飲食不必很豐盛，卻吃得很香甜；人們的衣服不必很奢華，卻覺得很美觀；人們的住所不必很豪華，卻覺得很安適；人們習慣了簡單樸實的生活，過得很快樂；鄰國之間可以看得見，連雞鳴犬吠之聲都可以互相聽得見，但彼此間互不干擾，相安無事，直到老死也無須互相往來。這簡直是一首和諧美妙的田園詩，一個充滿和平與歡樂的桃花源。

過去不少人批評老子「小國寡民」的思想是企圖使歷史倒退回原始社會的時代，這種評價過於嚴厲。「小國寡民」的思想實際上表達了老子對當時列國爭強、權貴者貪得無厭物欲橫流社會風氣的強烈不滿。當然，老子為了讓人們保持純真質樸的天性，主張放棄先進的文明成果而不用，「使民復結繩而用之」，這種對待人類文明成果的態度是不足取的。然而，當今世界各國，無不爭相發展，從而使人類面臨資源枯竭、能源危機、環境污染、生態失衡、人口爆炸諸多問題，人類社會發展何去何從面臨嚴峻挑戰，「小國寡民」所表達的「返璞歸真」「知足常樂」的價值取向值得當今人類深思。

（2）「見素抱樸」的人生觀

老子「見素抱樸」的主張，貫穿了自然主義的人生態度。「素」是未經染色的絲，「樸」是未經雕飾的木，本是指事物的自然狀態與本來面貌，老子這裡借以比喻不加任何人為的巧飾、拘束與扭曲的人心的自然狀態。

「見素抱樸」是老子針對當時社會的道德狀況提出來的。在老子看來，有出自人類樸素無性的自然的道德，也有矯揉造作、被人利用的人為的道德。人心本是樸素自然的，並不受也無須受任何道德觀念的制約，甚至也不知道仁義禮智等道德規範為何物。人的行為若是出於這樣的本性，便與

「道」自然相合，雖不知道德為何物，卻又是最道德的。因而，從價值觀上看，自然的道德要高於人為的道德。老子認為，正是由於這種自然道德的失落，才有了人為提倡的道德。換言之，道德觀念和道德規範的出現標誌著人們對於道德的自覺，而對道德的自覺恰恰表明了真樸的失落和人類自然天性的迷失。

當人們失去了一種本不該失去的東西之後，才會真正感到它的可貴。出於對人類純真質樸的自然天性的摯愛，更出於對恢復這種自然天性的執著，老子賦予「樸」以極高的價值，主張人心應該向真樸的自然之性復歸。在老子看來，返璞歸真、迴歸自然，是人生修養的終極目標。

關於返璞歸真的道德追求和價值取向，老子還有一個生動形象的說法，即「復歸於嬰兒」。嬰兒象徵著純真，老子認為，具有高尚道德修養的人，其內心就如嬰兒般純潔天真，沒有半點虛飾和雜念。因而在《老子》一書中，嬰兒乃是一種極高的境界，亦即自然的境界。

「見素抱樸」、迴歸自然是老子的人生價值取向，若要實現這樣的價值目標，使人心恢復和保持自然的狀態，還需要通過一些具體的途徑和方法。

首先是「少私寡欲」。

在老子看來，私欲是污染心靈、損害人生的主要原因之一。他指出：「五色令人目盲；五音令人耳聾；五味令人口爽；馳騁攻獵，令人心發狂；難得之貨，使人行妨。」（《道德經》第十二章）

然而，人生來就有私有欲，這是不可消除的。老子對此當然是十分清楚的，他的「少私寡欲」並不是要滅絕私欲，而是主張恬淡為上，把私欲控制在一定的限度之內，使其不至於對社會和人的身心造成危害。因而老子又提出了「知足」「知止」的主張，告誡人們凡事都要適可而止。他說：「知足不辱，知止不殆，可以長久。」（《道德經》第四十四章）「知足之足，常足矣。」（《道德經》第四十六章）人類最大的禍患莫過於不知足，無休止地追求名利，結果必然是招致物質和精神上的嚴重損失。只有「知足」「知止」，才能「不辱」「不殆」，才是長久的、真正的富足，才符合自然之道。

其次是「絕聖棄智」「絕仁棄義」「絕巧棄利」。

就一般人的看法而言，「聖智」「仁義」「巧利」是求之不得的，而在崇尚自然主義的老子看來卻是「慧智出，有大偽」（《道德經》第十八章）。老子這裡所批評的「慧智」，顯然不是今天我們所謂的聰明、智力，而是指心機、奸猾、狡詐、巧偽，它不是出於人的自然本真之性，不符合自然的原則，所以老子稱其為「大偽」。老子認為，世俗之人攻心鬥智、奸巧詐偽，這不僅造成了社會的混亂，而且破壞了人類純真樸實的自然之性。有見於

此，老子主張：「絕聖棄智，民利百倍；絕仁棄義，民復孝慈；絕巧棄利，盜賊無有。」(《道德經》第十九章)

棄絕了智巧詐偽、假仁假義，人心就恢復了淳樸自然的本來狀態，社會也就恢復了人人安居樂業的正常生活。

4.2 莊子：道家文化的繼承者與傳播者

4.2.1 莊子的生平與故事

莊周，宋國蒙邑人（今安徽蒙城縣）。大約生於公元前 369 年，周烈王七年；卒於公元前 286 年，周赧王二十九年。他和儒家學派的孟子，詭辯派的惠施，屬於同一個歷史時代，他比孟子大，比惠施小，惠施是同莊周經常在一起交談論辯的朋友。老子在函谷關著《道德經》，先交由尹喜保留，後經列子傳諸後代，再經莊子的大力宣傳，老子深邃的道家思想才得以廣泛地流傳。

莊周自幼家貧，一生沒有什麼輝煌的歷史。僅僅作過管理漆園的小官吏，究竟是怎樣離開的，是自動離職，是被上級革除，就不得而知了。

莊子有過那麼一次交上了官運的好機遇，比孔子作魯國的司法大臣（司寇）還大的官運，是威王讓他作楚國的宰相。和孔子不一樣，他竟沒有孔子那種「吾豈匏瓜也哉？焉能繫而食」。求官不得的急切心情，反而視位極人臣的相國之尊為用於祭祀的大黃牛。司馬遷在《史記》中記載：

楚威王聞莊周賢，使使厚幣迎之，許以為相。莊周笑謂楚使者曰：「千金，重利；卿相，尊位也。子獨不見郊祭之犧牛乎？養之數歲，衣以文繡，以入大廟。當是之時，雖欲為孤豚，豈可得乎？子亟去，無污我。我寧游戲於污瀆之中自快，無為有國者所羈，終身不仕，以快吾志焉。」

辭官後的莊子生活窘迫，常有斷炊之虞，不得不向人借米度日。不過，莊子是一個交遊很廣的人，在社會上的名氣很大。有一次他去拜訪魏王，儘管事前刻意準備了一番，但也只是穿著帶有補丁的粗麻衣服，僅僅整理一下腰帶、綁綁鞋子而已。魏王見他這模樣，問道：「何先生之憊（頹廢潦倒）邪？」莊子曰：「貧也，非憊也。士有道德不能行，憊也；衣弊履穿，貧也，非憊也，此所謂非遭時也……今處昏上亂相之間而欲無憊，奚可得邪？此比干之見剖心徵也夫！」(《山木》)由於對時代和社會有切膚的感受，所以莊子始終抱著與統治者不合作的態度。

莊子不僅視權貴如糞土，而且極度厭惡那種有權力欲的人。他和名辯

4 崇尚自然無為的道家

家惠施是好朋友，當惠施在大梁為相時，莊子前去拜訪他。然而事前惠施聽人說，莊子是衝著他的相位來的，十分擔心莊子有取而代之的意思，因此派人在國中整整搜查了三天三夜，想捉拿莊子。看到惠施這副勢利相，莊子真是又好氣又好笑。便向惠施講了一個故事：一種叫鵷（「鳶」）雛的南方鳥，從南海出發飛往北海，一路上非梧桐不棲，非楝實不食，非甘泉不飲。鴟鷹得到一只腐爛的死鼠，十分得意，正要享用時，鵷（「鳶」）雛從它的頭上飛過。鴟鷹以為它要與自己爭食，驚恐地「哎呀」了一聲，緊緊地把死鼠捂住。其實，鵷（「鳶」）雛之志豈在死鼠呢？在這個故事裡，莊子用鵷（「鳶」）雛表示自己的高潔，以鴟鷹比喻惠施擔心自己的相位。

莊子向往那種能達到忘卻是非，掙脫名利枷鎖，不受任何世俗牽累，精神自由快樂的人生境界，他把這樣的人稱為「至人」，並說：「至人神矣，大澤焚而不能熱，河漢冱（『互』，凍）而不能寒，疾雷破山，飄風振海而不能驚。若然者，乘雲氣，騎日月，而遊乎四海之外。死生無變於己，而況利害之端乎！」

由於莊子繼承和發展了老子的道家思想，後來的道家把老子與莊子並稱「老莊」。在道教中，莊子被奉為真人，他寫的《莊子》也被奉為道教經典。到了唐天寶六年，莊子被詔封為「南華真人」，《莊子》詔號為《南華真經》。

4.2.2 逍遙避世的人生觀

道家雖以老莊並稱，但莊子的思想同老子相比，有許多重要的變化和發展。這些變化和發展，當然是主要體現在他們思想體系的核心——「道」這一概念上。莊子雖然在本體論和宇宙論上繼承了老子的思想，認為「道」是天地萬物的根源，但由於時代的變化和人們關注的問題不同，莊子的「道」論與老子的「道」論在理論的重心上有著很大的不同：老子的「道」，本體論和宇宙論的意味較濃重，且特別強調「道」的「反」的規律，特別強調「道」的無為、不爭、柔弱、處後、謙下等特性以及這些特性在社會活動中的策略性意義；而莊子則將「道」論的重點轉移到討論心靈的境界，追求精神上對世俗的超越。

（1）追求「無己」「無待」的精神自由

莊子希望按人的自然本性生活，從仁義禮智的桎梏下解放出來，以求得精神上的自由，而現實生活卻與他的理想大相徑庭。於是，生活於苦悶現實中的他，只好從思想上尋求解脫的辦法，在自己構築的精神王國去作「逍遙遊」。

在莊子看來，人之所以有痛苦、不自由，是因為受到現實世界的是非之辨、貴賤升降、貧富變遷、生死禍福等的困擾，受到各種物質條件的限制，人們有所依賴，有所期待，有所追求而造成的。這叫作「有待」。大船在江中航行，須依賴水；大鵬奮飛，直衝雲天九萬里，但離不開風。這都是「有待」，都不是真正的自由。同樣，如果「有己」，即有自我意識，也是不自由的，因為「有己」會使人分善惡、辨是非、別禍福，從而引起種種苦悶。要達到沒有痛苦，實現真正的自由，就必須「無己」「無待」。「無己」，即從精神上超越一切自然和社會的限制，泯滅物我的對立，忘記社會和自我。「無待」，即不依賴任何條件。在莊子看來，不是客觀必然束縛了人的自由，而是人們的思想束縛了自己。只有做到「無己」才能做到「無待」，也才能獲得精神上的「逍遙遊」。「至人無己，神人無功，聖人無名」，在莊子眼裡，「至人」「神人」「聖人」，他們實現了對世俗人生的精神超越，是莊子心目中的理想人格。

在莊子看來，世俗之人沉溺於追逐名利而不能自拔，他們雖說人還活著，心卻接近了死亡，這樣的人生是非常可悲的，所以他沉痛地指出：「哀莫大於心死。」通過對世俗人生的反思，他提出了一個深刻而嚴肅的問題：人生應該追求的價值是什麼？什麼樣的人生才是有意義的？莊子希望人們從世俗的價值和觀念中解脫出來，過一種高尚的、理性的、自由的生活，認為這樣的人生才是有意義的。由此可見，莊子雖然是冷眼看世界，但他對於人生卻是高度負責的。

莊子關於精神自由的思想對於戰國中期那種宗法等級制和專制政體表現了極大的蔑視，揭露了統治者的虛偽嘴臉，對不與統治者合作的隱士們起到精神安慰的作用，在當時條件下具有一定的積極意義。但莊子這種反對一切制度規範，不辨是非、知足安命的思想從本質上講乃是反對文明進步的頹廢歷史觀。這是莊子思想的歷史局限。

(2)「心齋」「坐忘」的修養方法

在莊子的哲學中，最高的精神境界就是「道」的境界，他把絕對的精神自由的獲得稱為「得道」和「體道」。

「道」的境界，需要通過特定的修養方法才能達到。「體道」的方法，莊子稱之為「心齋」和「坐忘」。在《人間世》篇中，莊子提出「心齋」的方法，用祭祀時的齋戒來比喻「得道」前的特定精神狀態。這種方法的關鍵在一個「虛」字，即排除任何感覺、嗜欲、情感和思慮，停止任何感官和思維的活動，使心靈超然物外，保持絕對的虛靜、安寧、凝聚與和諧，這樣的心靈就可以與「大道」自然相接了。《大宗師》篇以寓言的手法，借

孔子和弟子顏回之口，提出了「坐忘」的方法。顏回做到了「忘禮樂」，自以為有了進步，孔子認為這還不夠；進而顏回做到了「忘仁義」，孔子卻說還要繼續努力；最後顏回做到了「坐忘」，這才得到孔子的嘉許。

什麼是「坐忘」呢？莊子說：「墮肢體，黜聰明，離形去知，同於大通，此謂坐忘。」「墮肢體」與「離形」同義，並不是要拋棄形體，而是要擺脫形體對心靈的束縛，排除由肉體感官產生的貪欲。「黜聰明」與「去知」同義，指的是停止思慮活動，摒棄心智作用而產生的機巧和詐偽。貪欲和智巧都足以擾亂心靈，妨礙「得道」，必須通過「離形」和「去知」兩種遞進的功夫將其徹底洗淨，使心靈獲得自由。「坐忘」的結果，是形神兩忘、物我兩忘，忘掉了一切，使心靈達到絕對虛靜的狀態，毫無滯礙地「同於大通」，與「大道」自然相合。

可見，「道」的境界實際上就是摒除了世俗的慾望、觀念、價值、規範的自由超脫的心靈或精神狀態，「心齋」和「坐忘」就是達到這種超凡脫俗的精神狀態的修養功夫。

(3) 憤世嫉俗與安時處順

同先秦的許多哲學不同的是，莊子的哲學不是一種救世的哲學，而是一種尋求自我解脫和精神自救的哲學，是一種在亂世中如何做人的哲學。

莊子是一個憤世嫉俗的人，他對現實社會的失望和厭倦，致使他採取了避世的態度。然而，莊子的避世只是躲避政治，而不是逃避人世、逃避現實。他對官場的黑暗、齷齪和危險有清醒而深刻的認識，所以他堅決不與統治者合作，拒絕了楚王的「千金之利」和「卿相之位」。在他看來，政治就是網羅和陷阱，用功名利祿作誘餌來吸引那些過往的人，使他們「中於機闢，死於網罟」，成為政治鬥爭的犧牲品。他寧願作一只「曳尾於塗中」的自由自在的烏龜，也不願為帝王們賣命；寧願像「澤雉」那樣「十步一啄，百步一飲」，過著清苦的生活，也不願「畜於樊中」，失去寶貴的自由。莊子為不願投身政治的人們樹立了榜樣，他的這些思想，成為後世的隱士們潔身自好的精神源泉。同時我們也應看到，不直接投身政治不等於不關心政治，處身於政治旋渦之外的莊子，事實上是以批判者的身分或反面的姿態來關心政治的。

對於世俗社會的種種道德規範和價值觀念，莊子也有自己獨特的見解。在他看來，列國統治者倡導仁義，正是社會道德淪喪的表現。他尖銳地提出：「彼竊鉤者誅，竊國者為諸侯，諸侯之門而仁義存焉。」(《莊子・胠篋》) 仁義等道德規範早已淪為統治者掩飾自己道德淪喪和用以控制人民的工具。

應當指出的是，莊子反對的並不是仁義本身，而是被統治者歪曲和盜用的仁義。因而在《莊子》中，我們可以看到兩種似乎矛盾的現象，一方面是「剽剝儒墨」，揭露仁義的虛偽和多餘，另一方面又宣揚「大仁」「大義」「至仁」「至義」。莊子倡導的仁義同儒墨宣揚的仁義有兩點不同，其一是其真實性，不加任何虛飾和扭曲；其二是其自然性，即無目的、無意識性，絲毫不勉強，「端正而不知以為義，相愛而不知以為仁」。這樣的仁義，無論是施行的一方還是受惠的一方，都是在不知不覺、自然而然中進行的，就像時刻都在呼吸著空氣卻又感覺不到空氣的存在一樣。這也進一步說明，莊子不但以自己獨特的方式關心著政治，也以同樣的方式關心著社會與人生，我們不能簡單地認為他逃避現實。他的避世，其實是以批判和超越現實的方式表現的。

雖然莊子可以使自己的心靈遨遊於「無何有之鄉」。但他畢竟不能生活在「無何有之鄉」，他雖然厭棄現實，卻又不得不在自己無法改變的現實中生活。於是，莊子就有了一套應付現實的方法，那就是看破紅塵，「安時而處順」，「知其不可奈何而安之若命」。具體的做法就是，不譴是非，不違逆眾人，不伸張自己的意志，不以人力改變自然，不為外物而動心，不以喜怒哀樂好惡內傷其身，甚至對死生也無動於衷。

莊子的妻子死後，惠子到莊子家中，卻沒有看到應有的傷心場景。莊子正對著妻子的屍體席地而坐，兩腿像簸箕一樣隨意屈伸著，一邊敲著盆狀的瓦缶，一邊高聲歌唱。其聲慷慨激昂，響遏行雲。

惠子十分氣憤，走上前對他說：「你與死去的妻子共同生活了一輩子，她為你生兒育女，日夜操勞。現在她因衰老而死，你不哭也就罷了，居然敲著瓦缶高歌，你不覺得太過分了嗎？」

莊子放下手中樂器，緩緩回答道：「並非如此！你沒有看到我悲傷，是因為我的悲傷已經過去了！她剛死的時候，我悲痛萬分。每次我看到家裡她曾經用過的一切，就不禁回想起她平日的一言一行，心裡如同刀割一般。」

「但後來，我忽然領悟了！」莊子站起身，繼續說道，「你看那春夏秋冬自然變化。春天，芳草萋萋；夏天，綠樹成蔭；秋天，果實累累；到了冬天，萬物凋零，一片蕭瑟。從春到冬，再從冬到春，一切都自然而然地變化著。人的生命正如這春夏秋冬的變化一樣。人起初是沒有生命的，更不用說形體和氣息了。恍恍惚惚的世界，經過變化形成了氣，氣再經過變化成為形體，形體又變成生命，現在又經過變化回到死亡。她現在安安靜靜地躺在大地之間，而我卻在為她哭泣，這不是沒有明白天命的表現嗎？所以，我停止哭泣而放聲高歌。」

莊子雖然在外在行為上採取了「安之若命」的處世態度，而在內心卻時刻保持著超拔的意志和孤傲的性格，時刻沒有放棄獨立、自由的精神追求。《知北遊》稱此為「外化而內不化」，《人間世》稱此為「內直而外曲」。「外化」「外曲」即安於自然，隨外在的一切變化而變化；「內不化」「內直」即保持內心的獨立、寧靜、自由與純潔，在精神上超越世俗。總之，在現實中隨遇而安，在精神上堅持自由與理想，構成了莊子人生哲學的一個鮮明的特色。前者表明了莊子哲學的消極保守性，後者則是莊子對中國哲學的重要貢獻。

4.2.3 相對主義的認識論

莊子的認識論是從懷疑主義開始的，相對主義是其認識論的主要方法和特點。莊子認為：事物的存在是暫時的、變動不居的，它們的性質是相對的、不確定的，認識對象的不可捉摸性決定了它們是不可知的。他說：

「天下莫大於秋毫之末，而泰山為小；莫壽於殤子（死於襁褓中的孩子），而彭祖為夭。」

在他看來，事物的差異和性質不是客觀的，而是決定於觀察者採取的標準和他們的看法。秋毫之末是人的眼睛所能觀察到的最小的東西了，但同「其小無內」的無限小相比，則可以說是極大；泰山雖大，但同「其大無外」的無限大相比，又可以說是極小。死於襁褓中的孩子和有些轉瞬間即逝的生物比起來可算得上是長壽了；彭祖據說活了八百多歲，但同永恆的宇宙相比，八百歲又是極為短暫的。

同理，美與醜、貴與賤、禍與福、是與非、夢與醒、生與死等，也莫不如此。他舉例說，西施是人們公認的美人，但鳥兒見了高飛，魚兒見了深潛，麋鹿見了趕緊逃走，誰能說清她到底美不美呢？誰又能證明自己的判斷是正確的呢？莊子又以辯論為例，有辯論就會有勝負，但勝的一方就一定正確嗎？負的一方就一定錯了嗎？一定是一對一錯嗎？會不會是兩人都錯了或兩人都對了呢？這些都是無法確認的，可見辯論的勝負與是非對錯沒有必然的聯繫。他還進一步認為，由於人們的是非標準各不相同，不但辯論的雙方無法判定誰是誰非，其他任何人也無法斷定他們誰是誰非，因而辯論是徒勞的。他由此得出了「萬物齊一，孰短孰長」的結論，否認了事物的差別，從而也就否認了認識的前提。

莊子將事物性質的相對性誇大到不適當的程度，否認了事物的相對靜止和質的穩定性，從而否認了認識的可能性；由於誇大認識主體的「主觀性」，否認判斷是非曲直有客觀標準，這就使莊子最終陷入了詭辯論。

應該承認，莊子在中國哲學史上第一次指出了事物性質的相對性，開闊了人們的眼界和思路，是有貢獻的。

莊子強調認識的相對性，具有破除主觀偏見和獨斷僵化的意義。

莊子指出，人們已經獲得的認識成就都只是局部性的，他稱之為「小成」。在獲得了「小成」之後，最容易犯的錯誤就是滿足於這種局部、片面的認識，誤以為已經獲得了全面的、最高的真理而停步不前，並對其他人的意見採取排斥的態度。這樣，這種已知的片面、局部的認識就會成為成見、偏見，妨礙人們去獲得更多、更全面、更正確的認識。被「小成」所障蔽的人，好比井底之蛙，不知外面還有更廣闊的天地。在《秋水》篇中，莊子用寓言的形式講述了執著於「小成」的危害。河伯自以為「天下之美為盡在己」「以為莫己若者」，及至見到了大海，才知道自己原來很渺小很淺薄。莊子告誡人們，要時刻警惕主觀偏見禁錮了自己的頭腦，面對無限廣大的世界，應該永遠承認自己的無知，不能小有成就便沾沾自喜、故步自封。

人們看待事物、思考問題，極容易形成以自我為中心的思維局限，這種自我中心主義必然會使人產生主觀成見和認識上的片面性，莊子稱之為「成心」。「成心」會障蔽人們的心靈，妨礙人們獲得正確、全面的認識，排斥與自己不同的意見。莊子認為，以儒、墨為代表的學派之爭就是這樣。他說：「故有儒墨之是非，以是其所非，而非其所是。」

在「成心」的作用下，人們會認為只有自己的意見是正確的，而武斷地認為與己不同的意見一定是錯誤的。莊子指出，這是獨斷地以自己的意見作為判斷是非的標準，如果這樣，那麼誰沒有自己的標準呢？這都是頑固地堅持自我中心而導致的思維僵化的結果。

莊子還指出，不僅辯論的雙方習慣於以自我為中心，整個人類都習慣於以人類為價值判斷的中心來觀察和思考問題，這種人類中心主義也是一種嚴重的成見和偏見。他舉例說，人睡在潮濕的地方就會腰腿痛，泥鰍卻專在潮濕的地方生活，誰能說潮濕的地方不適於居住呢？人爬到高處就會害怕發抖，猿猴卻專在高處翻騰跳躍，誰能斷定哪裡是最好的處所呢？《至樂》篇講了一個故事，說的是魯侯得到了一只海鳥，為它準備了上好的筵席，還為它演奏宮廷的音樂，此鳥卻三日不吃不喝，憂悲驚懼而死。莊子指出，這是「以己養養鳥，非以鳥養養鳥也」。可見，人類的標準並不適合於萬物，人類中心主義足以構成對萬物的危害。莊子的某些比喻雖然有詭辯之嫌，但他對人類中心主義的剖析卻是深刻的，對於現代人的環境保護工作很有啓發意義。

4.3 黃老之學：道家文化的新形態

4.3.1 黃老之學產生的歷史與學術背景

黃老之學的產生有著獨特的社會歷史根源和思想文化背景。

首先，它是戰國中期一部分熱衷於為政之道的道家學者為適應當時的政治需要，將老子之學同春秋以來流行的「黃帝之言」結合起來，進行綜合改造的結果。戰國中期，百家爭鳴進入高潮，各主要學派為了提高本學派的聲望，以便在爭鳴中處於有利的地位，於是紛紛打起了遠古帝王的旗號，以示源遠流長。儒、墨被稱為當時兩大顯學，儒家「祖述堯舜，憲章文武」，墨家也聲稱自己的學說是「禹之道」。道家僅憑創始人老子的聲望難以與儒墨抗衡，處於十分不利的地位。於是，一部分道家學者打起了中華人文之祖黃帝的旗號，把黃帝加在老子之上，聲稱自己的學派乃是直接繼承了黃帝的傳統，因而比儒墨淵源更久遠，道術比儒墨更高明，地位也比儒墨更顯赫。這一舉措不僅使道家學派在百家爭鳴中一舉改變了原先的不利地位，更為重要的是，使道家學者得以借用黃帝的名義，名正言順地改造傳統的道家理論，根據自己的需要為道家學說增加了許多新的內容，從而開闢了道家思想發展的新局面、新領域和新方向。

其次，它是學術思想互補、融合的結果。戰國以來，列國政治舞臺的主旋律是變法圖強，法家的主張因而受到了列國統治者的重視。在黃老之學產生以前，主要流傳於三晉一帶的法家學派主張以法治國和嚴刑峻法，只重視種糧和打仗兩件事，只要求人們服從統治者的意志，對自己的主張缺乏理論上的論證，給人以陰森森的感覺。儒家學派的主張同法家大體上是對立的，他們強調仁德，主張以禮治國，重視道德教化和民心。儒家的主張雖然在當時被認為是「迂闊」而不被重視，但它卻代表了統治者長治久安的長遠利益。道家學派對從政不感興趣，同統治者始終保持距離，他們對社會政治基本上是持批判態度的，儒家的禮和法家的法都是他們批評的對象，這一傾向在莊子一派的道家學者那裡得到了突出和強化。然而，道家的深邃哲理和高超的辯證思維卻傾倒了諸子百家，在當時廣為流行。隨著變法圖強呼聲的日漸高漲，一些道家學者一改對政治的冷漠態度，開始積極地與統治者合作，將道家的理論同變法的社會實踐結合起來，對以法治國的現實需要進行理論上的論證，努力尋找一條更為適合現實政治需要的新路。這樣的一批人就是所謂的黃老學者。他們打著黃帝與老子兩面

旗幟，用虛設假托的所謂黃帝之言改造了老子的學說，將探討高深哲理、熱衷社會批判、闡揚清靜無為和柔退不爭的處世之道的老子之學，改造為集中探討如何才能富國強兵的為政之道的黃老之學。黃老之學從傳統道家思想中擇取的，實際上只有其「道」論的宇宙觀以及由此衍生出的自然無為的方法論，並以此作為自己政治主張的哲學基礎，卻為道家學說注入了全新的內容，使其在社會政治實踐中具有了更高的實用價值。

4.3.2 黃老之學的學術特徵

黃老之學是在戰國百家爭鳴的思想基礎上出現的，它具有綜合的性質，吸收了其他學派的許多思想成果。

《史記・太史公自序》中所說的「道家」，實際上就是這樣一種新道家，它「因陰陽之大順，採儒墨之善，撮名法之要」，集中了先秦各主要學派的優勢。可以將黃老之學的學術特徵概括為「道法結合、以道論法、兼採百家」。黃老之學雖然兼採百家學說，但仍以道、法兩家學說為主，其學說的最主要內容就是為法家的政治主張尋找哲學依據，用道家哲理論證以法治國的必要性與合理性。黃老之學「道法結合、以道論法、兼採百家」的學術特徵，十分適合當時的政治需要。這樣的學說既符合列國統治者急於富國強兵的眼前需要，又符合他們的長遠利益，同時也順應了學術思想發展的潮流，因而代表了戰國中後期學術思想發展的一般趨勢。

黃老之學的深刻之處就在於找到了道法結合、以道論法這條路子，充分論證了實行法治是順應天道、符合天道的。他們發現傳統的道家學說雖然反對法治，但其中順應天道和人的本性、崇尚自然、反對人為干預的思想內容正好可以用來作為變法的理論根據，論證實行法治的合理性、必要性和可行性。

1973年，長沙馬王堆漢墓出土的帛書《黃帝四經》，是現今發現的最早的黃老著作，這部書開宗明義，第一句話就是「道生法」。「道生法」堪稱黃老之學的第一命題，確立了黃老之學的基本思路。這一命題首次將道與法統一了起來，明確地揭示了道與法的基本關係——法是由道派生的，是道這一宇宙間的根本法則在社會領域的落實和體現。這就不僅從宇宙觀的高度為法治找到了理論根據，而且也為「道」這一抽象的本體和法則在社會政治領域中找到了歸結點，使「道」不再高高在上、虛無縹緲，從而大大增強了「道」的實用性。

「道生法」的命題包含著一些具體的涵義。第一，法不是君主按照自己的意願制定的，而是君主依據「大道」的原則制定出來的，所以又說「執

道者生法」。第二，法的公正性和權威性來自最高的「大道」，因而可以作為判斷一切是非曲直的標準，人們的一切行為都必須在法的准許下進行。第三，法既然是由「大道」派生的，它的權威性對於任何人來說就都應該是普遍有效的，即使是立法的君主也不能例外。在變法實踐中，對法的破壞主要來自以君主為代表的各級權力所有者，《黃帝四經·經法》要求君主帶頭守法，「執道者，生法而弗敢犯也，法立而弗敢廢也」，從「道」的高度對君權進行了限制。《黃帝四經》確立的這些原則，在後來的黃老學者那裡得到了繼承和進一步闡述。

4.3.3 「因人之情」的人性理論

人性論的問題在戰國時期受到了各家學派的廣泛關注，他們都根據自己對人性的判斷導出了各自的政治主張。

認為自私自利、趨利避害是人的自然本性，這是黃老學者對人性問題的共同看法，他們對此有精到的闡述。慎到認為，「人情每狎於所私」，又說「人莫不自為也」。田駢也指出「人皆自為，而不能為人」。《管子·禁藏》認為：「凡人之情，見利莫能勿就，見害莫能勿避。」《管子·形勢》也指出：「民之情，莫不欲生而惡死，莫不欲利而惡害。」慎到舉例說，製作棺材的匠人希望死人，並不是心地不善良，而是「利之所在，忘其醜也」。《管子》用水往低處流來比喻人的自私好利本性，並舉例說，商人販運貨物，日夜兼行，雖千里而不遠，是因為前面有利可圖；漁人出沒於洶湧的波濤之中，不顧凶險，是因為「利在水也」。黃老之學對人的本性的揭示，應該說是準確而深刻的。

黃老之學揭示出人的好利惡害的自然本性，並論證了它的合理性，是為了對以法治國的政治主張進行理論論證。黃老之學認為，自私自利、趨利避害的本性不僅是普遍的，而且是不可改變的，所以統治者在制定法律和政策時就不能試圖違背它，而應該順應這一自然本性，這叫「因人之情」。在他們看來，人的這一本性對於統治者來說不但不是壞事，反而是求之不得的好事，因為統治者正好可以利用人的這一本性來推行法治，達到統治他們的目的，《管子·權修》稱此為「民情可得而御也」。具體來說，就是一方面用「利祿」和「慶賞」吸引、激勵人民為統治者出力賣命，另一方面用「罰」和「殺」迫使人民服從，使他們不敢反抗。有了這軟硬兩手，就可以隨心所欲地讓人民圍著統治者的指揮棒轉了。

黃老之學從老子的「道」論那裡，為「因人之情」的主張找到了理論依據。早在《黃帝四經》中，就有「因天時」的主張，強調人的行為必須

遵循天道運行的自然規律。慎到將這一原則運用於人性理論和社會政治領域，他說：

「天道因則大，化則細。因也者，因人之情也。」

慎到認為，「因天道」是一個基本的原則，運用於社會政治領域，就是「因人之情」。「因人之情」就是順應、因任人的自然本性，而不能企圖變化它。老子主張「道法自然」，順任自然是道家的一個基本觀念，從「天道」那裡為人類社會確立行為的根據，是道家一貫遵循的做法，人為地改變事物的本來狀態和性質，是道家最為反對的。所以，從「因天道」到「因人情」，是道家理論的合理推展，是道家自然主義的必然要求。田駢也主張「因性任物」，不僅要因人之性，還要因萬物之性。《管子・心術上》提出了「靜因之道」，並解釋說，「因也者，無益無損也」，「因也者，舍己而以物為法也」，這些都是對道家順任萬物不妄為的自然主義原則的闡發和應用。這樣，黃老之學通過對人的自然本性的闡發，通過「因」這一重要的方法論原則，將他們政治思想的核心概念「法」同道家的最高概念「道」聯繫起來，從而為法治的政治主張找到了天道觀方面的根據。

4.4 魏晉玄學與儒道合流

4.4.1 西漢初年的黃老之術

（1）反思秦亡教訓與提出「無為而治」

秦始皇父子急功近利，嚴刑峻法，想保家天下傳之萬世，結果卻適得其反。秦帝國維持不過十五年光景，便在農民大起義的烈焰中轟然坍塌，其後又經過三年的楚漢戰爭，整個社會都付出了慘重代價，才由劉邦建立起新的統一的西漢王朝。秦朝統治思想選擇的失誤對地主階級造成的嚴重後果，逼迫這個階級的思想家痛定思痛，深刻反省，進行新的抉擇。

陸賈是第一個代表地主階級進行這種反省和抉擇的思想家。陸賈以為：「善言古者，合之於今；能述遠者，考之以近。」他從鞏固新王朝統治的政治目的出發，檢討秦亡的根本原因，陸賈提出：「秦以刑罰為巢，故有覆巢破卵之患；以趙高、李斯為杖，故有頓僕跌傷之禍。」（《新語・輔政》）並對劉邦進言道：「鄉使秦已並天下，行仁義，法先聖，陛下安得而有之？」「君馬上得之，寧可以馬上治之乎？且湯武逆取而以順守之，文武並用，長久之術也。」（《史記・酈生陸賈列傳》）

然而，如何才能「文武並用」，而施「長久之術」呢？陸賈提出了「無

所為而無所不為」的治國命題。他說:「昔虞舜治天下,彈五弦之琴,歌《南風》之詩,寂然無治國之意,漠若無擾民之心,然天下治。故無為也,乃無不為也。」陸賈「無為而無不為」的思想,為漢初的政治、文化定下了基調。六十年間,「君臣俱欲休息乎無為」「漢興,掃除煩苛,與民休息」。

(2) 黃老之學的興衰

陸賈本人,更近於儒。他的「無為而無不為」,實際上是熔儒家的「仁義」於道家的「無為」之中,以積極的「仁義」來補充、改造消極的「無為」,從而收到「無不為」的功效。漢初的文化主流,本質上正是這種以道家學說為基礎,吸收儒學而形成的所謂新道家思想,亦即所謂「黃老之學」。

據《史記》《漢書》記載,漢初,黃老之學在從最高統治者皇帝、太后到外戚、官僚、學者直至民間士人、卜者的社會各階層中受到普遍的崇奉。

在漢初,真正建立起黃老之學系統理論體系的,一是司馬遷之父司馬談,二是以劉安為領袖的淮南學派。

司馬談「論大道則先黃老而後六經」,其代表作是《論六家要旨》。司馬談品評先秦至漢初各家短長,認為「道家使人精神專一,動合無形,贍足萬物。其為術也,因陰陽之大順,採儒墨之善,撮名法之要,與時遷移,應物變化,立俗施事,無所不宜,指約而易操,事少而功多。」顯然,他這裡評論的,已經不是老、莊代表的先秦道家了。在老、莊眼裡,儒、墨均在基本排斥之列,絕無「採儒、墨之善」的傾向,也談不上「因陰陽之大順,撮名法之要」。因此,司馬談這裡贊揚的,其實是漢初大興的「新道家」,即以先秦道家理論為基礎,綜合陰陽、儒、墨、名、法各家之善而形成的黃老之學。據考證,《論六家要旨》出現在文、景之際,正是竇太后得勢,力行黃老政治之時,因此可以看作是漢初黃老政治的理論總結。

淮南學派的代表作是《淮南子》,亦稱《淮南鴻烈》。由淮南王劉安及其賓客蘇非、李尚、伍被等著,大約成書於景、武之間。在綜合百家方面,《淮南子》與《呂氏春秋》一脈相承。所不同的是,它更多地吸取了《老子》《莊子》,特別是《黃老帛書》的思想資料,成為集黃老之學大成的理論著作。侯外廬指出,《淮南子》企圖以道家「總統百家」,並且以這種「總統百家」的道家自居,這正點出《淮南子》與《呂氏春秋》的不同。

《淮南子》與《論六家要旨》一樣,在諸多方面,發展了先秦道家。「紀綱道德,經緯人事」的積極人生態度,是黃老之學「新道家」區別於先秦道家的基本點。據此,《淮南子》對先秦道家的「無為」,做了新的闡釋和發揮:

「所謂無為者,不先物為也;所謂無不為者,因物之所為。所謂無治

者，不易自然也；所謂無不治者，因物之相然也。」

這正與《論六家要旨》的「道家無為，又曰無不為，……不為物先，不為物後，故能為萬物主」的旨意相合，都是強調遵循客觀規律，因時而動，建功立業。《淮南子》批評那種守株待兔式的消極「無為」論，主張積極的「無為」思想。《淮南子》總結秦亡教訓，批判法家專制主義「背道德之本」，主張「上無苛令，官無煩治」「仁義者治之本也」，提出「因民之性而治天下」的統治政策。顯而易見，這正是漢初六七十年間清靜寧一的時代政治與社會風尚的理論概括。

《淮南子》出現於西漢封建統治階級羽翼逐漸豐滿，力量日益強大，時代精神正由休養生息、清靜寧一重新返回積極有為的轉折關頭。雖然劉安因其「辯博善為文辭」而受到武帝「尊重之」，其所作《內篇》也為武帝「愛秘之」，但其「變相的有為論」還是不合一心施展雄圖大略的漢武帝的胃口。所以，劉安及其同黨終以「謀反」罪而遭誅滅，恰是黃老之學由興盛而衰敗的形象結局。

4.4.2　名教危機與玄學的興起

（1）名教危機

所謂名教，亦即禮教，是儒學體系中至關緊要的內容，也是中國封建社會特有的道德文化形態。它以儒家哲理化的道德學說為內涵，以承繼西周宗法禮制的程式化的禮儀規則為形式，具有教化與制約相統一的特徵。兩漢時期，是名教體系定型時期，其標誌便在「三綱五常」的提出。名教的道德規則、禮儀程式全然圍繞「君為臣綱、父為子綱、夫為妻綱」「仁、義、禮、智、信」全面展開。然而，與儒學失落同步，名教也在魏晉南北朝時期陷入深刻的危機之中。

名教危機的第一標誌便在於名教的道德哲學受到全面挑戰。

「夫君臣父子，名教之本也」。然而，恰在君臣、父子理論上，名教遇到嚴厲的責難。阮籍在《大人先生傳》中雲：

「蓋無君而庶物定，無臣而萬事理。……君立而虐興，臣設而賊生。坐制禮法，束縛下民。……竭天地萬物之至，以奉聲色無窮之欲，此非所以養百姓也。」

依據阮籍的理論，無君無臣，天下太平；而一旦君臣設立，天下萬弊叢生。這無疑是對名教君臣理論的沉重打擊。鮑敬言更為激烈，他以為「古者無君，勝於今世」，自從有了國君之後，人民深陷無窮災難，而國君之所以能夠「肆酷恣欲，屠割天下」，只是由於他處於統治地位，能夠為所

欲為。因此，鮑敬言主張消滅國君，建立一個「無君無臣」的烏托邦社會。由阮籍、鮑敬言所伸張的非君論構成中國政治文化中與專制主義理論針鋒相對的反文化思潮，它不僅驚世駭俗地引發當時士人更為深刻地反省現實的不合理，而且將其遺波流澤，曳於後世。

名教之本的父子理論也遭到魏晉人的非議。孔融曾與禰衡「跌宕放言」：「父之於子，當有何親？論其本意，實為情欲發耳。子之於母，亦復奚為？譬如寄物瓶中，出則離矣。」

孔融從純生物學的角度，指出子女只不過是父母「情欲」的產物，從這一意義上講，子女並不承擔「孝順」父母的必然義務。此種違反儒家倫理觀念的叛逆性言論出於孔聖人二十世裔孫，真是莫大的諷刺。

名教的危機還表現在其制定的「君子風範」「婦德、婦言」等封建禮教遭到全面衝擊。士人的放達，婦女的求平等成為時尚。這一時期史書中記載的所謂「儒者之風益衰」，所謂「為儒者蓋寡」，所謂「百餘年間，儒教盡矣」，皆描繪出儒學式微的情景。

(2) 玄學的興起與代表人物

漢代以來的仕進制度以察舉、徵闢為主要方式，以維護名教為宗旨。其中的舉孝廉、茂才兩科就是以鄉里輿論為依據，以道德判斷錄取人才，全然不管「人才」是否有實際能力。這種仕進制度造成東漢後期「竊名偽服」「純盜虛聲」的時代流弊。《抱樸子‧察舉》抨擊這種察舉制：「舉秀才，不知書；察孝廉，父別居；寒素清白濁如泥，高第良將怯如雞。」名士趙宣「葬親而不閉埏隧，因居其中行服二十餘年，鄉邑稱孝，州郡數禮請之」，名盛一時，結果被人發現他在墓道中生了五個兒子，不僅傳為笑談，也是對名教的絕妙諷刺。

時事紛紜，社會動盪，名教虛偽，人生意義何求，把魏晉思想引向玄學。玄學是由老莊哲學發展而來。玄學的主要經典是《老子》《莊子》和《周易》，合稱「三玄」。「玄」作為一種哲學概念，其發明權本在老莊。《老子》論「有」與「無」：「此兩者同出而異名，同謂之玄。玄之又玄。眾妙之門」。《莊子‧天地》《老子‧天道》也大講「玄德」「玄聖」，以「玄」為哲學論題。老莊哲學追求自然，玄學家們紛紛從道家立場出發，以「無」為本，不為身外之物所累，放達任情，宣揚精神上的逍遙遊。然而，玄學家們一方面提出要「越名教而任自然」，一方面又大談「聖人明乎天人之理」，以「建天地之位，守尊卑之制」；一方面自稱「老子、莊周是吾師」，一方面又鼓吹要「懷忠抱義，而不覺其所以然」。可見，玄學家們骨子裡仍浸潤著儒家思想，只不過以「新瓶」裝「舊酒」，借屍還魂罷了。難怪魯迅

先生一語中的：「魏晉的破壞禮教者，實在是相信禮教到固執之極的」。

不過，玄學家們對名教虛偽禮儀的抨擊在客觀上也助長了當時縱情聲色、放浪形骸的社會風氣。何晏、王弼、阮籍、嵇康、向秀、郭象便是那一時期風度飄然瀟灑的人物。

魏晉玄學的實際開創者王弼，是中國哲學史上罕見的哲學天才。在僅二十四年的人生旅程中，他為後人留下了《老子註》《老子指略》《周易註》《周易略例》《論語釋疑》等眾多著作，對哲學的發展產生了廣泛的影響。

嵇康有奇才，但喜歡發表議論而口無遮攔。他的朋友山濤曾舉薦他擔任吏部侍郎一職。山濤對他說：「您有曠世奇才，為何不在朝廷擔任官職，參與治理國家呢？君主希望您能擔任吏部侍郎一職，您同意嗎？」

嵇康斷然拒絕道：「當今的世道是賊臣當道，我怎麼會為賊臣效力呢？」司馬氏集團當時正在打算奪取曹魏政權，嵇康的這種反對態度和嘲諷口吻觸怒了司馬氏統治集團。司馬昭勃然大怒說：「嵇康不識時務也就罷了，可他總是口無遮攔，對我們極盡嘲諷之能，這是讓我們無法忍受的啊！」後來，司馬昭就借一個與嵇康不相干的所謂的「不孝」的罪名，指使鐘會誣陷嵇康，把他殺了。

嵇康在東市被殺的時候，神志鎮定，臉上毫無恐懼的表情。他向人要過自己的琴，仔細地撫摸了很久，然後彈了一曲《廣陵散》。《廣陵散》音律婉轉而悠揚，節奏美妙而動人。在場的人無不為之而陶醉，就連樹上的鳥兒也停止了鳴叫，含苞的花骨朵也在瞬間綻放，絲毫感覺不到死亡的迫近。

曲子奏完，嵇康慷慨地說道：「袁孝尼曾經請求向我學習這首絕世名曲，我卻沒有捨得傳授給他。《廣陵散》從今以後就要失傳了！」

當時，有三千名太學生聯名上書朝廷，請求赦免嵇康，讓嵇康當老師傳授《廣陵散》，但沒有得到准許。嵇康被殺後不久，司馬昭就對此感到後悔了。

面對死亡，嵇康卻揮琴彈奏《廣陵散》一曲。嵇康之超脫不羈，可見一斑。在道家眼中，死亡是很自然的事情。面對死亡，沒有必要過分地悲傷，一切順應自然即可。這就是所謂的安時處順、率性而為。

劉伶，「竹林七賢」之一，曾為建威參軍。劉伶雖然才高八斗，學富五車，卻嗜酒如命，不能自已。每當他口渴得厲害時，就向夫人要酒喝。於是，夫人只好把酒倒掉，把酒具毀壞，並流著淚規勸他說：「你喝得太過分了。這樣喝酒不是養生之道啊。你一定要戒掉它！」劉伶說道：「夫人說得很對，但我自己管不住，只有向鬼神發誓才能戒掉。你就給我準備些酒肉

祭品吧。」夫人說：「好吧。就依你說的做！」夫人很快就把酒肉祭品供奉在神靈前，請劉伶祈禱發誓。劉伶跪下，卻禱告說：「蒼天讓劉伶降生，就是為喝酒的。飲一壺酒，要用五壺酒來醒酒。婦人說的話，千萬不能相信！」於是飲酒吃肉，不一會又爛醉如泥了。

有一次，劉伶喝醉了酒，脫光了衣服，赤裸著身體在屋裡吟詩作賦。有人從門前經過，看見劉伶赤身裸體在那裡，就譏笑他說：「你怎麼光著身子在屋裡呢？你難道連遮蔽身體的衣服也沒有嗎？」劉伶醉眼惺忪，笑著說道：「誰說我光著身子？我以天地為房屋，以房屋為衣褲。這房屋就是我的衣服！你進了我的房屋，就是鑽到我的褲子裡了。我正要問你，你為什麼要到我的褲子裡來呢？」

任性而為，放蕩不羈，是道家精神的外在體現，而逍遙處世，以達於心靈的自由超脫，則是其內在本質。劉伶雖嗜酒如命，但其自由逍遙又怎麼能與常人相比？魏晉名士的放蕩不羈、放任自達，由此可見一斑。

(3) 玄學的文化特色

玄學是一種主體面貌與兩漢儒學大不相同的學術思潮，兩漢儒學著眼於實實在在的王道秩序與名教秩序的建構，玄學卻以探求理想人格的本體為中心課題。兩漢儒學熱衷於「天人感應」的神學目的論，魏晉玄學卻從漢代的宇宙論轉向思辨的本體論。哲學是文化的魂靈，玄學的特質自然而然地在魏晉南北朝人文化心態上打下了深刻烙印。

魏晉時期理性思辨空前活躍，使魏晉學術富於談「玄」析理的特色。名士們口若懸河，剖玄析微，「註而不竭」，其風度飄然瀟灑。玄學思辨深刻地影響了魏晉各方面的學人。那一時期的文學批評著作如劉勰的《文心雕龍》、鐘嶸的《詩品》，都具有前代所少見的嚴密的理論系統性和深刻的美學內涵。魏晉六朝是「中國周秦諸子以後第二度的哲學時代」，這一時代以其飽蘊哲理的理論思辨在中華民族的精神史上留下了輝煌的一章。

與哲學領域將本體論推為哲學首要課題的趨向相呼應，魏晉六朝人的審美對象亦從外在的紛繁現象轉向內在本體。漢末以來風靡社會的人倫品藻，由可見之形、可見之才的審視折變為超乎外在物象的內在精神性的考察。這一時期的人們貶拒、超越外在形象，擺脫道德實踐性與政治實用性，從人的本體精神去把握人格美的真諦。勃興於魏晉時期的才性論，正是從氣質差異的內在把握上去詮釋人的才性的不同，與兩漢時「由外貌差別誰知其體內五行之不同」的致思趨向全然相異。

然而，本體把握總是帶有一種模糊性、直覺性。老子觀念中的「道」便「惟恍惟惚。惚兮恍兮，其中有象；恍兮惚兮，其中有物」。佛教宣揚的

萬物本體「真如」「實相」也是「不可思議，不可言說」。魏晉六朝時期的「神鑒」也同樣如此。人的內在「神」視之於無形，聽之於無音，只可意會，不可言宣，遂「入於虛無難言之域」。陶淵明的名句：「山氣日夕佳，飛鳥相與還。此中有真意，欲辯已忘言」；便形象地傳達了一種「言不盡意」的意緒。陸機、劉勰等文論家對文學創作中「言」「意」「物」的關係加以多方面探討，提出了頗多精彩議論。如陸機論「精騖八極，心遊萬仞」的藝術想像的作用，將作家「最傑出的藝術本領」——想像率先導入中國文學創作論領域。鐘嶸的「文已盡而意有餘」論則將含蓄美自覺地引入中國文化的審美殿堂。

　　魏晉六朝的「神鑒」風氣深切滲透於同時代文化人的藝術價值觀念與審美意緒。顧愷之作人物畫「或數年不點目睛」，人問其故，顧曰：「四體妍蚩，本無關妙處，傳神寫照，正在阿堵中。」從而將把握人格本體的審美意向導入繪畫領域。稍後於顧氏的謝赫將顧愷之的「傳神」論具體化、精密化。他在《古畫品錄》中提出的繪畫方法將「氣韻生動」規定為技法的第一位，而「應物象形」的寫實性技巧則置於第三位。宋人鄧椿曾在《畫繼》中論「氣韻生動」的緊要性，以為只有把住「傳神」這一要諦，才能「曲盡」天地萬物之態，「故畫法以氣韻生動為第一」。正是經顧愷之、謝赫的開創性努力，「傳神」——「氣韻生動」成為中國繪畫乃至藝術作品不可動搖的美學傳統。

　　幽遠清雅的山水詩與瀟灑玄遠的山水畫一樣，亦脫胎於對形而上之「道」的追求。山水詩是從對玄理的苦思轉向對自然的靜觀，以清麗蔥鬱的詞句去傳遞主體精神對「道」的冥悟。誦讀山水詩一如觀賞山水畫，令人油然而生「神超形越」的悟「道」之感。

　　魏晉士人多徜徉山水，寄情丘林，「琴詩自樂」，追求一種「不與時務經懷」的「蕭條高寄」的生活。陶淵明的名篇《飲酒詩》恰是魏晉士人追求隱逸生活的生動描寫：「結廬在人境，而無車馬喧。問君何能爾，心遠地自偏。採菊東籬下，悠然見南山。山氣日夕佳，飛鳥相與還。此中有真意，欲辯已忘言。」隱逸之風在魏晉六朝大為盛行。

　　追求無為當然非魏晉人本性所使然，而只是他們在理想無法改造、徵服苦難現實面前所採取的一種維護自我精神，維護人格理想的方式。這在中國文化人的心態上留下了深重而又綿長的影響。後世在理想與現實碰撞中敗下陣來的士子，往往不自覺地引魏晉名士的行為模式作為平衡心理的典範，鑄造了中國士子玄、遠、清、虛的生活情趣。

4.5 道教的產生與特點

4.5.1 道教的發展歷程

(1) 前道教時期

道教的發生發展至魏晉南北朝，經歷了三個階段，即前道教時期，開教時代、確立時代。所謂前道教時期，實際上是道教思想的醞釀期。

道教思想的醞釀是圍繞「神仙說」展開的。神仙是隨靈魂不死觀念逐漸具體化而產生的一種想像的或半想像的人物。

神仙之說，早在先秦道教著述中便頗為流行。《莊子》有言，「藐姑射之山，有神人居焉」，這些神人「不食五穀，吸風飲露，乘雲氣，御飛龍，而遊乎四海之外」。《史記·封禪書》載：渤海中有蓬萊、方壺和瀛洲三神山，「諸仙人及不死之藥在焉」。神仙世界的構造，實際上是每一民族在生長過程中必有的不死追求的童稚之夢：神仙的存在，使人們生命不死的願望合理化，而神仙不死的信念又推動人們展開狂熱的求仙活動。先秦時期的齊威王、齊宣王，不斷派人前往海外仙山，尋求不死之藥。統一天下的秦始皇，遣徐福率數千童男童女出海覓仙。雄才大略的漢武帝喜好神仙方術。公元前109年，武帝在方士聳動下，下令「郡國各除道，繕治宮觀名山神祠所，以望幸（指神仙降臨）矣」，其心情何等迫切。神仙之說的泛濫，成為道教勃興的前奏。

與神仙之說泛濫的同時，又有黃老思想與神仙方術的結合。黃老學說起於稷下道家學者，他們同尊傳說中的黃帝和老子為道家創始人。黃老思想本來就蘊含大量神祕主義因素，一些方士便將神仙長生思想與黃老之學中的神祕主義相糅合，繼而稱「老子之道，為可度世」，著重尊崇神化的老子，從而為道教的勃興準備了宗教領袖。

(2) 道教開教時代

道教開教時代大致在東漢末年，此時期開始出現雛形宗教形態。道派繁多，是道教「開教時代」的特點，北方有張角的太平道，太平道奉《太平經》為經典，以「中黃太一」為其至尊天神，倡言「黃天太平」。南方有五門米道，五門米道創於東漢張陵，以符水為人治病，奉《老子》為經典。由於張陵號為天師，故這派又稱為天師道。此外還有葛洪創立的金丹道，力主煉服金丹是長生成仙的唯一秘訣。創立於晉代的靈寶派，奉元始天尊為教主，以《靈寶經》為首經。雜散道派更多，有依託帛和的「帛家道」，李阿的

「李家道」,孫恩的「紫道」,民間俗信的「清水道」,華存的「茅山道」。

張陵創立的五斗米道,大約在東漢順帝年間,流行於漢中、川北一帶。它起初也帶有組織下層民眾互相幫助、反抗官府的性質。如《三國志·張魯傳》記載:「祖父陵,客蜀,學道鶴鳴山中,造作道書,以惑百姓。從受道者,出五斗米,故世號稱米賊。陵死,子衡行其道。衡死,魯復行之。」又說:「魯遂據漢中,以鬼道教民,自號師君。其來學道者,初皆名鬼卒,受本道已信,號祭酒,各領部眾,多者為治頭大祭酒。皆教以誠信不詐欺,有疾自首其過,大都與黃巾相似。諸祭酒皆作義舍,如今之亭傳,又置義米肉,懸於義舍,行路者量腹取足,若過多,鬼道輒病之。犯法者,三原然後乃行刑,不置長吏,皆以祭酒為治,民夷便樂之,雄踞巴漢垂三十年。」

由上述可見,以太平道、五斗米道為代表的早期道教,還只是一種民間宗教。它活動於下層民眾中,並與農民起義相結合,起到了宣傳和組織農民起義的作用。張角領導的太平道的政治目的是很明確的,那就是要推翻「蒼天」(東漢皇朝),代之以「黃天」(農民起義軍的政權)。

(3) 道教確立時代

隨著黃巾起義的被鎮壓,張魯的被招降,初期道教作為民間宗教的歷史基本上也就此告終。南北朝時期,道教規模大成。北魏嵩山道士寇謙之、劉宋廬山道士陸修靜藉政權之力清整民間道派,並首次使用「道教」一詞統一各道派。與此同時,道教逐步形成一套完整的宗教儀式、道德戒律、道德教義、經書典籍,修煉方術也日趨完備。道教徒也業已在固定的宮觀修行,形成按教階組織起來的道士集團。蕭梁陶弘景更以「天子師」之尊構造道教神仙譜系,敘述道教傳授歷史。道教作為一個完整意義上的宗教流派至此基本上定型。兩晉以後,道教經過了一系列的改造,使原有的民間道教變成為朝廷所支持的官方道教,從而使得道教無論在宗教教義和理論上,還是在宗教組織上,都得到了極大的發展,道教走上了成熟發展的時期,形成了儒、佛、道三教鼎立的局面。有唐代,道教得到了李唐王朝的大力支持,道教更為繁榮昌盛。宋元明時期,雖然道教宗派林立,組織更趨嚴密,道教典籍不斷編纂刊印,對宋明理學也有相當大的影響,但總的來說,它在教義和理論上已沒有太多的新發展。明萬曆以後,道教趨於衰退。

4.5.2 道教的基本特色

作為宗教的一大流派,道教具有宗教的一般性特徵。它所信仰和崇拜的神仙,實際上就是支配著人們日常生活的外部力量在人們頭腦中的幻想

的反應。在這種幻想中，自然和社會的外力採取了超人間的力量的形式。它製造出的長生不死、超越時空的神仙世界也不過是形式別具的超越現實世俗生活的彼岸世界。然而，道教畢竟生長於中華文化土壤，具有與作為世界三大宗教的基督教、伊斯蘭教、佛教大不相似的本土性特徵。

(1) 思想淵源與宗教內容的本土性

道教作為中華民族創立的宗教，其民族性特徵首先表現在它的思想淵源的本土性。

道教的思想淵源「雜而多端」。道家哲學是道教的重要思想淵源與宗教理論的主幹：道家視「道」為超越形器的宇宙最高法則，道教的信仰也是「道」，它從宗教的角度把「道」說成「神異之物，靈而有信」「為一切之祖首，萬物之父母」，進一步突出了「道」的超越性、絕對性、神祕性；道家宣揚清靜養生、無為治世。道教發揮此種離俗超脫精神，形成出世的心性煉養理論；道家的創立者是老、莊。道教則把老子神祕化，奉為「混沌之祖宗，天地之父母，陰陽之主宰，萬神之帝君」。與老子被奉為道教教主的同時，莊子也被列為道教尊神，而《老子》《莊子》二書亦被奉為道教經典《道德真經》與《南華真經》。道教與道家糾纏成一團，頗難分開。兩者之間的共通之處，以致若干國外漢學家認為「道教是道家思想的繼續和延長」。

道教也從儒家思想中吸取養料。儒家主綱常名教，道教則將倫理道德與它的長生成仙思想結合起來。葛洪在《抱樸子・對俗》中言：「欲求仙者，要當以忠、孝、和、順、仁、信為本。若德行不修，而但務方術，皆不得長生也。」《天師教誡科經》也稱：「諸欲修道者，務必臣忠、子孝、夫信、婦貞、兄敬、弟順。」此外，如北魏寇謙之的天師道以禮度為首，南朝宋道士顧歡以華夏文化正宗身分排斥佛教，均流露出儒家思想的性格。漢代陰陽五行化了的儒家經學對道教也具有重要影響。

道教還吸取了墨家思想，章太炎在《檢論》中曾言，道教思想「本諸墨氏，源遠流長」。墨家尊天明鬼思想，顯然為道教所吸取。上古傳統鬼神觀念、殷周巫史之說，以及秦漢神仙家更為道教廣為博採。

道教的思想與宗教成分的淵源中，還有遠古以來流傳於民間的巫術、神仙傳說、成仙方術、讖緯之學以及黃老思想等。

(2) 神仙世界的本土性

道教的教旨是成仙。道教的開創者們竭力從流傳於古代中國尤其是流傳於楚文化圈的種種神話中採擷出神鬼精靈，構造出一個長生不死、超越時空的神仙世界。在這神仙世界裡，眾仙熙攘。據宋以前的幾種道教經籍《列仙傳》《神仙傳》《續仙傳》《集私錄》《集仙傳》等記載，道教諸神共達

四百餘人。

道教的主神在早期具有多元性，所謂中黃太一、太上老君、元始天尊、玉皇都為道教所尊奉。至宋代以軒轅為聖祖，稱昊天玉皇大帝，玉皇大帝遂成為道教最高神。道教所崇拜的天神，具有農業宗法社會中人間天子的形象，他們品格完美無缺，具有無上權威，實際上是人間皇權的投影。主神以下的道教諸神有許多來自漢民族的古代神話傳說，如玄女、西王母、赤鬆子、彭祖、鬼谷子、廣成子等，也有古代賢哲與著名方士，如老子、墨子、呂尚、尹喜、東方朔、淮南王，還有張道陵、於吉、帛和一類修道者。歷史上聲名顯赫的英雄，也頗有被道家尊為神者，如關聖帝君即關羽，門神乃秦叔寶與尉遲敬德。

（3）教旨上的本土性

道教在教旨上以長生成仙為目標，從而與世界宗教的風貌大相徑庭。佛教、基督教、伊斯蘭教，無不漠視此岸世界而熱衷於「人死後如何」的命題；而道教所追求的卻是「人如何不死」，在長生中永遠享受人間的幸福和快樂。此種教旨誠如日本學者崔德忠所言：「在其他國家是沒有的。」佛教、基督教、伊斯蘭教無不宣揚人的命運由冥冥之中的神主宰，在自身的命運上，人是消極無為的。道教卻認為「我命在我不在天」，人只要善於修道養生，生道相保，安神固形，便能獲得現世存在的保證。為此，道教不僅講求歸本返樸、歸根復命的養氣健身術，而且倡導以長壽去病為宗旨的「房中術」，鑽研追求不死的煉金服丹之術，民間劾治惡鬼、躲避死亡的種種迷信手段如臂懸五彩、懸葦畫雞、桃印桃符、治邪驅鬼等也網羅無遺，發展成為禁咒、符籙、印鏡等法術。總之，道教濃烈地表現出人的生存慾望，具有一種「不信天命，不信業果，力抗自然」的「勇猛」氣勢，此種特質恰是中華民族重現世、重現實的民族性格的體現。

4.5.3 道教在中國文化中的功能

道教自東漢末開始形成，迅速擴張，終在南北朝成長為與儒、佛抗衡的一大宗教流派。南北朝以後，道教仍長足發展，經歷了隋唐、北宋的興盛期，南宋、金元的革新期，直至清代，才逐漸趨向式微。道教在中國社會結構中的承傳不息以及在民間生活中的重大影響，充分顯示出道教絕不是統治者以一己私願「超越地添設於人類文化的整個結構之上的一種東西」，而是有其發生發展的必然性，具備特定功能的文化現象。

道教的文化功能首先體現在它以「長生不死」的追求滿足了人們懼死樂生的心理願望。長生不死是不可能的，在無可抗拒的衰老死亡面前，人

們不可避免地潛藏有懼死樂生的意緒與長生不死的願望。道教否定死亡，鼓吹通過修煉達到長生不死，使幻想長生的人們頗受鼓舞。尤為重要的是，道教所鼓吹的學道求仙絕非帝王貴族的專利，平民也一樣能「舉形輕飛」，因而極大地吸引了一般百姓，在動亂時代尤其如此。

除懼死樂生外，人們還普遍具有對社會和諧安樂的追求，而道教所構築的「神仙樂園」便有滿足人們對社會和諧安樂的追求這一心理願望的功能。道教所塑造的「神仙樂園」，集人間理想生活的美之極致，所有意識與潛意識中不能滿足的願望都投射到樂園的塑造之上。在亂世之際，這種樂園神話往往具有一種政治理念的色彩，成為人們革故鼎新的思想武器。

在社會涵蓋面上，道教是一個包括了宗教化的道家學說、神仙說和修仙方術以及民間療病去災的鬼道在內的多層次的宗教體系。在教團組織上，道教分為上層神仙道教和下層符水道教兩大層次。神仙道教以長生修仙為本，主要在皇帝、士大夫中間活動，符水道教以治病卻禍為務，適應下層勞苦大眾的需要。多層次的宗教內涵以及組織、傳播方式使道教能適應不同階層的喜好、需要與文化水準，而廣泛的適應性又反過來強化了道教的內在生命力。

多方面的文化功能使道教在長遠的時空中深深地植根於中國社會，強韌地存在與發展。自此，中國文化中自有一支道教文化，民俗、民風、文學、科技、建築及至政治鬥爭都不可避免地浸染上道教文化的色彩。

思考題：

1. 簡述老子的宇宙觀。
2. 談談你對「反者道之動」涵義的理解。
3. 老子為何主張「貴柔守雌」？你怎樣看待這種處世方法？
4. 談談你對老子「無為而治」思想的理解。
5. 簡評莊子的自由觀。
6. 簡述莊子的相對主義認識論及其對我們的啟示。
7. 簡述黃老之學的學術特徵。
8. 魏晉玄學對中國文學藝術產生了什麼影響？
9. 簡述道教的基本特徵。
10. 簡評道教的文化功能。

5 主張超塵絕俗的佛家

佛教是人類社會歷史上最宏大的神學唯心主義體系，也是世界上所有宗教類別中內容最複雜、文獻典籍最多的宗教。在世界三大宗教中，佛教創立最早，傳入中國也最早。佛教傳入中國後，與中國傳統思想實現完美結合而成為中國傳統文化的一個重要組成部分，對中國人的思維方式、行為信仰、道德觀念、文化藝術、生活習俗諸多方面，都產生了十分深刻、極為廣泛的社會影響。

5.1 佛教的產生、傳播及三藏佛典的形成

5.1.1 佛教的產生

當今世界三大宗教之一的佛教，是距今二千五百多年前古印度一個神色憔悴、面容枯槁的青年，經過七天七夜冥思苦想而創造產生的。這個青年是古印度北部迦毗羅衛國的太子，姓喬達摩，名悉達多，是印度釋迦族人，後世佛教徒尊稱他為「釋迦牟尼」意為「釋迦族的聖人」。儘管佛經對釋迦牟尼生卒之年有多種不同記載，但通常認為，釋迦牟尼於公元前565—公元前486年生活於世，相當於中國的春秋後期，與中國古代文化聖人孔子大約是同時代人。

釋迦牟尼的父親是古印度北部迦毗羅衛國（又譯作淨飯國，在今尼泊爾南部）國王，母親摩耶夫人，生下釋迦七天後去世，釋迦牟尼由姨母撫養長大。傳說摩耶夫人夢六牙白象從右肋入腹，逐懷孕並於四月初八生下釋迦牟尼太子。太子誕生時，天上飛龍吐水為他沐浴並伴有種種祥瑞之相，所以國王為他取名悉達多，是為吉祥之意。

釋迦牟尼勤奮好學，逐漸成長為學問淵博、智勇超群的英俊青年。儘管個人生活極其富貴優越，但目睹了世人生老病死諸多悲慘痛苦的生活狀況後，釋迦牟尼開始對人生問題進行深入思考，開始反覆思索如何解除苦難、擺脫生死苦惱的人生道理。二十九歲那年，為了尋求解脫人生痛苦的真諦，釋迦牟尼放棄豪華宮廷生活，剃去頭髮，出家修道。經過六年艱辛

苦修，釋迦牟尼身體衰弱，骨瘦如柴，卻沒有找到解脫人生苦難的方法，於是放棄苦行，來到尼連禪河，用清水洗去六年的積垢，接受牧女奉獻的乳粥，然後在一棵巨大的畢鉢羅樹（後被改稱為菩提樹）下靜坐深思，發誓悟道。經過七天七夜禪定苦思，到臘月初八這天，忽見天空明星閃耀，頓時豁然開朗，大徹大悟，洞悉了宇宙人生的真諦，終於得道成佛。

　　釋迦牟尼悟道成佛之後，將自己覺悟的人生解脫道理向人們宣說，由此建立了佛教僧團組織。由於是在畢鉢羅樹下得道成佛，獲得了至高無上的徹底覺悟，所以佛教徒把畢鉢羅樹改名為菩提樹，菩提為梵文「覺悟」之意，菩提樹意即「覺樹」或「道樹。」釋迦牟尼創立的宗教為什麼定名為佛教？「佛」是梵文「佛陀」的簡稱，意為「覺者」，即覺悟了人生真諦的智者，佛教意即覺悟者的言教。釋迦牟尼是第一個大徹大悟的「覺者」，因此把釋迦牟尼稱為「佛」或「佛陀」，是佛教教主；而釋迦牟尼將他覺悟的道理宣講出來，教導眾生怎樣做人，怎樣修行成佛，這就是法即佛法，是佛教的教理教義；那些虔誠信佛，出家修行之人則稱為「法眾」或「僧伽」，簡稱為「僧」，是佛教的基本信徒。佛、法、僧被稱為「三寶」，成為佛教代名詞。佛、法、僧三寶合一，構成了佛教一整套完整的唯心主義神學思想體系極其龐大的僧眾群團實體宗教組織。

5.1.2　佛教的對外傳播

　　公元前 6 世紀至公元前 4 世紀為印度佛教發展的原始階段，這是釋迦牟尼創教、傳教及弟子整理、匯集、傳誦及傳播佛陀言論的階段。隨著佛教在印度的影響越來越大，其傳播範圍也隨之不斷擴大。大約在公元前 3 世紀，佛教開始向外擴散，傳入印度本土以外的其他國家和地區，逐漸發展演變成為信徒眾多的世界性宗教。在印度佛教對外傳播的過程中，因傳播線路或傳播方向的不同，形成佛教傳播發展史上所謂南傳佛教和北傳佛教的不同區別。

　　（1）南傳佛教。大約在公元前 3 世紀，篤信佛教的印度孔雀王朝統治者阿育王派人分赴四方傳播佛法，其子摩哂陀（一說為其兄弟）帶領一批佛徒向南方行進，渡海來到斯里蘭卡（即錫蘭島），此為佛教邁出印度本土的開端。此後，以斯里蘭卡為基地，佛教傳入泰國、緬甸、柬埔寨、老撾等國。由於此次佛教初始外傳，是從印度本土往印度以南的方向傳播，所以這些國家的佛教通稱為南傳佛教。南傳佛教自身具有非常明顯的兩大特點：其一，在佛教派別分類上，南傳佛教屬小乘佛教，亦稱為南傳上座部佛教。其二，南傳佛教以巴利文經典為依據，故又稱巴利語系佛教。

中國雲南地區的佛教來源於南傳小乘佛教，分佈在西雙版納、德宏、思茅、保山等地，小乘佛教在傣族、布朗族、德昂、阿昌族等少數民族中有較大影響。

（2）北傳佛教。按佛教從印度向外部世界傳播的線路或方向，佛教從印度北部再往北傳，傳入中亞地區，然後經中亞、西域傳入中國，再以中國為基地傳入朝鮮、日本、越南、蒙古等國，這些國家的佛教通稱為北傳佛教。與南傳佛教相比，北傳佛教有其兩大顯著不同特點：其一，在佛教派別分類上，北傳佛教以大乘佛教為主，屬早期印度佛教派別中的大眾部教派。其二，北傳佛教經典主要為梵文經典，所以又稱為梵語系佛教。

5.1.3 佛教「三藏」典籍的形成與《大藏經》的出現

（1）「三藏」典籍的形成。「三藏」是佛教所有典籍的總稱。「藏」的原意是容器或盛東西的竹篋，「三藏」是指佛教全部典籍分為經、律、論三大部類。第一部類為經類佛典，稱為「經藏」，是釋迦牟尼講解佛教的要義，涉及佛教的一系列理論、教義和基本觀點。第二部類為律類佛典，稱為「律藏」，是釋迦牟尼為弟子們制定的佛門戒規，是佛教僧人所應遵守的各種宗教生活的規範戒條。第三部類為論類即「論藏」，是指釋迦牟尼去世後，佛門僧人對佛教「經」和「律」的種種解釋，把這些議論和解釋系統化整理出來，歸入論的部類統稱「論藏」。所有佛教典籍被分別歸入經、律、論不同的部類，合起來稱為「三藏」。凡是精通經、律、論三藏典籍的僧人，被稱為「三藏法師」。中國唐朝的佛學高僧玄奘，就曾獲得「三藏法師」的殊榮。

佛教三藏典籍的形成，是釋迦牟尼死後，由他的弟子以及後來的弟子們，通過多次佛門集結分類整理出來的。由於釋迦牟尼時代以及其後一段時期，古印度沒有文字，佛經不能記錄成文，只憑口誦傳授。代代口耳相傳，用心去記憶，難免不發生誤差。因此，過一段時間之後，需要佛門僧人集合起來，推選一個博學多聞的高僧口誦釋迦牟尼所講過的一切經、律言論，由其他僧人一一加以印證，這樣就形成了佛教經、律的「集結」。後來有了文字，集結的任務就是將流傳下來的佛說經、律進行審定，清除謬誤，統一諸種不同說法。

在佛教發展史上，比較有重要的大型集結，通常認為有六次。第一次佛門大集結，是在釋迦牟尼去世後不久。弟子們為了使佛陀所說的佛法不至於疏漏或中斷，在印度王舍城外的七葉窟舉行集結。佛陀弟子中學業最優者500人參加了這次集結，號稱500羅漢。這次集結的目的，是把釋迦牟

尼一生中所說的佛教言論全部背誦出來,讓大家銘記於心,以傳後世。這次集結盛會,由當時學經第一併被稱為「多聞第一」的阿難陀把釋迦牟尼一生中所講述的佛經全部復述出來,另由學律第一的優婆離復述背誦釋迦牟尼所講述過的全部佛門戒律,然後由 500 羅漢一一印證確認。由於當時沒有文字,經 500 羅漢集結確認後的經、律不能附諸書面記錄,只能由集結眾僧再次銘記於心,口誦傳授後學僧人。這次佛門集結,在印度佛教史上稱為「五百集結」。

在第一次大集結以後一百年左右,印度佛教界又舉行了第二次大集結,有 700 僧人參加,以後又舉行了第三次、第四次、第五次、第六次等大規模佛門集結活動。通過這些佛門集結,釋迦牟尼一生講佛的經、律言論,被分類陸續整理出來。以後有了書面文字,這些由佛門僧人口誦心記的釋迦牟尼經、律言論被付諸文字記錄,再加上把釋迦牟尼以後的佛學高僧對經、律的議論和解釋整理出來,匯為論藏,最終形成佛教文獻規模巨大的經、律、論佛教三藏典籍。三藏典籍有大小乘之分,分別為大乘經、小乘經;大乘律、小乘律;大乘論、小乘論。

(2)《大藏經》的產生。《大藏經》是一部關於佛教典籍的大型匯編叢書,是把佛教經、律、論三藏典籍匯集起來,分部類編撰的佛教文獻總匯。佛教傳入中國後,梵文佛典在魏晉南北朝時期逐漸增多,這些不同的佛教梵文經典被翻譯成漢文,在南北朝時期被通稱為「一切經」。從隋朝開始,中國佛典文獻開始出現「大藏經」這一名稱,再後來,「大藏經」成為所有漢文佛教典籍的總稱。

唐代以前的佛典傳播,完全靠人工手書抄寫,直到唐朝晚期,才出現刻印的佛教經典。世界上現存最早的刻本佛經,是唐代咸通九年(868 年)所刻印的《金剛經》。

漢文佛教典籍第一次以《大藏經》名稱全部付諸刻印,是在北宋開寶四年(971 年)開始的,歷經 12 年全部刻印完成。這部《大藏經》因刻印於開寶年間而稱為「開寶藏」,又因為刊刻於四川,故又稱為「蜀版《大藏經》」,是中國佛教發展史上第一次刊刻的大藏經。從北宋到後來的元、明、清,歷代刻印《大藏經》大約有 20 餘次。除了中國以外,朝鮮、日本歷史上也曾經多次刻印漢文版《大藏經》。

需要說明的是,「大藏經」最初是指漢語語種的所有佛教典籍,現今則泛指一切語種的佛教典籍總匯。現存的佛典總匯叢書,除了漢文《大藏經》以外,還有藏文《大藏經》、蒙文《大藏經》、滿文《大藏經》、日文《大藏經》等。

關於佛教文獻典籍的形成問題，著名學者梁啓超先生在其佛典文獻研究過程中，總結了這樣兩條重要的基本認識：其一，凡佛經皆非佛在世所有，一切佛經，皆佛滅後佛徒所追述。其二，凡佛經最初皆無寫本，念誦相傳。文字寫本於佛滅後數百年，各以其本土語言所書寫。換言之，凡佛經皆為翻譯文字。

5.2　佛教的基本教義

5.2.1　四聖諦與八正道

（1）四聖諦簡稱「四諦」，是佛教關於人生為什麼會有痛苦和煩惱的「四條真理。」諦為真理之意，「四諦」分別是苦、集、滅、道四條真理。

①苦諦，指社會人生充滿各種痛苦，人的生命與各種煩惱痛苦相始相終。《增一阿含經・四諦品》：「所謂苦諦者，生苦、老苦、病苦、死苦、憂悲惱苦、怨憎會苦、恩愛離別苦、所欲不得苦……是謂名為苦諦。」苦諦表明，凡是有生命的個人，苦是不可避免的，人的生活及人的存在，本身就是一場痛苦。苦諦把世俗社會生活看成一場永恆的苦難，表明佛教對現世人生持悲觀消極態度。

②集諦，也稱「因諦」，指造成人世苦難的原因，是佛教對人生痛苦原因進行探討的真諦。佛教認為，人的貪求慾望是一切痛苦煩惱的根源，即「貪、痴、嗔」為萬惡之源。由貪而生出各種慾望，充滿慾望之人對人生的真諦便必然無知，這就形成所謂的「痴」即愚蠢。由於愚蠢無知，慾望得不到滿足，便產生「嗔」的憤怒情緒，在這種情緒的支配下，往往與別人發生衝突矛盾，從而煩惱叢生，導致內心痛苦。總之，造成人生苦的原因，在於人本身的貪慾，是人性貪婪的弱點造成自身的種種煩惱。集是苦因，苦是結果，這個真理叫作集諦。

③滅諦，指消滅煩惱與痛苦，獲得徹底解脫與自由的真諦。滅的意思是指欲念的寂滅。《大乘義章》卷十八：「滅諸煩惱故，滅生死故，大寂靜故，名之為滅。」怎樣去消滅欲念呢？這就要通過佛教的修行，使人的意識處於寂靜狀態，不為一切外在事物所誘惑。

④道諦，指滅除煩惱的修行之道，是揭示滅苦的具體方法即通向涅槃或達到涅槃境界的正道。換言之，滅除煩惱必須修道，這個真理叫作道諦。

在以上佛教「四諦」中，苦諦和集諦，是用以說明人生痛苦煩惱的本質及形成原因；滅諦和道諦，是用以說明人生解脫的歸宿和解脫的方法

道路。

（2）「八正道」。亦稱為「聖賢八道」，是「道諦」的具體修行理論與方法。具體分為正見、正志、正語、正業、正命、正精進、正念、正定。八正道從思想、言論和行動方面，規定了佛門僧人的具體修行原則。佛教經典《中阿含經・分別聖諦經》對八正道做了具體的解釋：正見即對「四諦」的正確理解；正志亦稱正思維，是在正見的基礎上對「四諦」作認真細緻的思考；正語，指語言正確，不說謊不罵人，不作一切非佛理之語；正業，指行為正確，不盜、不淫、不殺生等；正命，指修行過程中克己知足，所作所為符合佛門戒律規定的正當生活；正精進，集中精力，正確修行；正念，隨時憶念佛教「四諦」真理；正定，根據「四諦」道理，專心正確修習佛法禪定。

八正道是佛門僧人八種正確的思維和修行方法。佛教認為，按這八種方法修行便可由「凡」入「聖」，從世俗迷界的此岸達到佛教悟界的彼岸，故把八正道比喻為「八筏」「八船」，即由迷界此岸到悟界彼岸的必須工具。

5.2.2 「戒定慧」三學

在佛教教義中，「戒定慧」是與「八正道」密切相關的修行途徑或修行理論方法，被稱為「佛教三學」，涵蓋了佛教的基本內容。釋道安《比丘大戒序》：「世尊（釋迦牟尼）立教法有三焉，一者戒律也，二者禪定也，三者智慧也。」

（1）戒，指佛門僧人的自我節制或強制性約束，包括用戒律戒條對僧人的行為、語言、思想進行種種規範。佛教的戒律條規可按數目或按修行對象分為兩大類：按數目分類有五戒、八戒、十戒、具足戒等；按修行對象分類有居士戒、沙彌戒、比丘戒、比丘尼戒等。在所有佛門戒律中，五戒是最根本的戒律，針對的是一切在家的佛教信徒，故亦稱為在家戒或居士戒，其內容包括不殺生、不偷盜、不邪淫、不妄語、不飲酒等五項具體戒條。五戒是一切戒律的基礎，其他種種佛門戒律，都是由五戒所派生發展而成的。

佛教戒律的基本要求是「諸惡莫作」，杜絕佛門僧人一切不利於修行的邪念行為產生。「戒」作為佛教信徒安身立命、修行解脫的外在規範，被列入「佛教三學」體系之首，成為佛教的基本教理教義內容之一。

（2）定，指禪定，是一種要求修行者思慮集中，凝心入定，以消除內心雜念煩惱的具體修行方法。這種方法的外在表現形式是「打坐」，內在的要求是用自己的意念、用自身的心靈力量對自己的慾望、感情進行自覺的

調節約束。換言之,「定」是佛門僧人追求寂靜心境的一種具體技術方法,目的是通過打坐禪定的方式體悟佛理,滅除欲念煩惱。

（3）慧,是指通過守持戒律,修習禪定而獲得體悟佛理的智慧。佛門僧人從其獨特的宗教立場出發,用理性的態度,以理性的思維方式對世俗生活,對人生因果關係以及大千世界本來面目進行觀察思考,進行分析反思,從而達到一種洞察世俗人生、洞察宇宙世界的宗教理性認識。這種帶有濃厚宗教理性的體悟,即為「佛教三學」中的「慧」。比如,佛教僧人從「一切皆空」的理性思維出發,認為事物的現象和本質只不過是一種感覺的合成,大千世界萬事萬物都處在剎那間或生或滅的無常變幻之中,一切事物皆為虛幻,從而在理智上拋棄對外在表相的執著,拋棄對世俗事物的迷戀情感,由此在理智上得到人生的解脫。這種體悟佛理的理性認識,便是佛教僧人的一種「慧」的表現。

「戒定慧」三學構成了佛教教義教法的重要內容,而一切佛教的教理教義,其核心本旨是教人如何解脫人生苦海,「戒定慧」三學則是具體解脫的理論方法或實踐修行途徑之一。

5.2.3 因果報應與生死輪迴

（1）因果報應

「因果」是指佛教用於說明世界一切關係的理論,並構成佛教各種學說的理論基礎。因果報應也稱為「業報」。所謂「業」,泛指人的一切身心活動,包括「三業」即身業（人的行為）、口業（人的語言）、意業（人的意念思想）。業報,指人的一切行為、言論、思想即身、口、意三業,都一定會產生相應的果報。任何人都不能消除、不能避免因果報應的作用,眾生在因果業報面前人人平等。

（2）生死輪迴

與因果報應之說密切相關的,是佛教的生死輪迴理論。佛教認為,大千世界芸芸眾生,在沒有得到「涅槃」解脫之前,人人都處在生死世界的輪迴中循環不已。人在此處此時死去,意味著在彼處彼時再生,人死之後,靈魂不滅,投胎轉世,通過輪迴成為新的生命。至於人死後,轉生在什麼地方？靈魂投胎變成什麼？則完全根據死者生前所作所為即善惡「業因」所決定。

（3）對因果報應輪迴之說的簡要評析

佛教站在徹底的唯心主義立場,把世俗人生的種種不平等現象如貧窮與富貴、幸福與痛苦、疾病與健康以至來世命運的差異等,統統歸咎於個

體生命善惡行為的因果業報。這一解釋完全忽視造成人世社會不平等的社會關係、生產關係因素,完全否認階級壓迫或階級剝削給社會民眾造成的種種苦難。因此,佛教因果報應及生死輪迴教義學說,對統治階級壓迫民眾造成的種種不平等,對地主階級剝削窮人帶來的種種社會苦難,具有極大的蒙蔽辯護作用。

佛教因果報應及生死輪迴之說極力宣揚地獄的恐怖,對古代社會民眾造成巨大的心理震懾作用。與傳統儒家倫理規範相比較,佛教因果報應之說在加強社會民眾的心理控制和行為約束方面,更具有欺騙性和蒙蔽性。「彼愚夫愚婦,喻理之不可,法禁之不可,有鬼神輪迴之說,驅而誘之,其不入井者幾希」。由此可知,佛教因果報應和生死輪迴的教義理論,在中國古代世俗生活中已經成為約束世人行為,控制民眾心理的一種強大精神力量,成為恐嚇百姓、麻痺民眾行之有效的一種強大的神學觀念意識。

佛教的因果報應與生死輪迴思想,隨著佛教長期傳播發展而深入植根於中國古代民間社會,這一教義學說與中國傳統思想文化原有的信仰觀念相比,有以下三個方面的重大區別:

其一,傳統儒家文化把社會成員個人的命運好壞歸結為「天命」所致,即所謂「生死有命,富貴在天」,而佛教則把個體社會成員命運的好壞歸結為其個人所作所為的善惡「業因」所為。兩相比較,佛教自我行為決定自身命運較之儒家人生命運由「天」支配,更具有人倫思想的進步意義。

其二,中國傳統思想觀念認為,祖先積德或作惡的種種行為,將會影響殃及後代子孫即所謂「積善之家,必有餘慶;積不善之家,必有餘殃」。而佛教因果報應的作用或影響只涉及本人,與他人無關,並不株連後代或殃及他人。兩相比較,佛教因果報應強調個人對自己的一切行為負責,強調靠自己改變自己的命運,比之中國傳統文化靠天命、靠祖宗改變命運的觀念,更具有人格獨立的倫理價值意義。

其三,中國傳統文化信仰沒有關於靈魂去向的明確說法,而佛教則把靈魂去向導入一個清晰明白的投胎轉世、生死輪迴的生命循環過程,徹底解決了中國傳統文化信仰中沒能解決的關於靈魂的歸宿、靈魂的安放問題。佛教把個人生前的善惡行為與身後的靈魂走向歸宿密切相聯繫,其一系列關於靈魂轉生的宗教觀念,不僅給中國傳統信仰文化帶來強烈的思想震撼,而且對古代社會民眾的心靈意識及行為規範,均產生了極為深刻廣泛的重要作用或影響。

5.2.4　慈悲行善與眾生平等

（1）慈悲行善

「慈悲」是佛教專有名詞，「慈」是指佛教愛護眾生，給予眾生以歡樂即「與樂」；「悲」是憐憫眾生，拔除眾生的苦難即「拔苦」。佛經闡述佛教慈悲教理稱：「大慈與一切眾生樂（與樂），大悲拔一切眾生苦（拔苦）。大慈者，念念眾生得樂，亦與樂事；大悲者，憐憫眾生苦，亦能脫苦。」佛經認為：「慈悲是佛道之根本……一切諸佛法中，慈悲為大。」佛教把慈悲作為佛法的根本，充分說明慈悲這一佛法教義在整個佛教思想體系中具有非常重要的地位。

在佛門僧人持戒修身的宗教生活中，慈悲具體表現為對生命的關愛，對眾生的憐憫與同情，以及在此基礎上形成的戒殺放生，利人利他，助人為樂，知恩圖報，無私奉獻等種種佛教倫理行為。把慈悲為懷的佛教倫理原則推廣到人間世俗社會，由此形成中國民間社會長盛不衰的行善積德人文關懷。由於慈悲之心只有在關愛他人，多做善事的具體行為中才能真正體現出來，所以，行善助人是佛教慈悲教義最根本的行為實踐。而一切善行善事的助人活動，同時也是行善者為自身修福的積德過程。佛教勸誡世俗之人要「廣種福田」，所謂「福田」就是指多做善事，為來世播下幸福的種子，積下幸福的善德，以便在佛教因果報應的輪迴中收穫善果，得到一個好的來世去處。在這裡，慈悲行善的宗教倫理修身，與其因果報應的教理思想，是密不可分連同一體的。

佛教宣傳「慈悲」，傳統儒家文化講求「仁愛」，基督教文化倡導「博愛」，儘管文化背景、思想淵源各有差異，但結果殊途同歸，佛的慈悲、儒的仁愛與上帝的博愛，三者在人文精神上完全契合相通，在人類倫理道德這一根本的文化品質上，各種宗教思想或政治思想，往往具有共性的文化內涵。

（2）眾生平等

眾生平等作為佛教宣揚的基本教義之一，具有非常廣闊的人文精神內涵。眾生不僅僅包括人，而且包括所有有知覺、有肉體痛苦感知的一切生命體，涉及飛禽走獸及牲畜、昆蟲等一切世間生命動物。眾生平等不僅意味著人與人之間的關係平等，而且意味著人與動物之間的關係也必須平等。換言之，眾生平等體現為對每一個人和每一個自然界的動物生命，都給予同樣的關愛和尊重。佛教的大慈大悲思想，通過對所有自然界動物生命以「眾生平等」的關愛保護，表現出極其博大開闊的胸懷。從眾生平等的原則

出發，凡是自然界有苦樂感知的動物生命，都是慈悲所及、慈悲所加的具體對象。佛教的不殺生、放生等宗教行為規範，就是眾生平等、慈悲憐憫之心施於大自然動物生命領域的具體體現。佛門僧人常說「救人一命，勝造七級浮屠（即佛塔）」，這句佛門俗語所表述的是對人的生命的尊重與關愛；而佛教不殺生、放生，包括不吃肉類葷腥，其所體現的則是佛教對大千世界一切動物生命的尊重與關愛。

佛教眾生平等的教義闡說，有其十分廣闊深遠的社會意義，表現在：其一，對世俗社會消除等級特權，消弭人際關係的矛盾對立，對倡揚人類互助友愛，建立良好人際關係的和諧社會，有積極的宗教啟示作用。其二，對當代社會開展環境生態保護，尤其是保護動物生態資源，建構人與動物、人與自然的和諧關係，有積極的現實借鑑意義。

5.3 佛教的宇宙哲學觀

5.3.1 須彌山與大千世界

須彌山原本是印度民間神話傳說中的著名神山，「須彌」是梵文的音譯，意為「妙光」或「妙高。」佛教創立，借用印度民間古老神話傳說，把須彌山作為宇宙的中心。佛教認為，須彌山是聳立在宇宙中心的一座高山，其他海洋、山川、河流、大地等，均是圍繞須彌山而依次排列、無限延伸而構成宇宙世界。

在宇宙結構觀方面，佛教主張宇宙空間無限論，認為宇宙是由無量無限的世界構成的。以須彌山為中心，同一個太陽和月亮照耀的地方，就叫作一個小世界。宇宙是由小世界為基本單位所構成的，一千個小世界稱為「小千世界」，一千個「小千世界」稱為「中千世界」，一千個「中千世界」稱為「大千世界」。大千世界包含著小千、中千、大千三種「千世界」，合稱「三千大世界」。佛教認為，宇宙是由無量無數個「三千大世界」組合構成的，寬廣無垠，無邊無際。

佛教這種以須彌山為中心而不斷向四周無限延伸的宇宙觀，雖然是宗教的想像和虛構，但其中卻包含了宇宙無限性這一認識的合理成分。

5.3.2 色與空

「色」與「空」是構成佛教宇宙觀中的一對非常重要的哲學認識概念。所謂「色」，是指佛教把有形質、能感覺到的東西稱為「色」，具有「物質」

的概念。「色蘊」是佛教關於物質世界的重要哲學名詞,「蘊」是梵文的意譯,意為積聚、聚合、類別。佛教把廣義的物質世界稱為「色蘊」,而狹義的「色蘊」則指構成人的身體的物質。佛教的所謂「空」,是指一切事物皆虛幻不實。佛教認為,世間一切事物都是由它的因和緣所產生的,因和緣處於剎那間或生或滅的變化中,任何事物均沒有長久不變的實體,假而不實,沒有質的規定性和獨立性,故謂之空。

佛教的色空觀不承認事物的質的規定性,否認事物的客觀真實存在,認為除了佛性是世間唯一的真實以外,其他一切皆虛幻不實,沒有質的差異。大乘佛教《般若心經》:「色不異空,空不異色,色即是空,空即是色。」色與空混而為一,一種事物區別於其他事物的質的差異性全然消失,一切事物現象和精神現象皆為虛幻,包括世俗世界的一切,都是人們認識幻化的產物。佛教把這種對事物的感悟稱為「悟空」,由於「悟空」是佛門僧人修行進入涅槃境界的必須門徑,所以又把佛教或佛門稱為「空門」。

5.3.3 四大皆空與不二法門

(1) 四大皆空

佛教從一切皆空的哲學思維意識出發,提出「四大皆空」的認識論命題。「四大」亦稱「四界」,指地、水、火、風等四種構成物質世界的基本元素,其屬性分別為堅、溫、暖、動。佛教認為,宇宙世界萬事萬物包括人的身體,雖說是由地、水、火、風四種元素及其屬性構成,但四大元素本身處在剎那間或聚或散,或生或滅的瞬息變化之中,因此一切物質的存在包括人的身體,都是虛幻不實。大乘佛教《圓覺經》:「我今此身,四大和合……四大各離,身當何處?」由地、水、火、風四大聚合構成的人的身體,因四大的離散而不復存在,四大的聚合離散,由其因緣關係的瞬息變化而變化,四大本身皆為虛幻,人的存在本身,自然也是一種虛幻不實的現象。「四大皆空」和佛教宣揚的「諸色皆空」「諸法皆空」,在對世界宇宙的認識上,其所表達的,均是同樣的概念:客觀外在世界,外在事物,並不是一種真實的存在,一切皆為虛幻,萬物皆空,萬事皆空,大千世界,空空如也。

(2) 不二法門

「不二」亦稱「無二」,法門是指佛教入道的門徑。何謂「不二」?《大乘義章》卷一:「言不二者,無異之謂也。」佛經的解釋言簡意賅,意即世間一切事物或一切現象,統統沒有質的差異。作為佛教哲學觀察世界重要的認識論或方法論之一,「不二」對世界對宇宙的認識,超越了事物的各種

區別，泯滅了一切相對概念的差異。按佛教「不二」的認識論觀點，對任何事物都不能執有偏見，不執著，不妄迷，超越事物的對立，或者把各種對立統一起來，才能達到真理之門，這樣一種認識論方法，就是佛教所謂的不二法門。後來，不二法門用意被佛門僧人引申，認為佛教的認識論或方法論是最好的，是世間獨一無二最正確的修行方法。

佛教對世界宇宙的認識雖然充滿智慧，有其合理的成分，但總的來講，是典型的唯心主義世界觀，屬於主觀唯心主義的哲學範疇。

5.4 佛教傳入中國及其演變與發展

5.4.1 兩漢之際：佛教傳入中國

大約在公元前 2 世紀，印度佛教沿著亞歐大陸的絲綢之路傳入西域的大月氏、康居、大夏、安息等地以及中國的於闐、龜茲地區。其後，佛教繼續蔓延擴展，經玉門關、河西走廊傳入中國內地。

佛教究竟何時傳入中國內地？長期以來眾說紛紜，影響較大的說法有兩種。一種說法是西漢末期漢哀帝元壽元年（公元 2 年），西域大月氏國派使者伊存出使長安，向長安博士弟子秦景憲口授佛經，佛教由此傳入中國內地。《魏書·釋老志》載：「哀帝元壽元年，博士弟子秦景憲受大月氏王使伊存口授《浮屠經》（浮屠即佛陀，為梵文譯音）中土聞之，未之信也。」此段材料中的「博士」是指太學的學官，「博士弟子」是太學中跟隨「博士」學習儒經的學生。大月氏的使者於西漢末年向京師長安太學的博士弟子口授《浮屠經》，學術界普遍把這件事作為佛教傳入中國內地的開始。

另一種說法源於中國佛教史上的一個神奇的傳說：東漢永平十年（公元 67 年），漢明帝在某個夜晚夢見一位神人，身上閃耀著太陽般的光輝，在宮殿前飛繞而行，明帝甚為欣喜，次日就夢中神人之事詢問大臣。大臣傅奕回答說：西方有號稱為「佛」的得道者，身有日光，能飛行虛空，陛下所夢見的神人就是「佛」。於是，漢明帝派遣蔡愔等使臣赴西域求佛法。蔡愔等人在大月氏遇到來自天竺的僧人迦葉摩騰和竺法蘭，把他們迎入中國，並用白馬馱回佛像佛經。次年，漢明帝專門為此事於洛陽城郊建白馬寺存放佛經，佛教由此傳入中國內地，史稱「永平求法」。

以上關於大月氏使者伊存向漢朝博士弟子口授佛經以及漢明帝感夢神人遣使求法，均見於相關歷史文獻記載，雖然時間相差約半個世紀，但均發生在公元 1 世紀兩漢交替之際。換言之，佛教是在兩漢之際由西域大月氏

傳入中國內地的。

從兩漢之際到東漢末年約二百年間，是佛教在中國的初傳時期。這一時期的佛教，尚未有經典傳譯，只是口頭傳述，人們對它瞭解甚少，多把它看作是與當時人們所熟悉的黃老道、神仙方術等相類似的學說。如袁宏《後漢紀》對佛教這樣解釋說：「其教以修慈善心為主，不殺生，專務清淨，其精者號為沙門。沙門者，漢言息心，蓋息意去欲，而歸於無為。」以「務清淨」「息心」「無為」闡述佛教宗旨，此類評議，把佛教思想與中國古代老子道家思想完全等同。

在東漢二百年間，由於國家法律明令規定「漢人皆不得出家」，因此，內地社會沒有出家修行的僧人，也沒有專門奉佛的寺院，佛教只是在上層社會的少數人中間流行傳播。釋迦牟尼同中國的老子一樣，被高高供奉於貴族神壇，為少數上層分子所齋戒祀奉，既沒有被社會各階層人士所認識瞭解，更沒有被下層民眾所信仰接受。

5.4.2 魏晉南北朝：佛教的迅猛發展

（1）佛教的發展

佛教傳入中國後，在魏晉南北朝時期迎來了它的第一個歷史發展高峰期。史載北朝，「佛經流通，大集中國……僧尼大眾二百萬，其寺三萬有餘」。南朝的情形是「比來慕法，普天信佛，家家齋戒，人人禮懺」「佛化被於中國，塔寺形象，所在千計」。中華南北大地，奉佛之風非常濃厚。概括而言，佛教在魏晉南北朝時期的迅猛發展，主要表現在以下方面：

其一，出家人數眾多，形成若干規模龐大的傳教僧團。據有關文獻記載，公元260年，潁川人朱士行受戒出家赴西域求法。據說，這是內地第一個正式出家為僧的漢人，也是朝廷法令「漢人皆不得出家」破禁的開始。此後，內地民眾出家之風逐漸盛行，從陸續有人出家演變為「民多奉佛……競相出家」的事佛熱潮。隨著出家人數日益增多，各地區逐漸形成一批規模龐大的僧眾群團傳教組織。如佛圖澄僧團、鳩摩羅什僧團、釋道安僧團、慧遠僧團等，僧眾動輒數百上千，聲勢顯赫，影響巨大，有力地推動著佛教事業的不斷發展。

其二，譯經事業興盛，翻譯佛經卷帙浩繁，數量巨大。佛教在中國的傳播，佛經翻譯是一條極為重要的途徑。魏晉南北朝時期，相當數量的梵文佛經隨著源源不斷的西域高僧的到來而傳入中國。封建朝廷撥出巨資，建立龐大譯場，無數僧人孜孜矻矻，數十年如一日獻身於譯經事業，結果，「佛經流通，大集中國」，豐富浩瀚的佛典文獻翻譯，大大促進了佛教文化

的傳播發展。

其三，佛教建築普遍興起，氣勢恢宏，規模巨大。魏晉南北朝是中國佛教造像建築發展史上的黃金時代，無數的佛塔寺廟拔地而起，各種佛教造像栩栩如生，眾多佛教石窟建築工程浩大，精美絕倫，嘆為觀止。就寺廟數量而言，僅僅在北齊境內，「見成寺廟，出四十千」。石窟藝術方面，敦煌石窟、雲岡石窟、龍門石窟、麥積山石窟等一大批規模宏大的佛事工程，均是在魏晉南北朝時期開工修造的。這些技藝精湛的石窟造像保留至今，不僅是中國佛教藝術的瑰寶，也是世界著名的佛教文化旅遊勝地。

（2）佛教發展原因探析

魏晉南北朝是佛教傳入中國後迅猛傳播發展的重要歷史時期，也是佛入中國之後逐漸中國化的一個重要歷史階段。國家分裂，政治黑暗，無休止的戰爭，持續不斷的社會動亂，饑荒、瘟疫普遍發生，社會苦難深重，民眾顛沛流離，痛苦不堪。所有這一切，為佛教勢力在東土社會的傳播蔓延，提供了非常適宜的政治氣候和社會土壤。

宗教作為人類社會普遍存在的一種文化形態，其發生、傳播及其發展，有其大體相似的共性原因。列寧指出：「被剝削階級由於沒有力量同剝削階級進行鬥爭，必然會產生對死後幸福生活的憧憬，正如野蠻人沒有力量同大自然搏鬥而產生對上帝、魔鬼、奇跡等的信仰一樣，對於工作一生而貧困一生的人，宗教教導他們在人間要順從和忍耐，勸他們把希望寄託在天國的恩賜上。對於依靠他人勞動而過活的人，宗教教導他們要在人間行善，廉價地為他們整個剝削階級生活辯護，廉價地售給他們享受天國幸福的門票。」列寧關於宗教現象的這一精闢論述，完全適用於佛教傳播發展的原因探討。佛教傳入中國後，在魏晉南北朝時期迅猛傳播發展，有其深刻的社會根源。

漢末以來的社會大動盪以及西晉、十六國時期持續不斷的軍事戰亂，傳統儒家「大一統」思想及其以德治國的「仁政」思想被國家分裂、民眾苦難的社會現實無情嘲弄。人們對儒學思想普遍產生懷疑，社會陷入信仰危機。佛教乘虛而入，迅速走進人們心靈深處，成為人們擺脫苦難、尋求精神慰藉的心理需要。被壓迫者需要佛教，是因為這一歷史時期充滿太多的苦難，下層民眾對貧困、屈辱、痛苦的現實生活感到絕望，只好把希望寄託在佛教給他們指出的未來世界的幸福上。佛教提倡忍受人世間的苦難，給現實生活中找不到出路的下層民眾一種麻醉劑或鎮靜劑的安撫作用。宗教是被壓迫者心靈的嘆息，是無情世界的情感。佛教之所以對魏晉南北朝時期的下層民眾具有巨大的吸引力，是因為它給處境悲慘的下層民眾一種

重要的心理補償，使他們在宗教的幻想世界中獲得了在現實社會中所沒有的幸福和諧感，滿足了他們人格自尊的精神需要。

而對統治階級、對壓迫者來說，他們發現佛教提倡忍耐，教人安於現狀，其「不抗惡」主義及其因果輪迴那一套理論對他們壓迫人民，維持統治，具有非常重要的政治利用價值，於是對這一外來宗教迅速加以改造利用，把它作為鞏固統治、麻痺人民的政治工具。「佛之為教也，勸臣以忠、勸子以孝、勸國以治、勸家以和；弘善示天堂之樂，懲非顯地獄之苦。」正是佛教在維護封建倫理綱常及統治秩序方面所具有的這樣一種特殊的社會功能，使它最終成為統治階級維持統治的一種政治需要。

另外，由於社會動亂頻率增加，兵禍、篡奪、內亂接踵而至，政權走馬燈似的不斷更換，統治階級自身也受到嚴重威脅，其榮華富貴乃至身家性命，統統缺乏牢固的安全感。家道淪落，失意潦倒，仕途坎坷，懷才不遇；人生的悲傷，現實的恐怖，命運的不可捉摸，各種社會心理陰影，照樣對統治階級成員產生作用或影響。他們同樣對現實社會感到絕望，同樣需要尋求一種新的精神解脫。傳統的孔孟儒家思想無法驅除他們的心理陰影，於是，佛教進入他們的心靈。佛教的「人生苦海」「四大皆空」「因果報應」等宿命論思想，同樣成為統治階級成員迴避矛盾、逃避現實，進行自我內心調節的一種麻醉劑。

由此一來，佛教之所以在魏晉南北朝時期迅猛傳播發展，不僅僅是被壓迫者的需要，同時也是壓迫者自身的需要。正如著名美學家李澤厚先生指出：「被壓迫者跪倒在佛像前，是為瞭解除苦難，祈求來生幸福。統治者匍匐在佛像前，也要求人民像他匍匐在神的腳下一樣，他要作為神的化身來永遠統治人間。」這一精闢論述，揭示出佛教在魏晉南北朝時期得以迅猛發展的深刻社會根源。

5.4.3 隋唐：中國佛教的繁榮鼎盛

(1) 隋唐佛教繁榮鼎盛原因

隋唐時期，中國歷史經歷了東漢末年以來數百年的分裂戰亂重新走向統一，中國封建社會的發展迎來了它成熟定型的盛年歲月。國家統一，政局穩定，經濟發展，政策寬鬆，是隋唐佛教文化繁榮鼎盛的歷史前提。在中國佛教發展史上，隋唐堪稱中國佛教文化鼎盛的黃金歲月，分析隋唐佛教鼎盛發展之原因，有如下一些方面：

其一，隋唐封建國家在政治上較為長期的穩定統一以及社會經濟的興盛繁榮，為中國佛教文化的鼎盛發展，提供了相對安定的社會環境和雄厚

的物質經濟基礎。

其二，魏晉南北朝以來佛教文化的長期累積，留給了隋唐社會豐富的佛教文化遺產，民間社會奉佛成風的潮流趨勢，推動著中國佛教文化邁向隋唐時期鼎盛發展的歷史高峰。

其三，隋唐封建國家兼容並包，相對寬鬆開放的文化政策，有利於促進隋唐佛教文化的發展提高。

在上述隋唐佛教繁榮鼎盛的三方面因素中，隋唐統治者寬鬆開放的宗教文化政策，與佛教的興盛發展關係尤為密切。史載隋文帝楊堅倡揚佛教，專門下詔聲稱：「朕於佛教，敬信並重……發心立願，必許護持。」隋煬帝楊廣，曾專門舉辦佛法大會，接受佛門高僧智　所授佛戒——菩薩戒（佛教戒律之一種，可授世俗居家之人），成為佛門菩薩戒俗家子弟。唐代帝王雖然奉老子李耳為祖先，把道教排名於佛教之前，但除個別君主外，大多奉行寬鬆宗教政策，允許佛教自由競爭，承認佛教開宗立派個性化發展。史載唐代社會政策開放，各種外來宗教如景教（基督教的一個派別）、摩尼教（伊朗古代宗教）、祆教（亦稱拜火教，古波斯宗教）、伊斯蘭教等，均在唐代進入中國並傳播發展。

各種宗教自由競爭，同時並存、相互影響，這種兼容並包的寬鬆、開放的宗教政策，為隋唐佛教文化的興盛發展，提供了一個良好的社會文化氛圍。

（2）隋唐佛教繁榮鼎盛的表現

隋唐佛教繁榮鼎盛的顯著標誌之一，是中國佛教的發展，在某種程度上，已經超過了佛教的母地印度以及尼泊爾、巴基斯坦、斯里蘭卡等地區，中國佛教的興旺發達位居世界第一。曾經遊歷過天竺（古印度）、獅子國（斯里蘭卡）和南海諸國的天竺僧人那提，唐初來華遊歷，曾對中國佛教文化的繁榮興盛發出這樣的感嘆：「脂那東國（指唐朝）盛轉大乘，佛法崇盛，贍州（指世界）稱最」。外來天竺遊僧這一感嘆評述，表明佛教文化的中心，已從古印度及周邊國家轉移到中國，這是隋唐佛教興盛繁榮的顯著標誌。

隋唐佛教繁榮鼎盛又一顯著標誌是：宗門林立，流派眾多，理論豐富，名僧輩出。隋唐是中國佛教開宗立派的重要歷史時期，不同佛教宗派的在隋唐時期出現，一方面是因為寺院經濟的增長，僧侶階層開始採用嚴格的嗣法制度以保障不同僧侶群體的經濟利益；另一方面，繼南北朝佛門多種師說傳承的發展，由不同師說理論產生不同派別，是為了適應或滿足日益增多的、具有不同興趣偏好的各類佛教信徒的需要。隋唐時期形成的佛教宗派，主要有天臺宗、三論宗、律宗、法相宗、華嚴宗、禪宗、淨土宗、

密宗等。

　　伴隨眾多佛門宗派的產生，一批又一批在中國佛學界享譽盛名的大德高僧不斷湧現，如智顗、吉藏、法琳、玄奘、道宣、窺基、神秀、慧能、法藏、一行、神會、鑒真、不空、道一、宗密等。這些大德名僧以他們特殊的宗教智慧和佛學修為卓然於世，或開宗立派，或傳典譯經，或科技創造，或西行取經，或東渡弘法……隋唐佛教文化璀璨奪目，熠熠生輝，成就斐然，與眾多高僧數十年如一日的艱苦努力，與他們獻身佛教所作出的傑出貢獻是密不可分的。

　　隋唐佛教繁榮鼎盛的另一標誌，是佛教的中國化基本完成。佛教自兩漢之際傳入中國後，在數百年的艱難發展歷程中，在與中國傳統文化不斷發生碰撞鬥爭的同時，又不斷從中國文化的深厚土壤中吸取營養，獲得滋潤，苗壯成長。外來佛教在古代中國的發展演變過程，是一個被中國傳統文化不斷改造、不斷融合的自我變革過程，這一過程通常被稱為佛教中國化過程。隋唐時期特別是唐代，佛教的中國化宣告完成，其重要的表現，是具有中國理論特色的諸多佛教宗派在這一時期先後產生。尤其是唐代的禪宗，作為佛教中國化的重要標誌派別，其佛理思想及行為方式，與印度佛教的本真形態早已大相徑庭，相去甚遠。總的來看，在儒、佛、道「三教合一」的思潮進一步形成。以儒家為主體，輔之以佛、道思想的文化格局，是在隋唐時期大體鞏固定型的，而佛教也因「三教合一」的文化格局定型，完成其自身中國化的發展歷程，成為中國傳統文化的一個重要組成部分。

5.4.4　宋至清：佛教發展的衰微期

　　中國封建社會從宋代開始進入它的發展後期，尤其是明、清時代，中國封建社會步入晚年，喪失生機，走向僵化衰落。伴隨中國封建社會由盛轉衰，中國佛教也興旺難續，盛況不再，進入其發展史上的衰微期。從表面現象看，宋代以後，中國佛教再也沒有出現隋唐時期那種繁榮盛況：佛教宗派除禪宗尚有一段時期的興旺外，大多沒有了昔日的顯赫聲勢；佛教僧團沒有了昔日規模陣容；佛經的翻譯不再有昔日龐大的譯場；新人峰起，名僧輩出的現象不復重現……種種歷史現象表明，中國佛教進入宋代以後，開始逐漸走向衰落。

　　與隋唐或隋唐以前的佛教相比，宋明清時期的佛教，有其明顯的變化特徵。其一，佛教內部各宗派調和融通趨勢加強，對相關教理教義的認識漸趨一致。與隋唐時期佛教宗門林立，多種師說傳承，派系紛爭的多元化、

個性化發展狀況相比，宋代以後，佛教內部的義理紛爭、派系衝突減弱，而共性融通，認識趨同，則成為佛教發展的一種主流趨勢。其二，儒、佛、道三教合一在宋代徹底完成，佛教已經融入人們的日常生活和思維習慣之中，不再以異質面貌為人們所特別關注。唐代以前的佛教學者，他們在弘揚佛法時，往往把強調佛教的獨特性放在第一位，而宋代以後的佛教學者，則多把論證佛法與儒、道等世間法的一致性放在第一位，盡量把佛法與世間法融通合一，佛教的世俗化或世間化的趨勢由此大大加強。

5.5 佛教與中國古代社會政治

中國古代是一個以國家權力為中心的政治社會，植根發育於這一社會體系中的各種文化形態，無不因其母體結構所具有的濃厚政治基因而被打上鮮明的社會政治烙印。中國傳統文化的重大特徵之一，是具有泛政治化特點，各種社會文化現象，往往體現出強烈的政治形態觀念。佛教傳入中國後，要在中國立足生根，必須依附國家政治、依附專制皇權而謀求發展。所謂外來佛教的中國化，其重要特徵之一是受中國政治社會的影響改造日益世俗政治化。這種世俗政治化主要表現在四個方面：其一，佛教依附政治而發展，其興衰存亡，制約於世俗君主，受國家權力所直接支配控制。其二，以儒釋佛，以佛合儒，佛教接受儒家傳統政治思想的改造而不斷儒化。其三，佛教通過參與政治，服務皇權，體現出其「輔助王化」的世俗政治功能。其四，佛教僧人被置於嚴密的國家行政控制的監管約束之中，一定程度上喪失了作為宗教組織所應當具有的相對獨立性。

5.5.1 佛教興衰存亡受制於世俗皇權政治

早期佛教在中國民間社會的傳播發展步履維艱，險阻重重，究其原因是因為沒有得到世俗皇權的認可，缺少社會政治力量的扶植。佛教自兩漢之際傳入中國到魏晉近三百年間，國家法律不允許中國人出家為僧，明文規定：「漢人皆不得出家」。後來雖然突破禁令，有人出家，但出家僧人往往慘遭殺戮，傳法艱難。如後趙君主石勒「專行殺戮，沙門遇害者眾。」

然而，正是這些曾經肆意虐佛的強權軍閥或專制君主，當他們從建立皇權、鞏固皇權統治的需要出發，認識到佛教可資利用的特殊價值而轉變態度大力扶持佛教之後，佛教的命運便立即出現轉機，迅速壯大發展。以南北朝為例，史載石虎繼位後趙國君後，下詔全國稱：「佛是戎神，所應兼奉，其夷趙百姓有樂事佛者，特聽之。」這一詔令頒布後，中原地區第一次

出現「民多奉佛，皆營造寺廟，競相出家」的事佛熱潮，在皇權君主的扶植下，佛教首先在北方地區蔓延開來。

南朝梁武帝蕭衍，不僅三次「捨身」佛寺，而且下詔「令王後子弟，皆受佛戒」，並多次「勸民齋戒」，「度僧尼遍於諸州」，強求臣民趨佛奉佛。再如北齊文宣帝高洋，將「國儲分為三份，謂貢國、自用及三寶」，把國庫儲積的財富三分之一花費在佛、法、僧三寶即佛教上。在世俗君主強勢經濟輸入的推動之下，佛教不僅作為一種宗教觀念群體立足於世，而且作為一種廣占良田沃土的特殊經濟實體，在皇權社會中興盛發達，勢力膨脹。

佛教依附皇權政治而勃興，但其過分發展，往往反過來又和皇權政治發生矛盾。這主要表現在：寺院經濟興起以後，大量編戶人口和土地源源不絕流入寺院，不僅使封建國家財賦收入減少，而且直接影響到封建王朝的徭役和兵源。矛盾解決的辦法，通常是專制君主用政治強權禁佛滅佛，使佛教的發展減弱、停滯或暫告中斷。中國佛教史上所謂「三武一宗」滅佛，就是皇權專制禁抑或取締佛教的重大宗教政治事件。

「三武」是指北魏太武帝，北周周武帝，唐朝唐武宗，「一宗」是指後周的周世宗。史載他們在位期間，強行滅佛禁佛，措施非常嚴厲。以北魏太武帝和北周周武帝兩次大規模滅佛為例，《魏書‧釋老志》載北魏太武帝滅佛詔書雲：「自今以後，敢有事胡神（即佛神）及造形泥人、銅人者，門誅……諸有佛圖形及胡經（即佛經），盡皆擊破焚燒，沙門無少長悉坑之。」這次血腥滅佛發生在北朝初期，百餘年後，北朝末期的周武帝再次宣布滅佛，《廣弘明集》卷十記載周武帝滅佛的情形：「關隴佛法，誅除略盡。即克齊境，還準毀之。爾時魏齊佛法崇盛，現成寺廟，出四十千，並賜王公，充為宅第。五眾釋門，減三百萬，皆復軍民，還歸編戶。融刮佛像，焚燒經教，三寶財富，簿錄入官，登即賞賜，分散殆盡。」

上述皇權君主兩次滅佛，佛教在北方掃地殆盡，遭到毀滅性打擊而發展中斷。但是，當滅佛的舊君去世，奉佛的新君繼位，政治形勢一變，佛教的境遇隨之徹底改觀。史載北魏太武帝滅佛之後，繼位的魏成帝一道興佛詔書頒發全國，於是「往時所毀圖寺，仍還修矣。佛像經論，皆得復顯」。

同樣，北周周武帝滅佛之後，繼起的隋文帝重新倡佛，頒布詔令：「周朝佛寺，咸興修營，境內之人，聽任出家。」在奉佛新君的重新扶持之下，被廢滅的佛教不僅恢復迅速，而且往往更加興盛，勢熾從前。

中國佛教發展史上這種大起大落的坎坷經歷，反應出依附皇權政治發展起來的佛教，一旦失去皇權政治的支持，其生存立即陷入危機。皇權君主的意志決定著佛教命運的花開花落，枯榮盛衰，這一點，佛門僧人具有

5 主張超塵絕俗的佛家

123

非常深刻的認識。「佛不自興，唯王能興」；「能鴻道（佛）者，人主也」，這類出自佛門僧人之口的定論，代表著佛教信徒對世俗君主弘揚佛法、主宰佛教命運的絕對權威的絕對認同。東晉著名佛界領袖釋道安，在歷經大半生艱苦卓絕的弘法傳教活動之後，向弟子們總結出來的傳教原則是「不依國主，則法事難立」。這一積數十年傳教實踐經驗總結出來的至理名言，非常明確地揭示出佛教對世俗皇權政治的依賴關係。依附皇權政治而發展，其興衰存亡受制於世俗君主，制約於專制皇權，這是中國古代佛教政治化的重大特徵之一。這一特徵使佛教的發展最終喪失自身的獨立，淪為任由專制皇權政治支配擺布的附庸。

5.5.2 以儒釋佛，接受儒家思想改造而不斷儒化

佛教傳入中國之際，儒家思想作為封建王朝統治思想早已深入人心，成為封建國家意識形態思想的主流。佛教傳入中國後，必須適應中國古代中央集權的國家政治環境，要在東土立足，就不能與作為封建國家正統思想的儒家文化爭鋒抗衡。於是，佛教以其特有的忍讓與協和精神，轉而對儒學屈從迎合，積極向儒學靠攏。而傳統儒學則當仁不讓，以儒釋佛，以積極主動的姿態，對外來佛教進行了如下一系列的儒化改造：

（1）以「孝」入佛

儒家千言萬語，淳淳於孝，在家為孝子，事君為忠臣，由孝及忠，由家而國，形成「三綱五常」一套完整的政治倫理秩序。佛教剃頭去髮，棄父母出家，以家庭為累贅，視孝親血緣如淡水，這顯然與儒家以孝治國的政治倫理大相徑庭。為了適應傳統儒家思想，佛教變革自身，首先從重「孝」開始。在梵文佛經的漢譯過程中，儒家孝道觀念及行孝原則被大量人為注入佛經，「孝」在漢譯佛經中被發揮到相當突出的地位。如漢譯《菩薩戒本》卷下雲：「孝順父母、師、僧三寶，孝順至道之法，孝名為戒。」把佛戒等同於儒孝，其媚儒合儒的態度一目了然。再如佛教《善生經》，在漢譯過程中被增添了如此一些行孝內容：「凡有所為，先白父母」；「父母所為，恭順不逆」；「父母教令不敢違背」；等等。另一部梵文佛經《六方禮經》在漢譯過程中，也補充增加了敘述子女事親盡孝的義務規範：「一者當念治生；二者早起，敕令奴婢以時做飯食；三者不益父母憂；四者當念父母恩；五者父母疾病，當恐懼求醫治之。」顯而易見，如此一類強調父母家長絕對權威和兒孫子女絕對孝順的倫理觀念，與佛教淡漠世俗親情關係而「眾生平等」的教理相去甚遠，這顯然不是印度佛教的本義精神。總之，在中國傳統文化重孝行孝，以孝為本這一根本立足點上，以適應儒家孝道傳

統,以求在中國古代皇權政治社會生存立足。

(2) 以佛教「五戒」類附儒家「五常」

「五常」即仁、義、禮、智、信五種道德倫理,是儒家思想的重要組成部分。佛教對儒學的屈從迎合,重要內容之一就是把佛門「五戒」類附儒家「五常」。《廣弘明集》卷三:「佛典五禁,與儒書仁義五常符同。仁者,不殺之禁也;義者,不盜之禁也;禮者,不邪之禁也;智者,不酒之禁也;信者,不妄之禁也。」在《魏書・釋老志》中,也有此類「五戒」比附「五常」的明確表述:「又有五戒,去殺、盜、淫、妄語、飲酒,大意與仁、義、禮、智、信同,名為異耳」。其實,把不飲酒等同於智,把不妄語等同於信,絕不僅僅是「名為異耳」,但就在類似的穿鑿附會中,「五戒」與「五常」混同一體,佛教思想不斷被塞入儒學內容。在佛教梵文有關經典如《六度經集》的漢譯過程中,甚至出現「治國以仁」「諸天以仁」「君臣和順,上下相敬」等經文詞語,這顯然不是梵文佛經的本語,而是儒學語言的直接翻版。此類經文漢譯所體現的,是儒家思想對佛教經典的明顯儒化改造。

(3)「儒佛合一」的中國化佛教觀

中國古代出家人尤其是上層僧人,大多是由儒入佛,先儒後佛而皈依佛門。從小受儒學薰陶,難以泯滅的儒家思想印記,必然對他們的事佛生涯發生潛移默化的重大影響。傳統儒學正是通過佛門領域的大批儒化僧人,積極主動地按儒學的標準改造佛教。而以儒釋佛,用儒學改造佛教,必然導致觀念認識上「儒佛合一」,把佛教與儒學完全混同。下列有關佛教典籍所載的儒佛關係的論述非常典型:

《弘明集》卷三:「周孔即佛,佛即周孔,蓋內外名耳」「佛者,猶名三皇神,五帝聖也。」

《祐錄・康僧會傳》:「儒典之格言,即佛教之明訓也。」

《高僧傳・釋慧遠傳》:「如來與周孔,發致雖殊,潛相影響;出處成異,終朝必同。故雖道殊,所歸一也。」

此類「儒佛合一」的論述,完全抹殺了佛教作為宗教形態與世俗政治意識形態的差別,宗教與政治最終合二為一,熔為一爐。在這樣一種完全中國化的佛教觀念中,君的訓誡就是佛的教誨,君的仁愛就是佛的慈悲,君的無限權力拯救黎民就是佛的無邊法力普度眾生。立足專制皇權的政治需要,所謂「儒佛合一」,絕不是儒合於佛,儒屈從佛,而是佛合於儒,儒改造佛,是「佛」對「儒」即宗教對政治的徹底臣服。總之,以儒釋佛,接受儒家思想的改造而不斷儒化,這是佛教政治化或佛教中國化的重要表

現特徵之一。

5.5.3　參與政治，服務世俗皇權

（1）禮拜天子，臣服皇權

印度佛法傳統不拜君親，認為天上地下唯佛獨尊，一旦出家皈依佛門，對父母尊長及世俗君主，一律不再行跪拜之禮。佛入中國後，中國皇帝要求佛門僧人改變印度佛法傳統，對君親尊長必須按中國禮俗施以跪拜之禮。佛教僧人群體抗爭，東晉高僧慧遠為此曾專門撰寫《沙門不敬王者論》等五篇文章，以滔滔雄辯抗爭世俗政治，捍衛印度佛教不拜君親的佛法傳統。但是，專制君主對佛教僧人的抗爭不屑一顧，史載南朝宋孝武帝一道詔書頒示天下，明令僧人必須對皇帝致敬跪拜，否則「鞭顏皺面而斬之」。命令下達，僧侶們全部屈服，沒有人對跪拜君主敢再持異議。中國皇帝一道詔書，否決了印度佛教那種「佛道為至上道」的不拜君親的佛法傳統，同時也宣告了外來佛教必須臣服中國世俗政治的徹底不獨立性。

佛教沙門為了求得內心的平衡，為了在拜跪君主有損佛尊的心理愧疚中獲得解脫，於是轉換概念，把世俗君主看作「當今如來」，把跪拜君主當作禮尊佛祖。如北魏沙門法果就公開聲稱：「太祖明睿好道，即是當今如來，沙門宜應盡禮，逐致常拜……非拜天子，乃禮佛耳。」佛祖和君主被混而為一，對現世君主的崇拜即等同於對釋迦牟尼的崇拜，在佛門僧人「君為教主」的概念轉換中，天上地下，真正的權威、真正的偶像和救世主只有一個，即被罩上一層神性佛光的現世君主。

（2）輔助王化，服務皇權政治

世俗君主扶植佛教，是基於現實皇權統治的需要，而佛教自身所具有的特殊宗教理論及宗教觀念，使它在服務皇權政治方面，往往可以起到儒家統治思想無法起到的作用。正如《佛祖歷代通載》卷十一所云：「佛之為教也，勸臣以忠，勸子以孝，勸國以治，勸家以和；弘善示天堂之樂，懲非顯地獄之苦。」佛教在這裡不僅具有使臣忠、子孝、國治、家和這類與儒家思想完全相通的現實政治功能，而且還具有天堂地獄、弘善懲非等一套因果報應的特殊宗教觀念，這對於統治階級愚弄民眾，顯然有著比傳統儒家思想更大的欺騙性。在中國古代社會，正是由於佛教具有穩定社會秩序以「助王政之禁律，益仁智之性善」的特殊政治功能，才使它能夠在「三武一宗」禁抑滅佛的毀滅性打擊之後，依然具有在古代社會繼續存在、繼續發展的理由。

另一方面，中國古代皇權政治對佛教的態度既然從根本上決定著佛教

的命運，這就必然導致佛門僧人對皇權君主的唯命是從以及竭盡全力為皇權政治服務。中國古代社會，佛門僧人「輔助王化」，參與世俗政治的事例非常普遍。如佛圖澄被後趙皇帝尊為大和尚，「事必咨而後行」；曇無讖被北涼皇帝任為軍政參謀，「每以軍國事咨之」；慧琳為南朝宋文帝所重，「逐參權要，朝廷大事，皆與議焉……權侔帝輔」。此類大德名僧直接參政議政，是佛教服務皇權政治的重要表現。此外，一般佛門僧人也有輔助王化，履行政治服務的義務。如北魏明元帝「崇佛法……乃令沙門敷導民俗」，此類材料所反應的，就是普通僧人受命皇帝，勸化民風，直接服務世俗政治的社會現象。

5.5.4　佛門僧人被納入世俗行政的嚴格監控管理

中國古代皇權專制的重要形式，是對社會成員進行嚴格的人身約束，實現對人的控制與支配。按世俗統治方式，把佛教僧人作為君主的子民置於嚴格的行政控制約束之中，是中國佛教政治化的又一重大特徵。

古代專制國家對佛教的約束管理，主要表現在如下一些方面：

其一，建立僧官制度，設立自上而下的僧官體系管理全國僧尼。以南北朝為例，常見的僧官稱號有道人統、僧統、沙門統、僧正、僧主、都維那、維那等，朝廷設「監福曹」為佛教管理衙門，其職責是「掌諸佛教，置大統一人，統一人，都維那三人，亦置功曹、主簿，以管諸州郡縣之沙門」。

其二，規範僧籍制度，嚴格剃度管理。凡出家僧尼，均專門註冊造籍；凡剃度僧尼，均有條件限制和名額限制，必須由政府審查批准，不得私由寺廟擅自剃度。對私自剃度的無籍僧尼，各地方僧官機構均有權進行檢括沙汰，罷遣還俗，並對相關責任者進行懲處。某些王朝甚至嚴格規定剃度時間，如北魏孝文帝頒布《剃度詔書》云：「（每年）四月八日，七月十五日，聽大州度一百人為僧尼，中州五十人，下州二十人，以為常準，著於令。」

其三，規範遊僧行為，加強僧人外出管理。凡僧人離開本寺外出遊方，必須報經官府批准，攜帶官府文牒印書一類路條證明，並由本寺提供擔保。對身分不明的無證遊僧，任何人不得接待收留，若擅自收留接待，要受官府追究嚴懲。如北朝皇帝曾專門頒布對遊僧的《管理詔書》云：「比丘不在寺舍，遊涉村落……令民間五五相保，不得容止。」對遊僧的管理嚴厲到採用五五連坐的處罰方式，佛門僧人的外出活動，被置於專制社會極其嚴密的監視約束之中。

綜上所述，中國古代佛教勢力興衰存亡的發展變化，皇權政治始終在

其中起著決定性的影響或作用。依附皇權,佛教勢力獲得空前規模的發展;接受皇權統治思想即儒家思想的改造,佛教不斷儒化變革並最終成為中國傳統文化的重要組成部分。佛門僧人參與政治,輔助王化,起著馴化臣民以鞏固皇權統治的特殊社會作用;而皇權政治對佛教僧人的統一編管和嚴格控制約束,則使佛教一定程度上喪失其作為宗教組織所應當具有的相對獨立性。總之,無論是作為宗教形態的佛教,還是作為宗教信徒的佛門僧人,都沒有超然於世俗政治之外獨立存在,而是自覺或不自覺地依附政治,受政治支配,參與並服務於社會政治,從而使中國古代佛教的變革發展,呈現出鮮明的社會政治化特徵。

5.6 禪宗——中國化佛教的典型

佛法東傳,要在中華大地立足扎根,不可避免地要經歷中國化的演變歷程。外來佛教中國化,最突出的特徵是突破印度傳統佛教教義及修行方法,與中國世俗社會生活相適應而徹底走向世俗化。而禪宗,則是中國佛教世俗化的代表,是眾多佛教派系中對中國思想文化影響最大的一個佛教宗派。「禪」為梵文,意譯為「靜慮」,中國古代習慣把「禪」和「定」連在一起,並稱為「禪定」,意指「思慮集中,專注於一境」。禪定的方式,一般是靜坐(亦稱打坐),通過靜坐斂心,達到「安靜而止息雜慮」的修行狀態。與其他佛教門派相比,禪宗以「禪」作為宗派命名,目的是強調「禪定」是佛教的重要修行方法,突出「禪定」對佛門僧侶宗教生活的特殊重要意義。

5.6.1 禪宗的產生及發展演變

禪宗是南朝末年天竺僧人菩提達摩到中國傳授禪法而創立的。相傳,菩提達摩於南朝宋末渡海東來,於梁武帝時期赴北方洛陽弘揚禪法,因其禪法不被當時佛教界所重視,於是到嵩山少林寺面壁禪坐九年,開創中國禪宗,成為禪宗始祖。菩提達摩將禪法下傳弟子慧可,經慧可沿襲傳承,至唐代弘忍承繼禪法,是為禪宗五祖。弘忍得法後,定居於湖北黃梅雙峰山東山寺,聚經講學,門人甚眾,時稱「東山法門」。弘忍之後,禪宗分化為北宗和南宗,北宗的開創者為神秀,南宗的開創者為慧能。其後,南宗取代北宗,成為禪宗主流。

關於禪宗南、北宗的產生,與五祖弘忍挑選接班人有關。據載弘忍挑選衣鉢傳人,要求應選弟子必須寫一首佛教偈語,表明自己對佛教的認識。

弘忍門下一位傑出的弟子名叫神秀，作偈一首題寫於寺院廊壁：

　　身是菩提樹，心如明鏡臺。

　　時時勤拂拭，勿使有塵埃。

　　神秀所作偈語，代表了印度佛教自產生以來一直奉行的正統觀點：人的心靈世界或主觀世界是非常明淨、非常純潔的，但人所面對的外部世界是非常庸俗混濁的。外部世界的世俗塵埃可以不斷地對人的心靈世界造成侵蝕、污染，為了保持心靈世界的純潔明淨，必須持續地、不間斷地對各種落入心靈的世俗塵埃進行清除拭擦，否則，心靈就會被庸俗污染，永遠達不到涅槃成佛的修行境界。

　　怎樣才能盡去心靈的塵埃，使清淨的佛性顯現於心呢？神秀要求佛門僧人「時時勤拂拭」，意思是說佛門僧人必須持之以恒，勤修苦練，通過長久不懈地坐禪修習，清除世俗干擾，排除內心雜念，以保證身心的覺悟。這種勤修苦練，長久坐禪，循序漸進的修行方法叫作「漸悟成佛」，表明成佛不可能一蹴而就，絕不是一件容易的事情。

　　神秀偈語出來後，弘忍門下另一目不識丁的文盲徒弟慧能，聽寺院僧人念此偈語，認為該偈語對佛性的領悟並不徹底，於是針對性作偈語兩首，請人幫他書寫於寺廟牆壁，其中一首偈語內容為：

　　菩提本無樹，明鏡亦非臺。

　　佛性常清淨，何處染塵埃。

　　慧能的偈語，一開始就通過對佛教「諸法皆空」的感悟，否定了菩提樹和明鏡臺的實際存在。一切世間事物皆為虛妄不實，空空如也，既沒有菩提樹一樣的身體，也沒有透澈明淨的心靈，塵埃污染更是虛幻，佛性本來就是明明淨淨的，哪有什麼塵埃去污染呢。既然心靈的佛性不存在污染，那麼，人就沒有必要勤修苦練通過長久的坐禪方式來清除污染。只要領悟到自己本來清淨的心性，並在剎那間使內心自有的佛性顯現出來，任何人皆可在瞬間成佛，這就形成慧能南派禪宗倡導的所謂「頓悟成佛」。

　　五祖弘忍最終把達摩祖師傳下來的法衣袈裟作為禪宗嫡傳憑證傳給慧能，目不識丁的慧能遂成為禪宗六祖。據禪宗歷史記載，弘忍圓寂後，神秀至荊州玉泉寺弘揚禪學，倡導「漸悟成佛」開創北宗，雖然一時聲名鵲起，聲勢顯赫，但傳不多久就門庭冷落歸於沉寂。而慧能得法衣後南歸隱居，躲過佛門內訌爭鬥的劫難，在南方地區獨樹一幟弘揚禪法，倡揚「頓悟成佛」開創南宗。南宗在慧能時期迅速發展，風行天下，成為禪宗正統。

5.6.2 禪宗的禪法思想

禪宗因慧能的感悟創新而發揚光大，慧能被後世奉為禪宗六祖。但若以「頓悟成佛」作為禪宗佛學思想的重要標誌，那麼，對後世影響極大的禪宗，實際上是從慧能開始的。有學者認為，慧能之前，只有禪學而無禪宗，這一說法實際上是把慧能作為禪宗真正意義上的開創者。由於慧能不識文字，其講經說法的禪學思想被弟子們一一記錄下來，整理成書名曰《壇經》。在中國佛教文獻發展史上，歷來只把印度傳來的佛教典籍稱為經，中國人自己所撰寫的佛教典籍，被稱為經的，就只有慧能的《壇經》。這唯一的例外，很能說明禪宗在中國佛教發展史上的特殊重要地位。與其他佛教宗派相比，慧能以後的禪宗禪法思想，主要有如下一些重要特徵：

(1) 眾生皆有佛性，皆可頓悟成佛

禪宗認為，人人皆有佛性，眾生皆可自修自悟成佛。慧能在《壇經》中告誡眾生：「佛是自性作，莫向身外求。」意思是說，佛性是在人的本性中存在的，人人皆具有佛性本心，佛在每個人的自我心性之中，用不著在身外去苦苦追求。早期佛教的觀念，強調人性與佛性是不一樣的，人對於佛的信仰追求，在於提升或改造自己的人性，使之靠近或達到佛性。奉佛之人遵守種種佛門戒律，進行種種宗教修煉包括念經禮佛等，都是為了使人性靠近佛性或向佛性轉化。禪宗一反傳統佛門觀念，認為「人人皆有佛性，人人皆可成佛」。這樣一來，成佛的關鍵就不是靠別人來拯救自己，不是靠他人普度眾生，而是自我解脫，自我拯救，自己度自己。

人人皆具有佛性本心，人人皆可成佛，但為什麼大多數人不能成佛呢？這是因為，人們的心中往往產生妄念，這些妄念遮蔽了自身的佛性，使佛性本心不得顯現，只要自身覺悟，自性清淨，排除妄念，就可即刻達到佛性境界即「一悟即至佛地」。

禪宗宣揚的「一悟即至佛地」，是指剎那之間豁然開竅，突然覺悟，這就是所謂的「頓悟」。能否在剎那之間「明心見性」，妄念全無，這是佛性和人性的根本區別。《壇經》對「頓悟成佛」做了非常明確的表述：「一念覺，即佛；一念迷，即眾生。」佛和眾生之間的分水嶺，全在於是覺還是迷，而覺和迷，均可在「一悟」或「一念」的剎那間發生轉換。由於成佛在於剎那之間「明心見性」的頓悟，這樣一來，傳統的讀經、念佛、坐禪等一系列佛門修習功夫或修煉方法，統統失去了它的重要意義。禪宗關於「佛在自心，成佛在己，頓悟成佛」的禪法思想，徹底顛覆了印度佛教艱苦修行、漸悟成佛的傳統觀念。禪宗以前，要想成佛，必須艱苦修行，必須

接受數不清的清規戒律和龐雜繁瑣的教理教義的嚴格外在約束。現在好了，成佛在自悟，不用他人普度，不必學習佛經，用不著外在約束，更不必打坐禪定，傳統的種種修行皆沒有必要，只要保持心性清淨，在意念中一個轉向，茅塞頓開，大徹大悟獲得佛性。信仰禪宗的人，從傳統的艱苦修行中獲得徹底解放，由此變得非常輕鬆。

從禪宗內部的派系分化來講，神秀與慧能的兩首佛教偈語，體現了佛教自身發展過程中的一種思路轉換：神秀代表印度正統佛教那種艱苦修行漸悟成佛的佛法傳統，而慧能「頓悟成佛」則代表了佛教中國化發展趨勢的立場轉換與自我超脫。經慧能變革創新後的禪宗思想與中國傳統老莊思想有一脈相通之處，非常適合中國古代上層知識分子尤其是文人士大夫們的心理需要，他們不願意艱苦修行，但又希望解脫塵世煩惱修心成佛，於是紛紛信仰禪宗，禪宗由此成為對中國知識分子影響最大的佛教宗派。

（2）修心方式靈活，成佛途徑簡易

禪宗作為最有中國特色的佛教派別，其中國化的最大特點，表現在它的徹底世俗化方面。「世間法即佛法，佛法即世間法」，這是宋代禪宗法師宋杲所作的禪語。所謂世間法，是指世俗社會的種種現象或規則。把佛法與世間法相等同，實際上混淆了宗教與世俗之間的差別，但走向世俗、淡化佛教的宗教性質，恰恰是禪宗的重大特點之一。佛的道理與世俗道理相通，表現在具體修心成佛的方式方法上，禪宗所謂的「禪定」修心，經慧能變通，其意義內涵發生根本轉變。慧能之前，禪宗提倡「禪定」苦修，禪定被特定為打坐凝神的入定靜思，達摩祖師打坐面壁九年，就是一種艱苦漫長的「禪定」修為過程。到慧能時代，禪定內容變通延伸，只要不起妄念，不迷於執著，保持本性清淨，無論行、住、坐、臥等，都可以看作是坐禪，即「坐亦禪、臥亦禪、靜亦禪、動亦禪」，禪的概念內涵由此發生根本變化。

再進一步，各種世俗日常生活，均可以成為「禪悟」成佛的途徑。修心成佛的方式不拘一格，多種多樣且簡單易行，這就是慧能《壇經》所講的「擔水砍柴，無非妙道」。擔水、砍柴這一類繁瑣的日常世俗雜務，沒有哪一樣不可以成為禪悟修心的好途徑、好方法，在普普通通日常世俗生活中，人們完全可以實現成佛的理想。由此一來，信佛之人出不出家都無所謂，「若欲修行，在家亦得，不由在寺」，印度佛教要求僧人出家修行的傳統觀念，由此被禪宗徹底顛覆。

成佛無須出家，在日常俗務中即可獲得「禪悟」修得佛性，方法簡單易行，大家何樂不為？這樣，禪宗不僅僅是上層知識分子的選擇，就連一般勞苦大眾，也紛紛接受禪宗，其原因就在於修行方法簡單，沒有條條框

框束縛，但後果卻是一樣的，都可以解脫人生煩惱到達成佛的彼岸。禪宗在這裡已經徹底背離了印度佛教的傳統，已經不是印度佛教在中國的一個教派，而是在印度佛教影響之下由中國人自己創立的另一種佛教——徹底世俗化的中國佛教。

5.6.3 對禪宗的簡要分析評價

第一，禪宗思想體系以自悟自覺的「內在超越」為特徵，其心性境界追求的是一瞬間超越自我而成佛的永恆，具有鮮明的主觀唯心主義特色。禪宗倡揚「內在超越」的主觀唯心思想，必然導致對任何客觀標準的否定，不利於對外在世界進行實事求是的探討和建立客觀有效的社會制度與法律秩序。

第二，禪宗否定一切外在束縛，打破一切觀念執著，破除一切傳統權威，一任本心，使自己成為自己的主宰。這在中國長期封建專制的思想文化領域，具有一種非常難能可貴的思想解放作用。

第三，禪宗雖然具有某種宗教形式，但其破除念經、坐禪、禮佛等一切外在佛法束縛，反應出這一宗教派別具有一種濃厚的非宗教傾向。禪宗因其非宗教傾向的世俗化特徵而興旺發達，長盛不衰，信徒甚眾，說明中國傳統社會欠缺根深蒂固的宗教意識，宗教觀念的不發達性，是中國傳統思想文化的重大特徵之一。

5.7 佛教對中國傳統文化的重大影響

在中國歷史上，外來文化傳入中國而對中國社會產生重大影響，主要有兩件大事：一是公元1世紀左右佛教傳入中國而對中國傳統文化帶來重大影響，二是16世紀以後西方文化傳入中國，引起中國社會的巨大歷史變革。在16世紀以前的中國古代社會，由於地理環境相對獨立封閉，中國文化和外來異質文化較大規模的相互碰撞，或較大容量地吸收外來文化並受其重大影響，此類現象幾乎從未發生，但唯有佛教是一大例外。

佛教在公元1世紀左右傳入中國後，一方面接受中國傳統思想的不斷改造而變革自身，另一方面，佛教以其異質文化特殊的唯心主義思維方式，對中國傳統文化的豐富發展，也帶來了極其深刻、廣泛的巨大影響。下面就佛教對中國傳統文化的一些主要影響略作歸納，借以管中窺豹、以見一斑。

5.7.1 對中國哲學的影響

以儒家為正統的中國古代哲學，長期以來所重視的是以治國安民為出發點的天、人關係的考察，注重君權神授的天命依據，特別注重的是以家長制血緣關係為基礎的道德倫理的論證。儒家哲學對人和一切生命的本源，對宇宙的本體之類的哲學探討非常薄弱，尤其對靈魂的去向和死後的世界，儒家傳統哲學天生缺乏神學論證。佛教傳入中國，其龐大哲學體系中的宇宙無限、時空無限、四大皆空、體用相即、靈魂轉世、生死輪迴、因果報應等一系列全新概念，彌補了中國傳統哲學關於宇宙本體、靈魂安頓研究方面的天然欠缺，極大地豐富了中國傳統哲學內容。此外，就中國古代哲學發展的具體走向而言，佛教的般若學理論被魏晉玄學所吸收，豐富了魏晉玄學的思想內容。佛教的心性學說與傳統儒家倫理思想相結合，促進了中國宋明理學的發展完成。總而言之，佛教的唯心主義哲學體系被中國古典哲學吸收改造，推動了古代哲學思維的創新發展和哲學思辨水準的提高；佛教與中國傳統儒、道思想彼此吸收、相互融通，構建了中國傳統思想體系博大精深的豐富哲學內涵。

5.7.2 對中國文字、語言及文學方面的影響

數量浩瀚的佛經翻譯，極大地豐富了中國漢語的語言詞彙，當代中國流行的眾多日常生活用語，均是來自於佛教語匯，如世界、平等、刹那、現在、相對、絕對、一針見血、清規戒律、天花亂墜等，這些詞語隨佛教傳入而產生，很快匯入漢語系統，成為中國語言不可分割的有機組成部分。文學方面，包羅萬象的佛經故事，為中國古典小說、戲劇、評書及民間文學的創作，提供了極其豐富廣闊的題材內容。中國古代不少虛幻、誇張的志怪小說特別是神話小說《西遊記》，便是以佛經故事為重要題材的經典文學作品。另外，漢譯佛經流傳過程中產生的變文、俗講、語錄體等，增加了中國文學體裁的新品種、新內容，尤其對民間文學或市井文學的說唱、評書、散打等體裁形式，更是一種直接的淵源關係。

5.7.3 對文化藝術的影響

佛教的影響遍及中國古代文化藝術的方方面面，如建築、雕塑、石刻、繪畫、舞蹈、音樂等。舉世聞名的甘肅敦煌莫高窟、洛陽龍門石窟、山西大同雲岡石窟，其雕塑、石刻及壁畫藝術代表中國古代藝術的最高水準，堪稱佛教文化藝術的經典之作。中國古代保留至今的文物古跡，以佛教石

窟、造像和佛塔、寺廟最為豐富，這些與佛教相關的名勝古跡，體現出中國古代的建築、石刻、雕塑及繪畫等綜合藝術的發展水準。此外，中國古代的詩、書、畫藝術皆重「境界」，這與佛教心性所追求的「禪境」多有相通契合之處。其他如中國古代的音樂、舞蹈、武術等文化藝術類別，都因佛教的傳入而大大促進其發展。總之，佛教傳入中國，不僅直接推動了中國古代文化藝術的興盛發展，而且大大豐富了中國古代文化藝術自身內容。

5.7.4 對社會民俗的影響

佛教對中國民間社會的飲食、喪葬、民俗節日乃至婚姻行為等，影響巨大。

飲食方面，佛教戒殺生，講吃素，大力開發植物飲食品種，推動了中國素餐飲食的發展。

喪葬方面，中國古代社會長期以來盛行土葬，但到宋遼金元時期，實行傳統土葬方式的中國民間社會，火葬日益興盛，普遍流行。究其原因，與佛教的影響密切相關。佛教倡揚火葬，佛門僧人死後一律火化，其喪葬方式隨著佛教文化的深入發展而滲透民間，逐漸改變中國民間土葬習俗，「自釋氏火葬之說起，於是死而焚屍者，所在皆然」。

民俗節日方面，佛教的節日如農曆七月十五日的「盂蘭盆節」，四月八日的「佛誕節」，十二月八日紀念釋迦牟尼得道成佛的「臘八節」等，至今在中國民間社會繼續流行，成為不少地區的重要民俗節日。此外，因佛教文化的影響而形成的求神拜佛、超度亡靈、趕廟會、放生等種種活動，也成為中國民間社會重要的民俗活動內容，廣泛地影響著人們的日常生活。

婚姻方面，佛教禁婚，把歷代社會出家之人和部分在家信佛居士變為非婚姻人口，對傳統生育文化，對社會人口的增減或多或少產生了一定的影響。

5.7.5 對中外文化交流的影響

中國是印度北傳佛教的重要基地和中轉站，並一度成為亞洲佛教文化的傳播中心。佛教經中國傳入朝鮮、日本、越南、蒙古等國家和地區，而周邊國家和地區，也不斷有留學僧人到中國學習佛法，以佛教為媒介，中國僧人的出境與外國僧人的入境，在文化信息的輸出與輸入方面，涉及了極其豐富的領域如文字、語言、醫學、建築、科技、藝術、飲食等。中國作為亞洲文明的中心區域，在加強古代中國與亞洲各國人民之間的文化交流過程中，通過佛教這一仲介橋樑，發揮了傳播文明、輻射文明的重大歷史作用。

佛教對中國傳統文化的影響，還包括天文、科技、醫藥以及社會心理諸多方面，由於佛教所蘊藏的知識容量異常豐富，因此外來佛教在古代中國得到發揚光大的同時，中國的傳統文化也極大地受惠於外來佛教。佛教不僅給中國傳統文化注入了博大精深的豐富內容，而且佛教自身通過中國化的歷史途徑，最終融合進入中國傳統文化之中，成為中國傳統文化的重要組成部分。

5.8 中國佛教四大菩薩與四大名山

菩薩是梵文「菩提薩埵」的音譯簡寫，菩提意為「覺」或「覺悟」，薩埵意為「有情」即有七情六欲的眾生，菩薩的意思是「覺有情」即讓有情眾生覺悟。換言之，用佛說的真理去啓發引導眾生，讓他們擺脫煩惱，得到徹底覺悟解脫，具有這樣一種宏大誓願的人，稱之為菩薩，菩薩的修行稱為菩薩行。在大乘佛教中，菩薩的地位僅次於佛，釋迦牟尼成佛之前，即以菩薩為號。按大乘佛教的說法，十方世界有無數的菩薩，這些菩薩以各種身分在人間傳播佛法，引道眾生脫離苦海，解救世人苦難。所以，菩薩比佛更接近眾生，更容易被眾生接受和親近。

佛教傳入中國後，中國信徒從眾多的菩薩中，選出四位菩薩予以特殊崇拜，分別是觀音、文殊、普賢、地藏四大菩薩。四大菩薩修行、傳法的道場，分別是普陀山、五臺山、峨眉山、九華山，並稱中國佛教四大名山。

（1）觀音菩薩與普陀山

觀音全名為觀世音，唐代避李世民諱改稱觀音。觀世音被佛教稱為大慈大悲菩薩（簡稱大悲菩），世上苦難眾生只要念誦他的名號，菩薩即「觀聞其聲，前往解救。」觀世音三字為梵文意譯，謂「觀察世俗，循聲救苦」之意。

觀世音菩薩的原型，在印度本為相貌英俊的美男子，初傳中國之時，其造型塑像是留著小胡子的大丈夫。到南北朝後期，觀音塑像開始男性化，從唐代起，觀音菩薩造像逐漸以溫柔慈祥的美婦人形象為主。據佛經記載，觀音菩薩有多種化身，如六觀音、七觀音、三十三觀音等說法。根據不同的情況和需要，觀音以各種不同化身出現在民間，以便隨時幫助苦難眾生獲得救助解脫。

中國民間的傳說，觀音菩薩顯靈說法的地方，是在浙江舟山群島中的一個叫作普陀山的小島，因此普陀山作為觀音菩薩的道場，成為中國佛教四大名山之一。普陀山景色秀麗奇特，寺院古木掩映，梵音裊裊，素有「海天佛國」之美譽，是中國著名的佛教遊覽勝地之一。

（2）文殊菩薩與五臺山

文殊，梵文意為「妙德」。在寺院大殿中，文殊立在釋迦牟尼的左側，為佛陀的左脅侍。據佛經《文殊涅槃經》記載，文殊是釋迦牟尼的大弟子，居眾菩薩之首，智慧第一。所以，在佛教眾菩薩中，文殊主智，代表佛門大智慧，稱為大智菩薩。

文殊的造像大多「非男非女」，但實際上更像女性，坐騎為青獅子表示智慧威猛，手持寶劍表示智慧銳利。相傳，山西五臺縣五臺山是文殊菩薩顯靈說法的道場，由於與文殊的名號連在一起，五臺山由此列入中國佛教四大名山之一。

五臺山建寺歷史悠久，現存58座保存維修完好的寺廟，文物薈萃，是中國佛教古建築和佛教藝術的寶庫。其中，南禪寺為唐代建造，寺內長壽大殿是中國現存的最早的木構建築。在中國佛教名山之中，五臺山因其清新涼爽的氣候特點又名「清涼山」，享有「清涼佛國」之美譽。

（3）普賢菩薩與峨眉山

普賢梵文意為「遍吉」，「普」是指一切地方，「賢」為妙吉或妙善之意，願世間一切地方妙善遍吉，這就是「普賢」的意思。

普賢菩薩是釋迦牟尼十大弟子之一，在寺廟供佛殿堂中，立於釋迦牟尼右側，是為釋迦牟尼的右脅侍。在佛教諸多菩薩中，普賢專司理德和行德，為佛門道德的化身或代表佛門的大德行，故稱普賢為大德菩薩。

普賢菩薩的造像，唐代以前多為男身女相，宋代以後多為女身女相，坐騎為白象。據佛教《華嚴經》記載，普賢菩薩說法行教的道場是在四川峨眉山，峨眉山由此成為中國佛教名山。峨眉山屬邛崍山支脈，主峰萬佛頂海拔3,099米，是四大佛教名山中海拔最高的山。峨眉山峰巒疊翠，雄秀幽奇，素有「峨眉天下秀」之美譽，是中國聞名遐邇的佛教旅遊勝地。

（4）地藏菩薩與九華山

地藏菩薩名號之由來，據佛教《地藏十輪經》記載，「安忍不動猶如大地，靜慮深密猶如地藏」，故名。地藏為梵文音譯，意即堅韌縝密，深藏不露。據佛經記載，地藏菩薩被佛陀封為「幽明教主」，主要任務是救助地獄中的惡鬼。地藏菩薩在佛陀面前發下大願說：「地獄不空，誓不成佛。」因此，地藏菩薩又稱「大願菩薩」或「大願地藏」。傳說中的地藏菩薩，坐騎是一頭類似獅子的怪獸，名為「諦聽」。據說這頭怪獸神通廣大，能察鑒善惡，聽辨是非，識別賢愚。

根據佛教傳說，地藏菩薩顯身修行及說法的道場，是在安徽青陽縣九華山，九華山因與地藏菩薩相關聯而成為佛教名山。九華山風光秀麗，群峰爭奇，

密林幽谷，飛瀑流泉，號稱「東南第一山」。唐代時，九華山寺廟多達 800 餘座，故有「九華一千寺，撒在雲霧中」的詩句。現九華山有寺廟 80 餘座，佛像 6,000 多尊，居四大佛山之首，享有「仙城佛國」之美譽。

以上四大菩薩，觀音代表大悲，文殊代表大智，普賢代表大德，地藏代表大願，他們在中國民間擁有眾多的信徒，是佛教神祇在中國民間最有影響、知名度最高的幾位菩薩。

思考題：

1. 簡述佛教「四諦」基本教義。
2. 談談你對佛教「戒、定、慧」三學的基本認識。
3. 從儒家傳統倫理觀念角度，對佛教「因果報應」宗教倫理作簡要評析。
4. 簡述魏晉南北朝佛教迅猛發展的原因。
5. 簡述隋唐佛教繁榮鼎盛的主要表現。
6. 簡述中國古代佛教發展變化與皇權政治的關係。
7. 簡述傳統儒家思想對佛教的變革改造。
8. 簡述禪宗「頓悟成佛」的禪法思想及其修心成佛的途徑方法。
9. 簡述佛教對中國傳統文化的影響。

6 宣揚兼愛的墨家與強調功利的法家

墨家與法家皆為中國先秦時期諸子百家中的「顯學」，二者的命運也極為相似。在經歷了春秋戰國的一度輝煌後，兩個學派從秦、漢開始就沉寂下來，後繼無人。雖然後來構成中國傳統文化主幹的思想流派中再也沒有見到墨家與法家的身影，但這兩派的不少思想成分已經融入其他學派之中。因此，在中國傳統文化中，墨家與法家同樣不可忽視。

6.1 宣揚兼愛的墨家

6.1.1 墨子生平與事跡

墨子，中國先秦墨家學派創始人。中國春秋戰國時期著名思想家、政治家、軍事家、科學家、人權活動家。姓墨名翟，約公元前 468 年至公元前 376 年，魯國人，一說宋國人。墨子出身平民，自稱「北方之鄙人」，人稱「布衣之士」。研究墨翟思想的主要資料是《墨子》一書，是墨子及其後學的著作匯編。

他曾為宋國大夫，自詡「上無君上之事，下無耕農之難」，是同情「農與工肆之人」的士人。墨子注重節儉、勞身苦志，提倡「量腹而食，度身而衣」，吃「藜藿之羹」，穿「短褐之衣」。在學術上，他最開始受孔子影響，「學儒者之業，受孔子之術」，後來逐漸反對孔子和儒家思想，創建了與儒家相對立的墨家學派。墨子一生的活動主要集中在兩個方面，一是廣收弟子，積極宣揚自己的學說；二是不遺餘力地反對兼併戰爭。

他的「非命」「兼愛」之論與儒家「天命」「愛有等差」理論相對立，認為「官無常貴，民無終賤」。他在各地聚眾講學，抨擊儒家思想和各諸侯國暴政，這符合廣大手工業者和下層士人渴望和平、重於生計的訴求，得到擁護。在代表新興地主階級利益的法家崛起以前，墨家是最先和儒家相對立的最大的一個學派，並列為「顯學」。

墨子天資聰慧、善於學習，並且非常注重知識的實踐意義。因此，他反對儒家厚葬久喪和奢靡禮樂，認為儒家所講的都是些華而不實的廢話，「故背周道而行夏政」。於是產生了他的名篇——《非儒》《非樂》《節葬》《節用》等。墨子不僅授門徒思想理論，更重視在實踐中學習，關鍵時刻還能挺身而出，出兵打仗。

　　他還擅長守城技術，其弟子將他的經驗總結成《城守》，共二十一篇。歷史上有名的墨子止楚攻宋的故事就是印證了他的守城技術。據說楚王曾計劃攻宋，墨子前往勸說楚王，並在與公輸班的模擬攻防中取得勝利，楚王只得退兵。在軍事上以兵制兵、以戰制戰、以術制術、以器制器。馮友蘭曾評價說：「如果這段故事屬實，它為今日世界倒是一個好榜樣，兩個敵對國家不必在戰場上廝殺，只要雙方的科學家、工程師來到一起，把各自實驗室裡的攻守防禦武器都展示出來，不需要走上戰場，便可以決定勝負了。」

　　在墨子的著作中，還有一部分學說涉及自然科學，如力學、光學、聲學等。小孔成像原理還是墨子最早發現的。光學史上，墨子是第一個進行光學實驗，並對幾何光學進行系統研究的科學家。李約瑟在《中國科學技術史》物理卷中說，墨子關於光學的研究，「比我們所知的希臘的為早」，「印度亦不能比擬」。他的微分學原理，也比西方要早。

　　墨子老年隱居於魯山縣熊背鄉黑隱寺並卒葬於此，現存有土掉溝、黑隱寺、坑布崖、墨子城等古跡供人們瞻仰。

　　下面幾則妙答，可管中窺豹，略顯墨子智慧：

　　（1）駁巫馬子。墨子多次與儒家弟子巫馬子辯論。一天，巫馬子對墨子說：「你行義，沒見有人幫助人，也沒見鬼神賜福給你。但你還在做，你有瘋病？」墨子回答：「假若你有兩個家臣，一個表裡不一，一個表裡如一，你看重哪個？」巫馬子說：「我看重後者。」墨子說：「既然這樣，你也看重瘋病的人。」

　　（2）答公孟子。公孟子多次與墨子討論學術、人生等問題。一次，公孟子頭戴禮帽，腰間插笏，穿著儒者服飾來見墨子，問服飾與行為有何聯繫。墨子說：「從前齊桓公、晉文公、楚莊王、越王勾踐四位國君，服飾好孬貴賤不同，但作為卻一樣。我認為有作為不在於服飾。」用事實折服了公孟子。

　　（3）言行之論。魯國的南部有一個叫吳慮的人，冬天制陶，夏天耕作，自比堯舜。墨子聽說後就去見他。吳慮對墨子說：「義，貴在切實可行，何必到處宣傳！」墨子說：「你親自陶稼，分之於民，獲利太小，我宣傳義，

可以救天下，獲利巨大，怎能不去宣傳呢？」

6.1.2　墨子的基本思想

(1)「愛無差等」的兼愛思想

其一，「兼愛」。

所謂兼愛，包含平等與博愛的意思。墨子認為社會上出現強執弱、富侮貧、貴傲賤的現象，是因天下人不相愛所致，因此要求君臣、父子、兄弟都要在平等的基礎上相互友愛，「愛人若愛其身」。「兼愛」由儒家的「仁」發展而來。孔子將「愛人」含義的「仁」，加入宗法制的內容，成了有遠近親疏的「仁」；墨子主張「使天下兼相愛」，這個愛不分等差，不分親疏，不分先後。墨家的「兼愛」是對儒家「仁」的發展，更是對儒家「仁」的否定；在墨子看來，儒家不兼愛的「仁」，不能算是「仁」。「天下兼相愛則治，交相惡則亂」(《墨子·兼愛上》)，天下之亂，起於人與人不相愛。臣與子不孝，君與父不慈，以及「大夫之相亂家，諸侯之相攻國」，直至盜賊之害人，都是互不相愛的結果。如果天下人能「兼相愛」，「愛人若愛其身」，那就天下太平了。「兼相愛」和「交相利」是相結合的，墨子吸收並發展了子思學派「義」「利」合一的思想，擺脫了孔子所說的「君子喻於義，小人喻於利」，只講「義」不講「利」的片面性。「兼愛」有利於自己，不「兼愛」則有害於自身，墨子將倫理道德和功利主義緊密地結合在一起。至此，墨子完成了一個邏輯論證：一個人愛人，別人也會愛他，一個人害人，別人也會害他。兼愛成了一種投資或者保險，自己通過付出也可以獲利。

可以看出，兼愛既是目的，也是過程，但一味告誡人們要濟世利人，卻缺乏現實動力，過分理想主義的設計使兼愛顯得既難辦又迂闊，即「我為什麼要做一個博愛他人的人呢」。為此，墨子除了主張上述的邏輯論證之外，還以政治和宗教教誨世人。為了使人們踐行兼愛，他在《天志》篇和《明鬼》篇中，就講神愛世人，神的心意就是讓世人彼此相愛。凡遵神意之人，便得好運。在《兼愛》中，墨子論證，實行兼愛有什麼困難呢，只是君主不願將它行之於證，人們不以此約束自己的行為罷了。於是，這種愛人如己的兼愛要求既有了功利主義的邏輯基礎，也有了超功利的宗教色彩。由於墨子主張兼愛，這就必然導致他的「非攻」思想。他反對一切弱肉強食的兼併戰爭，典型案例就是他阻止強大的楚國攻打弱小的宋國。

其二，「非攻」。

在周代，天子、諸侯都有他們的軍事專家，當時軍隊的骨幹是由世襲

的武士組成，隨著周後期封建制度的解體，他們逐漸喪失了爵位，流散到各地，誰雇用他們就為誰服務，以此為生，這些人被稱為「遊俠」。司馬遷在《史記·遊俠列傳》中說他們「其言必信，其行必果，已諾必誠，不愛其軀，赴士之厄困」，這些都體現了他們的職業道德。雖然墨子及其追隨者與這些遊俠不完全相同，但他們被公認為是武士組織，他們有嚴格的紀律和嚴密的組織，領袖被稱為「鉅子」。值得注意的是，這個武士組織的軍事思想是「非攻」，其實質是「愛利百姓」，以「興天下大利，除天下之害」為己任。春秋戰國時期，戰爭頻仍，土地荒蕪，民不聊生，人們渴望彌兵息戰、休養生息，「非攻」思想無疑具有進步意義。

在《墨子》一書中，論述「非攻」的必要性自然是以諸侯國間的戰爭為核心的：

第一，正確認識戰爭。

在《非攻》上篇，他以偷竊桃李、雞狗、牛馬為例，逐層深入，探討義與不義，最後轉到當時最大的不義——攻伐別國，告誡人們對這種不義不要跟從、贊譽，而應該譴責。墨子不無失望，因為他發現當時之世人黑白不分、缺乏常識，無法區分義與不義，這種認知上的錯誤是最可怕的。

第二，描述戰爭的危害。在《非攻》中篇，墨子連用八個「不可勝數」揭露了戰爭直接殺人和間接殺人的危害。他大聲疾呼：罪惡的戰爭，兼國覆軍，賊虐萬民，剝振神位，傾覆社稷，百姓離散，廢滅先王，這難道有利於上天嗎？有利於鬼神嗎？有利於百姓嗎？

第三，呼籲「以義止戰」。

在《非攻》下篇，後學記錄了墨子所進行的邏輯論證。古代的智者為天下人謀劃，一定先考慮是否合乎義，然後再行動。依義而動，則能實現自己的願望，也順應上天、鬼神、百姓的利益。然而，當時的戰爭使兵勇作戰、百姓勞役、土地荒蕪、家國困頓，即使這樣的徵伐取勝了，又能如何？奪來的土地沒有人耕種，又能好到哪裡去？有些王公大臣非難墨子說：「以前禹伐有苗氏，湯伐夏桀、周武王伐紂，這是為什麼呢？」墨子反駁道：「禹伐有苗、湯伐夏桀、武王伐紂，均是受命於天、出師以義，是『誅』而非『攻』。墨子雖然認同了一些「義戰」，但仍舊希望「以義止戰」，他認為當時的王公大人應該清楚瞭解「非攻」的主張，既然內心想興利天下，那頻繁的徵伐肯定是要不得的。

墨子斷言，春秋戰國時代社會動亂的根源是不相愛。「諸侯不相愛，則必野戰；家主不相愛，則必相篡；人與人不相愛，則必相賊；君臣不相愛，則不惠忠；父子不相愛，則不慈孝；兄弟不相愛，則不和調，天下之人皆

不相愛，強必執弱，眾必劫寡，富必侮貧，貴必傲賤，詐必欺愚。幾天下禍篡怨恨，其所以起者，以不相愛生也。」(《墨子・兼愛》)因此，「兼愛」和「非攻」是一個問題的兩個方面。「攻戰」是「不相愛」最集中、最典型，也是最強烈的表現。為了避免戰爭，維護和平，墨子以「兼愛」為根據，提出了一個「七不」準則，即「大不攻小也，強不侮弱也，眾不賊寡也，詐不欺愚也，貴不傲賤也，富不驕貧也，壯不奪弱者也」。(《墨子・天志》)這「七不」準則可視為歷史上最早的國與國之間的關係準則。

「非攻」反應了墨家學派反對發動不義之戰的和平願望。「兼愛」主張天下人互愛互利，不要互相攻擊，這就必然要主張「非攻」。當時兼併戰爭劇烈，農、工、商、士等庶人階層和下層貴族都希望社會安定，墨家代表了他們要求停止戰爭的願望。

(2)「官無常貴、民無終賤」的尚賢原則

「尚賢」即尊尚賢人，包括選舉賢者為官吏甚至天子國君。墨子認為，國君必須選舉國中賢者，而百姓理應在公共行政上對國君有所服從。他要求上面瞭解下情，因為只有這樣才能賞善罰暴。墨子要求君上能尚賢使能，即任用賢者而廢抑不肖者。墨子把尚賢看得很重，以為是政事之本。他特別反對君主用骨肉之親，但對於賢者則不拘出身，提出「官無常貴，民無終賤」的主張。春秋時期的「舉賢」「薦賢」都是作為宗法制世襲官職的補充手段而存在的，但到墨子這兒就不同了，他推崇「夫尚賢者，政之本也」(《墨子・尚賢》)，要求連「天子」都是由「尚賢」選出來「治天下之民」的。

墨子反對世卿世祿的宗法制，主張通過「尚賢」，選舉產生新的能「為萬民興利除害」的統治者，這與儒家全然不同。所以，戰國初期的儒墨之爭，實質上是貴族和平民在政治思想上的交鋒。墨子要貴族統治者「不黨父兄，不偏貴富，不嬖顏色」，不管什麼階層的人，只要是賢能，就「舉而上之，富而貴之，以為官長」；不賢能即「不肖」的人，就應當「抑而廢之，貧而賤之，以為徒役」。即使是農人、漁夫、手工業者之類，只要是賢者，也可以被舉為天子。這種民主思想，儒家把它作為理想；墨家將它作為奮鬥目標，「日夜不休，以自苦為極」，奔走於各諸侯國之間，宣傳自己的政治主張。尚賢是墨子的社會政治理論與政治革新的核心內容和重要部分。這是針對當時的世襲貴族制度和才疏德寡的貴族官員提出來的，其目的是讓平民百姓中的賢良之士參與管理國家和治理社會。

在墨子看來，賢良之士是有崇高道德的「仁人」，是有學識能善辯的「智者」，是國家之「珍寶」，是社稷之「棟梁」。墨子心目中的賢良之士，

就是德行忠厚，學術淵博的德才兼備之人。

　　從一定意義上來講，墨子的用人之道是與何謂人的根本觀點是一致的。在他看來，不論是天子還是賤人，不同於禽獸的根本點，就在於必須從事耕織和聽政才能生活和生存。這裡既觸及到了人的本質特徵在於勞動實踐活動，又十分清楚地表明：全社會的人儘管從事的活動不同，但都必須各從其事，各盡其責。為此，必須實行「尚同」，即求得全社會的思想共識和輿論一致的舉措。

　　墨子強調尚同必須以尚賢為基礎，尚賢是實行尚同的基本前提。他認為，只有賢良之士才能實現「總天下之義，以尚同於天」，即以「天志」來統一全社會的思想輿論。他所說的「天志」不是儒家提倡的神祕的天志，而是反應或代表下層勞動群眾利益和要求的意志的外化，「天志」的根本含義就是「愛利百姓」。由此可見，尚同和尚賢是不能分離的，尚同雖然要以尚賢為基礎和前提，但尚賢需要以尚同來相輔，二者是墨子的政治理論和政治主張不可分割的重要內容。

6.1.3　墨家的影響與貢獻

（1）思想影響及貢獻

　　以墨子為首的墨家思想，反應了春秋戰國時期在「救時之弊」的整體社會背景下，具有強烈平民觀念的一派思想者和實踐者的思考和努力。墨家思想是先秦諸子學中唯一反應下層利益，最鮮明反對貴族化的學說。

　　墨家學說最具代表性的觀點是「兼愛」，就是一視同仁地愛人，這必然要求「非攻」，即反對一切侵伐別人的戰爭。這一派反對奢侈的貴族生活，提倡節儉，提出「節用」「節葬」「非樂」的主張，墨子還提出「尚賢」「尚同」的政治學說，主張用人為賢是舉，不黨不偏。這些思想在今天仍然有積極的思想意義和社會價值。

　　任繼愈說，墨子是中國歷史上第一個替勞動階級吶喊的思想家。這是中肯的評價。春秋戰國時期，周天子有名無實，禮崩樂壞，王權觀念淡化，相對應的是諸侯並起，攻伐頻仍，弱肉強食。在舊秩序已毀、新秩序未定的權威空白時代，各個階層都有訴求。墨家思想和實踐，正是小生產者、下層平民的呼求，體現了不同社會階級、階層在動盪年代的思想和政治主張。

　　此外，《墨子》一書中對自然科學、軍事工程乃至邏輯學都具有記載，極大豐富了先秦諸子思想。墨家對「遊俠」觀念的發展和改造，也影響了中國古代「俠義」精神。

(2) 哲學影響及貢獻

墨子的哲學建樹，以認識論和邏輯學最為突出。在認識論方面，墨子認為，人的知識來源可分為三個方面，即聞知、說知和親知。他把聞知又分為傳聞和親聞二種，但不管是傳聞或親聞，在墨子看來都不應當是簡單地接受，而必須消化並融會貫通，使之成為自己的知識。墨子所說的「說知」，包含有推論、考察的意思，指由推論而得到的知識。他特別強調「聞所不知若已知，則兩知之」，即由已知的知識去推知未知的知識。如已知火是熱的，推知所有的火都是熱的；圓可用圓規畫出，推知所有的圓都可用圓規度量。由此可見，墨子的「聞知」和「說知」不是消極簡單地被動承受，而是蘊涵著積極的進取精神。除「聞知」和「說知」外，墨子非常重視「親知」。墨子所說的「親知」，乃是自身親歷所得到的知識。他把「親知」的過程分為「慮」「接」「明」三個步驟。「慮」是人的認識能力求知的狀態，即生心動念之始，以心趣境，有所求索。但僅僅思慮卻未必能得到知識，譬如張眼瞪視外物，未必能認識到外物的真相。因而要「接」知，讓眼、耳、鼻、舌、口等感覺器官去與外物相接觸，以感知外物的外部性質和形狀。而「接」知得到的仍然是很不完全的知識，它所得到的只能是事物的表觀知識，且有些事物，如時間，是感官所不能感受到的。因此，人由感官得到的知識還是初步的、不完全的，還必須把得到的知識加以綜合、整理、分析和推論，方能達到「明」知的境界。總之，墨子把知識來源的三個方面有機地聯繫在一起，在認識論領域中獨樹一幟。

墨子又是中國邏輯學的奠基者。他稱邏輯學為「辯」學，把其視之為「別同異，明是非」的思維法則。他認為，人們運用思維，認識現實，作出的判斷無非是「同」或「異」，「是」或「非」。為此，首先就必須建立判別同異、是非的法則，以之作為衡量、判斷的標準，合者為「是」，不合者為「非」。這種判斷是「不可兩不可」的，人們運用思維以認識事物，對同一事物作出的判斷，或為「是」，或為「非」，二者必居其一，沒有第三種可能存在，不可能二者都為「是」，或二者都為「非」，也不可能既「是」又「非」，或既「非」又「是」。用現代的邏輯學名詞來說，這就是排中律和不矛盾律。由這一思維法則出發，墨子進而建立了一系列的思維方法。他把思維的基本方法概括為「摹略萬物之然，論求群言之比。以名舉實，以辭抒意，以說出故。以類取，以類予」。也就是說，思維的目的是要探求客觀事物間的必然聯繫，以及探求反應這種必然聯繫的形式，並用「名」（概念）、「辭」（判斷）、「說」（推理）表達出來。「以類取，以類予」，相當於現代邏輯學的類比，是一種重要的推理方法。此外，墨子還總結出了假言、

直言、選言、演繹、歸納等多種推理方法，從而使墨子的辯學成為一個有條不紊、系統分明的體系，在古代世界中別樹一幟，與古代希臘的邏輯學、古代印度的因明學並立。

6.2 強調功利的法家

法家認為，天不能決定人事吉凶，人定勝天；人不應該違背自然規律，而要把天當作物類來利用；國家要富強，要靠耕戰，耕是搞好農業生產，戰是加強戰備；法治比德治更適合於當時社會，因為社會發展變化了，一切事物也隨之變化，因此具體措施也應改變；法治講求法術、法令，要讓人人皆知，堅決執行。法是國君駕馭群臣的方法，是國君至高無上的權力和威勢。

法家是現實主義者，功利主義者。他們認為人生最大的現實莫過於功和利，他們除了現實和實用之外，沒有什麼理想，沒有什麼境界。「記功而行賞」，「功多者受多，功少者受少」（《韓非子·外儲說左上》），「賞必出於公利」（《韓非子·八經》。這裡的「公利」是指封建國家之利，也可以說是君王的「私利」，「賞功罪過」是法家治國的基本原則，「功用」是法家提倡的最高價值標準。

6.2.1 商鞅——重法派代表

（1）商鞅的生平與事跡

商鞅（約公元前 390 年—公元前 338 年），衛國（今河南安市內梁莊鎮一帶）人，戰國時期政治家，思想家，著名法家代表人物。衛國國君的後裔，公孫氏，故稱為衛鞅，又稱公孫鞅，後封於商，後人稱之商鞅。

商鞅「少好刑名之學」，專研以法治國，受李悝、吳起等人的影響很大。後為魏國宰相公叔痤家臣，公叔痤病重時對魏惠王說：「公孫鞅年少有奇才，可任用為相。」又對惠王說：「王既不用公孫鞅，必殺之，勿令出境。」公叔痤死後，商鞅聽說秦孝公雄才大略，便攜同李悝的《法經》到秦國去。通過宦官景監三見孝公，商鞅暢談變法治國之策，孝公大喜。公元前 359 年商鞅任左庶長，開始變法，後升大良造。秦孝公死後，他被貴族誣害，車裂而死。商鞅在位執政十九年，秦大治。

周顯王十三年（公元前 356 年）和十九年（公元前 350 年）商鞅先後兩次實行變法，變法內容為「廢井田、開阡陌，實行郡縣制，獎勵耕織和戰鬥，實行連坐之法」。法治的關鍵在於執行和遵守，當時太子犯法，商鞅

曰：「法之不行，自上犯之」，刑其太傅公子虔與老師公孫賈。秦孝公十六年（公元前366年），太傅公子虔復犯法，商鞅施以割鼻之刑。變法日久，秦民大悅。秦國道不拾遺，山無盜賊。

商君之法太過刻薄寡恩，設連坐之法，制定嚴厲的法律，增加殘忍的刑罰。因此，秦國貴族多怨。趙良勸說商君，宜「歸十五都，灌園於鄙」「不貪商、於之富，不寵秦國之教」，商鞅不聽。公元前359年，正當商鞅輔佐秦孝公醞釀變法時，舊貴族代表甘龍、杜摯起來反對變法。他們認為「法古無過，循禮無邪」，商鞅針鋒相對地指出，「前世不同教，何古之法？帝王不相復，何禮之循？」「治世不一道，便國不法古，故湯武不循禮而王，夏殷不易禮而亡。反古者不可非，而循禮者不足多」，從而主張「當時而立法，因事而制禮」（《商·更法篇》《史記·商君列傳》）。這是以歷史進化的思想駁斥了舊貴族所謂「法古」「循禮」的復古主張。公元前338年，秦孝公崩，惠王即位，公子虔等人告商鞅謀反，商鞅逃亡至邊關，欲宿客舍，結果因未出示證件，店家害怕「連坐」不敢留宿，商鞅自是「作法自斃」。他欲逃往魏國，魏人因其曾背信攻破魏帥，亦不願收留。後來商鞅回到商邑，發邑兵北出擊鄭國，秦國發兵討之，殺鞅於鄭國黽池，死後被秦惠王處「車之刑」。

（2）商鞅兩次變法的主要內容

公元前356年第一次變法，主要有下列幾點：

第一，頒布法律，制定連坐法，輕罪用重刑。第二，獎勵軍功，建立二十等軍功爵制。規定斬敵甲士首級一顆賞爵一級，田一頃，宅九畝，服勞役的「庶子」一人。爵位越高，相應的政治、經濟特權越大。宗室、貴戚凡是沒有軍功的，不得列入宗室的屬籍，不能享受貴族特權。第三，重農抑商，獎勵耕織，特別獎勵墾荒。鼓勵從事男耕女織的生產事業，生產糧食布帛多的，免除其本身的徭役。第四，強調「以法治國」。要求官吏學法、明法，百姓要「以吏為師」。第五，改法為律。強調法律的普遍性，具有「範天下不一而歸於一」的功能。第六，輕罪重罰，不赦不宥。主張凡是有罪者皆應受罰。第七，鼓勵告奸。第八，用法律手段剝奪舊貴族特權，如廢除世卿世祿制度。第九，強化中央對地方的全面控制，剝奪舊貴族對地方政權的壟斷權。

公元前350年第二次變法，主要有下列兩點：

第一，「開阡陌封疆」。破除過去每一畝田的小田界──阡陌和每一頃田的大田界──封疆，把原來的「百步為畝」，開拓為240步為一畝，重新設置「阡陌」和「封疆」。國家承認地主和自耕農的土地私有權，在法律上

公開允許土地買賣。

第二，普遍推行縣制。在未設縣的地方，把許多鄉、邑，聚合併成縣，共新建31縣，設縣令、縣丞，由國君任免。

（3）商鞅的基本思想

商鞅是戰國時期著名的政治家和法律思想家，是法家理論的主要奠基者。

一是變法思想。

商鞅首先批駁了「法古論」，其次，商鞅還批駁了「修今論」，指出「循今」和「法古」一樣都具有危害性，效法古代會落後於時代，保守現狀也會跟不上形勢的發展。此思想是建立在其歷史進化觀基礎上的，在他看來，人類歷史不但是變化的，而且是向前發展的，法律必須緊跟時代的變化而變化，既不能復古，也不能保守。這就從歷史觀上為法家主張變法革新，反對儒家「德治」和「禮治」，並進而推行法家的「法治」奠定了思想理論基礎。

二是垂法而治的法治論。

商鞅主張法治，其非常重要的原因是基於對儒家倡導「禮治」於事無補的認識。他主張把法看作是治理國家的唯一工具和判定是非功過的唯一標準。

實行法治的方法：第一，法度制定與守法。只是規勸君主要守法，君主一旦不守法，臣下和百姓也將效仿，法便失去了意義。第二，執法守法與「任法去私」。第三，法治推行於「君權獨制」。商鞅看到推行法治必須以國家政權為後盾，這在一定意義上說是對的，也符合當時的社會發展狀況。

三是「刑無等級」思想。

刑無等級是一個反抗舊傳統和舊貴族特權的口號，但它在內涵和價值取向上與近代資產階級的刑無等級和法律面前人人平等決不是等量齊觀的訴求，它是在排除了君主本人以後，把所有臣民作為一個集合體統一看待。

四是重刑思想與以刑去刑。

商鞅的重刑主要包含下面兩層意思：第一，在賞賜與刑罰的關係中，更加重視刑罰的作用。第二，在犯罪與刑罰的關係中，主張輕罪重判，小罪重罰，他認為只有通過重罰、嚴刑才能達到去奸和民莫敢為非的目的。

五是以吏為師、以法為教。

為了推行法治，商鞅主張取締一切不符合君主法令的思想言論，用法律統一人們的思想，統一輿論，統一風俗，也就是要實行「一教」政策。

「一教」就是「以法為教」，為了貫徹「以法為教」，商鞅提出了「以吏為師」的主張，其中包含著培養法律人才、進行全民普法的積極成分和措施。

歷史上對於使用暴力手段進行快速改革的商鞅的評價並不是很好。太史公曰：「商君，其天資刻薄人也。跡其欲干孝公以帝王術，挾持浮說，非其質矣。且所因由嬖臣，及得用，刑公子虔，欺魏將卬，不師趙良之言，亦足發明商君之少恩矣。餘嘗讀商君開塞耕戰書，與其人行事相類。卒受惡名於秦，有以也夫！」（《史記·商君列傳》）後人又說：「衛鞅入秦，景監是因。王道不用，霸術見親。政必改革，禮豈因循。既欺魏將，亦怨秦人。如何作法，逆旅不賓！」但是也有人肯定商鞅，比如王安石：「自古驅民在信誠，一言為重百金輕。今人未可非商鞅，商鞅能令政必行。」這是在肯定商鞅的治國方略。而《資治通鑒》中說：「夫信者，人君之大寶也。國保於民，民保於信。非信無以使民，非民無以守國。是故古之王者不欺四海，霸者不欺四鄰，善為國者不欺其民，善為家者不欺其親。不善者反之：欺其鄰國，欺其百姓，甚者欺其兄弟，欺其父子。上不信下，下不信上，上下離心，以至於敗。所利不能藥其所傷，所獲不能補其所亡，豈不哀哉！昔齊桓公不背曹沫之盟，晉文公不貪伐原之利，魏文侯不棄虞人之期，秦孝公不廢徙木之賞。此四君者，道非粹白，而商君尤稱刻薄，又處戰攻之世，天下趨於詐力，猶且不敢忘信以畜其民，況為四海治平之政者哉！」雖說商鞅刻薄，但也說明商鞅之誠信品質。在現代，儘管有少數不同聲音，但大多數人承認商鞅是一個敢於觸動舊勢力、敢於改革的英雄。

6.2.2 申不害——重術派代表

(1) 申不害的生平與事跡

申不害（約公元前385年－公元前337年）亦稱申子，鄭韓時期人物（今河南新鄭）人。戰國時期韓國著名的思想家。他在韓國為相十九年，使韓國走向國治兵強。作為法家人物，以「術」著稱，是三晉時期法家中的著名代表人物。

公元前337年，申不害卒於韓都（今新鄭）。其著作《申子》已失傳，現在我們所能看到的只是別人引用的零章斷句，比較完整的只有《群書治要》卷三六所引《大體篇》。鄭國滅國之時，申不害年歲約二三十歲。作為一個亡國之賤臣，申不害可能雜學諸說。因為在他之前的管、李、慎的學術理論中都有「術」的成分。有人根據申不害思想中有道家思想的痕跡，認為他是由道入法。這種說法有一定道理，但不能把他的思想僅歸為道法兩家。

申不害相韓時，韓國已處弱勢。韓昭侯即位不久，頗具雄心，任用賤臣申不害即為一例，申不害才華得有用武之地。

(2) 申不害的基本思想

申不害的學術思想，明顯地受到道家的影響，但他的直接來源是老子還是慎到，不得而知。但他的哲學思想與慎到有極相似之處，他們都遵循老子的大統一哲學。「人法地，地法天，天法道，道法自然」。申不害認為，自然運行是有規律的，也是不可抗拒的。他認為宇宙間的本質是「靜」，其運動規律是「常」。他要求對待一切事情應以「靜」為原則，以「因」為方法，「因」指「因循」「隨順」。「貴因」指「隨事而定之」，「貴靜」的表現就是「無為」。申不害把這些原則用於人事，構成他的社會哲學思想。「無為」主張的淵源即老子「絕聖棄智」，申不害的「無為」，要求的是君主去除個人作為的「無為」，以便聽取臣下的意見。但是，申不害僅僅把這種「靜因無為」的哲學思想用於「權術」之中。為了完善這種方法，他進一步發揮老子「柔弱勝剛強」的思想，要求君主「示弱」，絕不是指君主無所作為，只是君主決策前的一種姿態。在關鍵時刻，申不害要求君主獨攬一切，決斷一切。申不害的哲學思想，是君主哲學，是政治哲學。這種哲學由道家的「天道無為」演化發展而來，是他的法家「權術」思想的基礎。

申不害主「術」，但他所說的「術」，是在執行法的前提下使用的，而「法」又是用來鞏固君主統治權的。因此他並不是不講「法」與「勢」的。

關於君主的權勢，申不害認識得很清楚。在戰國諸侯爭霸的情形下，君主專制是最能集中全國力量的政權形式，也是爭霸和自衛的最佳組織形式。他說：「君之所以尊者，令也，令之不行，是無君也，故明君慎之。」令是權力的表現，是一種由上而下的「勢」能。「權勢」是君主的本錢。

申不害提出「君必有明法正義，若懸權衡以秤輕重。」為了說明「法」，他提出「正名責實」的理論。「正名」主張，首先由孔子提出。申不害吸收了這個主張，即名分等級，不得錯亂。與孔子「正名」不同之處在於包括責任、分工的內涵。申不害「正名」的意義在於確定了「主處其大，臣處其細」的大原則，而且把這個原則具體化，即把名分按實際情況規定下來，然後進行任命，聽取意見，檢查監督。

申不害的「名」，主要是政治概念，他的「名」是法的等值概念，是為人君制定的工具。所謂「實」，也就是君主給臣下規定的責任和職權，是臣下遵從君主的規範。申不害本來是勸誡君主發號施令要慎之又慎的，但其效果是加強了君主的個人專制。申不害找不到如何提高君主權威，而又能制約君主的方法，這是一個二律背反的問題。

什麼是「術」？申不害沒有明確指出：「術」是君主的專有物，是駕馭、驅使臣下的方法。「法」是公開的，是臣民的行動準則，而「術」卻是隱藏在君主心中，專門對付大臣的。申不害說，「君如身，臣如手」，既然如此，君主仍要對付大臣是由複雜的社會鬥爭所決定的。春秋戰國時期，臣下弒君，釀成習氣。現實告訴申不害，人君的主要威脅不是來自民眾或敵國；而是來自大臣。所以他一再告誡君主，對君臣關係要有清醒的認識，那就是不相信所有的大臣。

申不害認為，君主有了勢、定了法，其地位還不是穩固的，必須有兩面之術，不然勢與法就會變得威嚴而不受用，刻板而不通達。如果以術來聯通勢與法，就如虎添翼，無論動靜，都會使臣下懾服。他的術分兩類，一類是控制術，像前面提到的「正名責實」，就是講規定職責，考校監督的。還有如君主以靜制動的、無為而治的，這些屬於領導管理方法，有一定的合理性。另一類是搞陰謀，耍手腕，弄權術。

玩弄權術，當然不是自申不害開始，但他是第一個在理論上的系統研究者，這在官場的政治鬥爭中，很受歷代統治者的喜愛。但從本質上說，無補於穩固政權。因為既然有馭臣之術，必有欺君之方，爾虞我詐，你爭我鬥，加劇了政治的不穩定性。

申不害研究術，有正面的領導控制方法，也有陰謀詭計，我們現在不能說他是否道德，但可以說，他的思想和研究是可以啟迪後人的。

6.2.3 韓非子——法家集大成者

(1) 韓非子的生平與事跡

韓非子（約公元前280年－公元前233年），生於周赧王三十五年，卒於秦始皇十四年，戰國時期韓國人，出身於貴族世家，是韓國的旁支公子，是戰國時期著名的哲學家、法家學說集大成者。與李斯同師荀卿。他口吃，不善言談，而善於著述；博學多能，才學超人，李斯自以為不如。

韓非子雖然師奉荀卿，但思想觀念卻與荀卿大不相同，他沒有承襲儒家的思想，卻繼承和發展了荀子的法術思想，同時又吸取了他以前的法家學說，在戰國末期，他順應時代發展的需求，「喜刑名法術之學」，並「歸本於黃、老」，繼承並發展了法家思想，成為戰國末年法家之集大成者。他多次上書韓王變法圖強，不見用，乃發憤著書立說，以求聞達。秦王政慕其名，遺書韓王強邀其出使秦。在秦遭李斯、姚賈誣害，死獄中。韓非子比較各國變法得失，提出「以法為主」，法、術、勢結合的理，集法家思想大成。今存《韓非子》五十五篇。他創立的法家學說，為中國第一個統一

專制的中央集權制國家的誕生提供了理論依據。

韓非子生於戰國七雄紛爭之世，在戰國七雄中，韓國是最弱小的國家，他目睹韓國日趨衰弱，曾多次向韓王上書進諫，寄希望於韓王安勵精圖治，變法圖強，但韓王置若罔聞，始終都未採納。這使他孤獨悲觀，大失所望。他從「觀往者得失之變」之中探索變弱為強的道路，寫了《孤憤》《五蠹》《內外儲》《說林》《說難》等十餘萬言的著作，全面、系統地闡述了他的法治思想，抒出了憂憤孤直而不容於時的憤懣。這些著作流傳到秦國，秦始皇讀了《孤憤》《五蠹》之後，大加贊賞，發出「嗟乎！寡人得見此人與之遊，死不恨矣」的感嘆。可謂推崇備至，仰慕已極。但秦始皇卻不知這兩篇文章是誰所寫，於是便問李斯，李斯告訴他是韓非子的著作。

秦始皇為了見到韓非子，便急切下令攻打韓國。韓王安本來不任用韓非子，在形勢急迫的情況下，於是便派韓非子出使秦國。秦始皇見到韓非子，非常高興，然而卻未信任和重用韓非子。韓非子曾上書勸秦始皇先伐趙緩伐韓，由此遭到李斯和姚賈的讒害，他們詆毀地說：「韓非子，韓之諸公子也。今王欲並諸侯，非終為韓不為秦，此人之情也。今王不用，久留而歸之，此自遺患也，不如以過法誅之。」秦始皇信以為然，就把韓非子交給法官審訊。李斯派人給韓非子送去毒藥，讓他自殺。韓非子想向秦始皇自陳心跡，卻又不能進見。秦皇後來感到懊悔，使人赦免他，可韓非子已經死了。（見《史記·老子韓非子列傳》）

（2）韓非子的地位與影響

《韓非子》一書，重點宣揚了韓非子法、術、勢相結合的法治理論。韓非子法、術、勢相結合的理論，達到了先秦法家理論的最高峰，為秦統一六國提供了理論武器，同時也為以後的封建專制制度提供了理論根據。韓非子的樸素辯證法思想也比較突出，他首先提出了矛盾學說，用矛和盾的寓言故事，說明「不可陷之盾與無不陷之矛不可同世而立」的道理。值得一提的是，《韓非子》書中記載了大量膾炙人口的寓言故事，最著名的有「自相矛盾」「守株待兔」「諱疾忌醫」「濫竽充數」「老馬識途」，等等。這些生動的寓言故事，蘊含著深雋的哲理，憑著它們思想性和藝術性的完美結合，給人們以智慧的啟迪，具有較高的文學價值。

韓非子的主要著作《韓非子》是先秦法家學說集大成者的著作。這部書現存五十五篇，約十餘萬言，大部分為韓非子自己的作品。當時，在中國思想界以儒家、墨家為代表，崇尚「法先王」和「復古」，韓非子的法家學說堅決反對復古，主張因時制宜。韓非子攻擊主張「仁愛」的儒家學說，主張法治，提出重賞、重罰、重農、重戰四個政策。韓非子提倡君權神授，自秦

6 宣揚兼愛的墨家與強調功利的法家

以後，中國歷代封建專制主義集權統治的建立，韓非子的學說是頗有影響的。

韓非子的文章說理精密，文鋒犀利，議論透闢，推證事理，切中要害。比如《亡徵》一篇，分析國家可亡之道達47條之多，實屬罕見。《難言》《說難》二篇，無微不至地揣摩所說者的心理，以及如何趨避投合，周密細緻，無以復加。

韓非子的文章構思精巧，描寫大膽，語言幽默，於平實中見奇妙，具有耐人深思、警策世人的藝術效果。韓非子還善於用大量淺顯的寓言故事和豐富的歷史知識作為論證資料，說明抽象的道理，形象化地體現他的法家思想和他對社會人生的深刻認識。在他文章中出現的很多寓言故事，因其豐富的內涵、生動的故事，成為膾炙人口的成語典故，至今為人們所廣泛運用。韓非子是一個「實用派」作家。

(3) 韓非子的基本思想

第一，韓非子的法、術、勢兼治理論。

商鞅重「法」，法是指健全法制，主張用法作為富國強兵的工具；申不害重「術」，術是指的駕馭群臣、掌握政權、推行法令的策略和手段。主要是察覺、防止犯上作亂，維護君主地位，推崇循名責實，以各種秘密的手段駕馭群臣，達到統治的目的；而慎到重「勢」，勢指的是君主的權勢，要獨掌軍政大權，主張君尊臣卑，上下有別，令行禁止。商鞅、慎到、申不害三人分別提倡重法、重勢、重術，各有特點。韓非子將這三人的學說融合在一起，又參考了儒家、道家、墨家的主張，從而提出了一套完整的「法、術、勢」的理論。當時的法家思想和我們現在所提倡的民主形式的法治有根本的區別，最大的區別就是法家極力主張君主集權，而且是絕對的。

法家思想可說是兩千年中國專制政治理論的基礎，而韓非子為其集大成者，他對法的內容的理解──重賞嚴刑；對法的作用的闡述──禁奸尊主；價值理論──工具論，一直影響至今日中國。韓非子之法治為極端專制的人治，有別於儒家的開明專制，其理論基礎是脫胎於儒，迥異於儒的「性惡」論；又由於韓非子的極端功用，因而其「歸本於黃老」無非簡化老子而已；與其他法家著名人物相比較，韓非子更清醒地認識到法治與人治的矛盾，因而企圖以法、術、勢、循環互補。

韓非子著重總結了商鞅、申不害和慎到的思想，把商鞅的法、申不害的術和慎到的勢融為一體。他推崇商鞅和申不害，同時指出，申商學說的最大缺點是沒有把法與術結合起來，其次，申、商學說的第二大缺點在於「未盡」，「申子未盡於術，商君未盡於法」(《韓非子·定法》)。韓非子按照自己的觀點，論述了術、法的內容以及二者的關係，他認為，國家圖治，

就要求君主要善用權術,同時臣下必須遵法。同申不害相比,韓非子的術主要在「術以知奸」方面有了發展。他認為,國君對臣下,不能太信任,還要「審合刑名」。在法的方面,韓非子特別強調了「以刑止刑」思想,強調「嚴刑」「重罰」。

　　在韓非子的思想中,法是基礎和核心,勢則是手段和途徑。長期以來,統治者扭曲韓非子的思想,把勢看作其核心、把法看作其手段,把韓非子的法演變成維護其統治地位的手段,是對韓非子思想的嚴重扭曲。這種觀念的存在,一方面是帝王維護其皇權的政治需要,另一方面也是長期以來,我們不能打破門戶之見、把中國哲學看作一個完整的有機體造成的。韓非子所言的法與西方人所說的法也是有本質不同的,韓非子所言的法是以道為基礎的,是道在此、彼兩種要素相互作用中的表現,是不以任何人的意志為轉移的,是有其客觀的基礎的;西方文明所言的法從本質上說,無論是把法看作是上帝的意志,還是契約的產物,還是統治階級意志的體現,都只是意識性的東西,否定了法的客觀基礎。所以,韓非子非常強調「循名實而定是非,因參驗而審言辭」。「參伍之道,行參以謀多,揆伍以責失。」正是因為韓非子所理解的法是以道為最終依據的,是以道的發展變化為基礎而發展變化的,所以儘管韓非子反對仁政,但韓非子也堅決反對把任何法律絕對化的暴政。「仁人在位,下肆而輕犯禁法,偷幸而望於上;暴人在位,法令妄而臣之乖,民怨而亂心生。故曰:仁、暴者,皆亡國者也。」秦所行之法,顛倒了法、勢之間的關係,無視法的固有基礎,秦國滅亡從根本上說是由於違背韓非子思想的原因造成的,後人多把秦國失敗的原因歸於韓非子倡導的法家思想,這是一種嚴重的誤會。儘管在對法的理解上韓非子與馬克思不一致,但韓非子強調法的不依人的意志為轉移的一面,卻與馬克思強調的唯物史觀是完全一致的。

　　韓非子認為要治理好國家必須法與術相結合。他說,「人主之大物,非法則術也」(《難三》),「君無術則蔽於上,臣無法則亂於下」(《定法》)。術包含以下幾個內容:一是因能授官,也就是說依據下屬的能力授給人官職。二是「循名責實」(《定法》),這是術的要點。法家是典型的功利主義和實用主義者,非常注重實物,循名責實是法家考察幹部的一個基本原則,強調表面情況和實質要互相加以驗證,綜合考察一個人,這就是所謂的「形名之術」。韓非子說君主要駕馭約束好臣子,就一定要考察形和名是否相符,一定要看臣下說的話跟他做的事是否一致。三是「叄五之道」(《八經》),這是法家考察群臣言行的一個具體方法,主要意思是利用多方面的情況進行檢查,以追究責任人的過失,利用多方面的情況進行分析,以找

到取得成功的原因。不分析成功的原因，臣下就會輕慢君主，不嚴厲追究過失，臣下就會相互勾結。四是在領導謀略上，要使用「七術」，也就是說七種策略（《內儲說‧七術》）。這七種策略是：①眾端參照，也就是通過多方面的觀察來驗證臣下的言行；②必罰明威，就是一定要懲罰那些犯錯誤的人來樹立威信；③信賞盡能，在獎勵方面一定要守信用，鼓勵那些有才能和取得成果的人；④一聽責下，就是一一聽取臣下的意見然後進行評判；⑤疑詔詭使，就是指君主表面上和一些人親近，讓他們長期在自己身邊工作，但是不給他們任務，別人感覺這些人是受了秘密指令，所以做壞事的人就會害怕，心裡疑心不敢膽大妄為；⑥挾知而問，這是考察下屬忠誠度的有效手段，就是用已經知道的事情來詢問下屬，看看下屬怎麼說，用以對照核查下屬的態度，從而舉一反三地瞭解許多隱情；⑦倒言反聽，就是本來想說一件事情，卻說一個與本意相反的事情，以獲得下屬的真實態度。五是在管理過程中，韓非子強調要防微杜漸，從細節上消除消極因素。《內儲說》中提出了要查「六微」。管理中有六種微妙而隱蔽的情況：①「權借在下」，要防止權力分散和被架空，核心權力是不可以借給別人的，它是領導者的專利。②「利異外借」，就是防備內外勾結，組織內的人由於和領導利益不同會借助外力來削弱和反對上級的領導。③「托於似類」，這是一種用相關的事情欺騙上級、掩蓋事實真相以達到個人私欲的手段，必須要加以防範。韓非子講了一個齊國的故事，齊國的大夫夷射陪齊王喝酒，醉了之後坐在門廊上，守門人請他賞一點剩下的酒，結果被拒絕了。夷射走後，這個守門人就在門廊下潑了一點水。第二天，齊王出門後看到水，憤怒地問：「誰把尿尿到這裡。」守門人回答說：「沒見誰，可是中大夫夷射昨天喝醉了酒曾在這裡站過一會。」齊王就把夷射給殺了。這是典型的小人栽贓陷害的例證，作為領導者一定要明查。④「利害相反」，就是利和害總是同時出現，有利必有害，有害必有利，所以若國家受害就要看誰從中得到了好處，如果下屬受害也要看誰從中得到了好處，通過這種審查利害就會找到事情的前因後果，找到處理事情的關鍵所在。⑤「參疑內爭」，權力鬥爭不可避免，而臣下爭權奪利是產生變亂的根源，領導者對此要給予關注和控制。⑥「亂國廢置」，敵對國家插手本國重要人員的任免這一點要極力避免，一旦中了圈套，後果不堪設想。

勢是法家的一個概念，和兵家的有所不同。廣義的勢指客觀形勢，狹義的勢是指權勢。韓非子非常重視勢，認為「抱法處勢則治，背法去勢則亂」（《難勢》）。這裡談的勢，就是領導者通過法和術形成的一種權力狀態。為了進一步說明這種勢的重要，韓非子做了一個比喻，說千斤重的東

西在船上就可以漂浮自如,而小小的一個銅錢,如果掉到船下就會沉入水底,它們的根本原因不在於分量的多少,根本原因在於有勢與無勢。同樣的道理,治理一個國家能否樹立權威、行使職權、獲得下屬支持,重要的在於執政者的地位與權勢是否鞏固。

得勢的主要方法:一是依靠術駕馭局勢,管理下屬。韓非子說:「人主使人臣雖有智能,不得背法而專制;雖有賢行,不得逾功而先勞;雖有忠信,不得釋法而不禁,此之謂明法。人主有誘於事者,有雍於言者,二者不可不察也。」(《南面》) 二是靠制度權力,領導者只有牢牢把握賞罰的權力,才能確保勢的穩固。「刑賞不察,則民無功而求得,有罪而幸免,則兵弱主卑。」(《飾邪》) 所以,韓非子說:「勢重,人君之淵……賞罰者邦之利器也。在君治臣,在臣則勝君。」(《喻老》) 正確的方法就是要「聖人執要,四方來效」(《揚權》)。聖人執要是說要抓住要點、核心問題,而「四方來效」就是要善於授權,把細節的東西交給下屬去做,自己牢牢把握核心權力。

從總體上講,韓非子的法、術、勢實際上就是告訴領導者,要管好一個組織的核心問題是權力的問題。法是權力的表現形式,術是權力的手段,勢是權力的歸屬。要制定嚴明的規章制度、清晰和強有力的獎罰措施。規章制度和獎罰措施要明確,讓每個人都看到,而且每次獎罰也都要公開。這樣,領導者下的命令才有人服從,權力才能有效行使。同時,領導者要有一些技巧和計謀,這些計謀要做得恰當周密,不能讓下屬知道,以此保證其實施的效果。這樣才能夠控制局面,掌握下屬的言行,發現問題及時解決,確保管理順利進行。同時,一個領導者一定要懂得樹立自己的權威,牢牢地把核心權力控制在自己的手中,確保自己的領導地位,要善於利用環境去造勢,然後因勢利導,去管人做事從而實現自己的宏圖大業。

第二,法不阿貴的平等思想。

韓非子在其法學思想理論中,尤可稱道的是,第一次明確提出了「法不阿貴」的思想,主張「刑過不避大臣,賞善不遺匹夫」。這是對中國法律思想的重大貢獻,對於清除貴族特權、維護法律尊嚴,產生了積極的影響。

戰國中期,商鞅在秦,幫助秦孝公變法,明確提出了統一刑賞的主張。商鞅提出:「不別親疏,不殊貴賤,一斷於法」,「所謂一刑者,刑無等級,自卿相將軍至大夫庶人,有不從王令、犯國禁者,罪死不赦」。他強調:「刑無等級,自卿相、將軍以至大夫、庶人,有不從王令、犯國禁、亂上制者,罪死不赦。」他從歷史經驗中得出結論:「法之不行,自上犯之。」所以,太子犯法,他「刑其傅公子虔,黥其師公孫賈」,以示對他們教導不盡

職的懲戒。他還說：「法者，國之權衡也。」在他看來，「君臣釋法任私，必亂」！他要求，有敢刪改法令，增損一字以上的，都要「罪死不赦」！不論何人，言不合法的，不採納；行不合法的，不表揚；事不合法的，不去做。而「守法、守職之吏，有不行王法者」，則不但「罪死不赦」，而且還要「刑及三族」！

韓非子則指出：從「上古傳言」或《春秋》所記的歷史看，「犯法為逆以成大奸」的，全都是那些「尊貴之臣」，而真正受到刑罰懲辦的，卻是普通百姓。因而，百姓無從申訴而絕望，大臣們卻可繼續勾結，肆無忌憚地做壞事。鑒於此類大量的歷史教訓，他堅決主張「刑過不避大臣，賞善不遺匹夫」，強調「法不阿貴」。當然，新興地主階級提出「刑無等級」原則的目的，主要是限制和取消奴隸主貴族的法律特權，並不是廢止一切等級制度，但是，這種「平等適法」（君主不在次列）的理念是對西周以來「禮不下庶人，刑不上大夫」的徹底否定，具有歷史進步性，它在中國法律思想史上具有劃時代的意義，為後世人們反抗法外特權奠定了理論基礎，蘊涵了「法律面前人人平等」法治思想的啟蒙火花。

但我們也應看到：「法不阿貴」和「刑無等級」思想具有很大的局限性。第一，「法不阿貴」思想在《韓非子》中是一種思想的閃光點，在韓非子整個思想體系中顯得有些蒼白無力。第二，就「法不阿貴，刑無等級」的內容來看，韓非子強調的重點也並不是像西方資產階級「刑無等級」思想那樣，主要是民眾在法律面前人人平等的意思，而是君主在推行「王令」和對「大臣匹夫刑過」的時候，要一律罪死不能赦。

法律是階級社會中的特有現象。從本質上說，法律的作用是維護統治階級整體的、長遠的、根本的利益的。但在法律的執行過程中，統治階級中的不同階層或集團卻抱有各不相同的態度，持有不一致的主張。在先秦法家中，有些人曾提出了「法不阿貴」和「刑無等級」的思想。這個思想，在漢代以後也為歷代統治階級中的有識之士部分地或有條件地接受，在人民群眾中也有較好的影響。但是，兩千多年的歷史事實證明，「法不阿貴」之類的理想，在封建制度下是不可能真正實現的。先秦法家力倡「以法治國」，他們認為法反應了統治階級的整體利益，所以又稱「公法」；王是這個利益的最高代表者，所以要維護王權。然而，統治階級中的一部分上層分子，為了個人或小集團的私利，經常置法律於不顧，並要求法律承認其特權地位，以便成為免受法律規範約束的特殊階層或分子。這種要求在客觀上不利於統治階級的整體利益，也妨礙著法律的順利推行。因此，維護王權的思想家們提出了「法不阿貴」和「刑無等級」的主張。

「法律面前人人平等」是現代法治的靈魂所在，是社會主義法治的基本原則。今天的中國社會正在推進「依法治國」戰略，在建設法制社會的過程中，我們有必要進一步強化「法律面前人人平等」的執法理念，司法公正是國家對司法工作者在實現「依法治國」戰略中的必然要求。只有這一法律意識真正得到貫徹執行，法律的威嚴才能更加體現出來，社會法制環境才能進一步完善，「依法治國」的戰略目標才能最終實現。

思考題：
1. 簡述墨子的兼愛思想。
2. 試述墨子的「官無常貴，民無終賤」的尚賢原則。
3. 簡述商鞅兩次變法的主要內容及意義。
4. 簡述申不害的基本思想。
5. 淺談韓非子的法、術、勢兼治理論。
6. 談談「法不阿貴」的平等思想及現實意義。

7　中國傳統文化的人格追求

　　一個民族不能沒有人格，一個人格喪盡的民族注定了要被歷史所淘汰。中國傳統文化是一種不斷塑造理想人格、培養理想人格的文化。從先秦時起，不同學派的主要思想家便對理想人格進行了長期的探索、構想、提出並宣揚各自的理想人格模式以及達到理想人格的途徑，甚至有些文化精英還在一定程度上踐履了自己建構的理想人格。其中，儒、道、法、佛四家所設計和倡導的「君子人格」「隱士人格」「英雄人格」及「隨緣人格」構成了中華民族人格文化最主要的成分，長久地影響著中華民族的人生價值取向。

7.1　追求「修齊治平」的儒家「君子人格」

7.1.1　儒家的理想人格——君子人格

　　在中國思想史上，以孔孟為代表的儒家對於道德的充實、人格的偉大、情操的完美非常重視，孜孜以求。儒家所設計的理想人格是一種「君子人格」，這種人格精神強調有德行的人要根據自身情況結合外在環境來決定自己的行為和思想。當然在表述上，儒家也用「賢人」「聖人」「大丈夫」等表達其理想人格。兩千多年來，「君子」一直是中國志士仁人在人格修養上的重要目標，與此相適應，儒家及其統治者不斷樹立聖賢人物的典型楷模（如堯、舜、禹、湯、文、武、孔孟、諸葛亮等），對聖賢人物生前死後加封榮譽稱號，大力宣傳，號召人們「見賢思齊」，學習仿效。

　　作為一種理想的人格範式，「君子」是由孔子首先提出來的，「君子」之風也是開始於孔子的大力倡導。從《論語》中我們可以看到，孔子對作為「君子」的人格境界規定得非常高，僅次於可望而不可即的「聖人」。他說：「聖人，吾不得見之矣，得見君子，斯可矣。」那麼，什麼樣的人才稱得上「君子」呢？孔子認為，「君子道者三，我無能焉：仁者不憂，知者不

惑，勇者不懼」。也就是說，「君子」應當具有「仁者愛人」的情懷，律己寬人的精神，應當具有淵博宏富的學問，嚴謹求實的學風，應當具有尚義重行的勇敢，堅強進取的毅力。

概括起來，儒家的「君子人格」包含了以下幾個方面的基本特徵：

第一個特徵是仁愛精神。君子之可貴，就在於其德性可敬，是集眾善於一身的，是社會德性的象徵。在儒家的倫理思想中，仁是全德之稱，在君子應具備的「仁、義、禮、信、忠、孝、悌、寬、恭、恕」等多種美好品格當中，「仁」是最重要的倫理道德要求，它所體現的是一種同情、關心、愛護、尊重他人乃至以天地萬物為一體的仁愛精神。這種仁愛精神，正是儒家所追求的最高人生價值。孔子說：「君子去仁，惡乎成名。君子無終食之間違仁，造次必於是，顛沛必於是。」這就是說，「君子」首先應該是「仁」的實踐者，成為一個「仁人」，如果拋棄了「仁」，「君子」就不可能成其為「君子」。

第二個特徵是濟世情懷。在儒家看來，聖賢除了在個人心性道德修養方面臻於完善外，與此同時，還要把「內聖」進一步體現在經世致用方面，具有經世濟民的抱負，要有「為天地立心，為生民立命，為往聖繼絕學，為萬世開太平」的雄心，要為建立一個「百姓昭明，協和萬邦」的理想社會而進取不息、奮鬥不止。也就是說，君子是治國、平天下的中堅，是維持社會秩序的基礎。一個國家能否得到治平，就取決於君子的多寡，以及能不能行君子之道，君子多，社會風氣良好，則國家可治，天下可平，否則，社會就會混亂不堪，人們就不能安居樂業。所以，二程認為：「自古治亂相承，亦常事。君子多而小人少，則治；小人多而君子少，則亂。」其實，更為重要的是，官吏乃至君王，最好能具有君子人格。只有這樣，才能真正實現儒家的治國平天下的外王理想。

第三個特徵是中庸的品質。「中庸」又稱「中道」「中行」，是指人的言行不偏於對立的任何一方，使對立雙方互相平衡、互相補充，保持在無過無不及的理想狀態。在儒家看來，這種中庸之道是聖賢所必須掌握的。與此相區別，有「狂」與「狷」兩種對立的品質，狂即狂妄冒進，狷即拘謹退縮。孔子說：「不得中行而與之，必也狂狷乎！狂者進取，狷者有所不為也。」作為聖賢君子，必須具備中庸的美德，避免流於狂狷。而如果能夠按中庸的要求，喜怒哀樂、行為舉止無不恰到好處，還是不為人知，不被世人認可，而能無怨無悔的話，那就達成了人格的最高境界——聖人。「君子依乎中庸，遯世不見知而不悔，唯聖者能之。」

第四個特徵是注重氣節操守，富有獻身精神。孟子提出：「富貴不能

淫，貧賤不能移，威武不能屈，此之謂大丈夫。」這種注重氣節與操守的觀念對後代影響很大，成為儒家理想人格的重要特徵。此外，自孔子、孟子以來就提倡「殺身成仁」「捨生取義」的獻身精神，主張不為保存生命而放棄自己的原則和尊嚴。這種精神，鼓舞了無數中華兒女在國家民族存亡之際慷慨捐軀，從容就義。

總之，君子人格，是儒家追求的理想人格，自孔子以下，君子觀就對中國社會產生重要的影響，有力地滋潤著普遍民眾的心理及情操。以「詩聖」杜甫為代表的詩人們的理想自然是「致君堯舜上，再使風俗淳」；以陶淵明為代表的一群隱士文人照樣念念不忘「大濟於蒼生」；一生沒有當過官的孟浩然也曾羞羞答答地向丞相張九齡遞上一首《臨洞庭湖贈張丞相》，以表達自己「坐觀垂釣者，徒有羨魚情」的豔羨之意。可以說，儒家所倡導的「君子人格」已內化為中華民族所共有的人格精神的主流，它所包含的仁愛精神、濟世情懷、中庸的品質以及對氣節操守與獻身精神的重視，已經成為兩千多年以來中國知識分子的普遍人格，積澱在民族精神的深處，持久地發揮著作用。

7.1.2 儒家的人格修養方法——修齊治平

在儒家倫理實現的一般模式中，儒家非常注重人格的自我修養。歷史上著名的儒學思想家，都非常重視、關注人格修養問題，對此進行了較為集中的理論探討。

孔子把「修己以安人」及「修己以安百姓」作為對君子人格的基本要求。《論語·憲問》中載有孔子與子路之間關於君子的一段對話。當子路問及孔子「君子」的要求時，孔子首先提出了「修己以敬」，並以此為基礎，推己及人，由「修己」推廣到「安人」「安百姓」，把君子視為這三者的有機統一。「修己」是從事內在的道德修養；而「安人」和「安百姓」則是指從事外在的道德實踐。「修己」的方法即「內聖」的方法，它包括：內省——「見賢思齊焉，見賢而內自省也」；自訟——「見其過而內自訟」；克己——「克己復禮為仁」；改過——「過則勿憚改」「擇其善者而從之，其不善者而改之」等。這種「修己安人」說，是儒家對理想人格模式的最早描述。

孟子繼承、發揮了孔子的思想，強調以修身為本，最終完成治平之業作為對君子人格的一種規定。孟子認為：「天下之本在國，國之本在家，家之本在身。」只有真正做好「修身」的功夫，才能「親親而仁民，仁民而愛物」。這種理想人格模式，用孟子自己的話來概括，就是「君子之守，修其

身而天下平」。但由於「聖賢道德」不是人人都能做到的，於是孟子便設想了一條可進可退之路，即「達則兼濟天下，窮則獨善其身」，一個人即使做不到建功立業關懷天下，也要求至少管好自己，修身養性，安守本分。這也許可以說是儒家對於人的道德修養的最低要求。

而《大學》則對「君子」的理想人格模式進行了具體而集中的闡述，提出了有名的「三綱領」「八條目」，將早期儒家有關理想人格的思想進一步理論化。「古之欲明明德於天下者，先治其國。欲治其國者，先齊其家。欲齊其家者，先修其身。欲修其身者，先正其心。欲正其心者，先誠其意。欲誠其意者，先致其知。致知在格物。」「物格而後知致，知致而後意誠，意誠而後心正，心正而後身修，身修而後家齊，家齊而後國治，國治而後天下平。」這就是儒家的「格致誠正、修齊治平」，它構成了儒家倫理社會本位主義實現的一般模式。在這裡，儒家把身、家、國、天下看成是一個相通一貫的大系統，「修身」被視為其他一切活動的根本，它既是格致誠正的結果，又是齊家治平的前提。儒家特別強調「自天子以至於庶人，一是皆以修身為本」。所謂「本」，即根本手段和根本前提。也就是說，修身的目的不是為了成己，而是為了安人，為了成物，為了齊家，治國，平天下。《大學》中所表述的這一人格理想及其具體的實現途徑，在宋代以降得到了理學家的普遍認同與推崇。

通過長期的理論探索與道德踐履，儒家提出了一套完整的人格修養方法，其中包括反躬內省、主敬、存心養性、重學與力行等方面的內容。

（1）反躬內省。儒家認為，人的道德完善必須要靠自己的努力來達到，不能依賴別人。孔子為此強調「為仁由己」，認為仁德實現的關鍵在於自己的努力。基於這種認識，儒家主張人們在道德修養中應該嚴格地要求自己而不能苛求他人：「躬自厚而薄責於人」，同時，「見賢思齊焉，見不賢而內省也。」看見賢人，就向他看齊，看到不賢的人，就在內心反省自己有沒有類似的過錯。這就是所謂的反躬內省。孔子的弟子曾參還據此提出了「吾日三省吾身」的思想，說一個人每天都應該反省自己三件事：為別人做事是否已經盡心竭力了？與朋友交往是否有不講信用的地方？老師所傳授的知識是否已經溫習過了？這種思想在此後歷代儒家那裡都得到繼承和發揮。反躬內省思想的實質，就是強調人們在道德修養過程中，必須高度自覺，嚴於律己，必須經常反省自己的思想和行為是否符合道德原則。應該說，這是道德修養過程中帶有普遍意義的一種方法。

（2）主敬。主敬就是指一個人時時刻刻收斂身心，不論無事有事，都謹慎小心，不敢有絲毫的鬆懈放縱。在儒家看來，這是最重要的修養功夫。

早在春秋時期，孔子就提出了「修己以敬」（《論語・憲問》），強調應該用嚴肅莊敬的態度來進行道德修養，不使自己的思想有絲毫放鬆。這種思想在宋明時期得到了理學家的進一步提倡和發展。二程就提出「進學在致知，涵養須用敬」「入道以敬為本」，強調主敬為道德修養的根本。朱熹在此基礎上更提出：「『敬』字功夫，乃聖門第一義，徹頭徹尾，不可頃刻間斷。」（《朱子語卷》卷十二）「『敬』之一字，真聖門之綱領，存養之要法。」（《朱子語卷》卷十二）此後，主敬的功夫被視為儒家第一義，其重要性超過了其他任何修養功夫。

（3）存心養性。這是與儒家性善學說緊密聯繫在一起的一種道德修養方法。在儒學史上，自孟子最早提出人性本善的思想，性善論一直成為儒家人性論的主流。在孟子看來，人的本性中先天地具備了惻隱之心、羞惡之心、辭讓之心、是非之心，它們分別是仁、義、禮、智四種品德的萌芽或端緒，進行道德修養就是要保存與擴充人性中所固有的這些善端，使之不至於被外物引誘而喪失。因而，道德修養必須從「存心養性」著手進行。孟子的「存心養性」包括兩個方面的內容：一方面是減少物欲，保持人心本有的善端不致因外界物欲的引誘而喪失，已經失去的本心也要重新尋找回來；另一方面是不斷培養擴充心中所具有的浩然之氣。孟子這種存心養性的修養方法，對歷代儒家的修養學說影響很大。宋明理學家的修養功夫論更主要是在繼承、發揮孟子思想的基礎之上提出的。無論是其中的程朱理學派，還是陸王心學派，都把道德觀念當作人心或人性中所固有的東西，他們把道德修養過程或視為自身內求的過程，或視為通過對外界事物的認識來把握人心中所固有的善性的過程，所強調的都是存心養性的重要性。

（4）重學。儒家的道德修養論十分重視道德知識的學習，認為不學習就不能認識和掌握道德知識與原則，道德品質的形成也就根本無從談起。孔子重視學習，有很多論學的言論，他把學習作為一個人實現仁德的重要途徑，一生「學而不厭，誨人不倦」，給後世留下了好學的榜樣。孔子弟子子夏更明確地提出「君子學以致其道」，強調通過學的方法來達到仁道。

孟子雖然承認有「不學而能」「不慮而知」的良知良能存在，認為人人都具有天賦的道德本性，但他同時又指出，天賦的德性還有一個保存和發揮、擴充的問題。這就需要學習，不學習，就不能存養良心，也不可能把喪失的良心重新尋找回來。戰國末期的儒學大師荀子更從其人性本惡、化性起偽的理論出發，認為人化改惡性、養成善德是後天禮儀教化的結果，以此肯定教化與學習的重要性。他指出，人是教育的產物，必須通過教化與學習來改變本性，正如同「木受繩則直，金就礪則利」那樣，人只有廣

博地學習，每天嚴格地反省自己，才能做到「知明而行無過矣」。因而，學習在道德修養中具有特別重要的意義。

早期儒家重學的傳統，為歷代儒家所繼承和發揚。他們提出了許多重學的理論，在中國思想史上產生了重要影響。值得注意的是，儒家所重視、強調的「學」，主要是指道德知識的學習，它是儒家道德修養的重要方法。

（5）力行。儒家重視學習，更重視力行。在儒家看來，學了還須力行，如果學而不行則無異於不學。道德修養需要學習，但決不能僅停留在學習道德知識上，應該在道德實踐中去鍛煉，把道德知識真正內化為自己的道德品質。因而，力行是儒家道德修養的重要方法。早在春秋時期，孔子就提出，「君子欲訥於言而敏於行」，強調了行的重要性。此後，荀子繼承孔子重行的思想，更明確地提出「知之不若行之，學至於行之而止矣」，認為學的目的在於行，只有力行，才能完成道德修養。到宋明時期，圍繞著知行關係問題，也就是道德意識和道德踐履問題，儒學內部展開了長時期的爭論。

程朱理學派主張知先行後而行重知輕，陸王心學派則明確提出「知行合一」的觀點。這兩種觀點在明清之際又遭到了王夫之、顏元等思想家的批評。王夫之提出了行先知後、行能兼知的思想，批評程朱、陸王在知行論上的缺陷，強調力行的重要意義。顏元則力倡習行之說，反對空談心性、閉門讀書，認為凡事應該「親下手一番」才能真正有所得，否則，所得來的知識就如同鏡花水月，是虛妄的、靠不住的。在顏元的道德修養論中，傳統儒家「力行」的道德修養方法得到了特別突出的強調。

從上述內容我們可以看到，儒家關於人格修養方法的論述非常豐富，其中許多內容可謂真知灼見。儒家的這一整套人格修養方法在中國封建社會曾經培養出了不少具有高尚道德情操的志士仁人，今天的我們理應對其中科學、合理的內容加以繼承、吸收，發揚光大。

7.2 追求「清靜無為」的道家「隱士人格」

7.2.1 道家的理想人格——隱士人格

道家在許多人的眼中只講天道而少及人倫，似乎是不近人事的。其實不然，道家以「自然」釋「道」，在更高的層次上提出了他們的人格理想。

道家文化更為注重人與自然的「和合」，不僅主張以平等、平和的態度對待外部自然存在，與一切自然存在和諧共處，同時也主張將這種原則應

用於社會人生，提倡一切順其自然，由此發展出它的基本精神。比如，在政治上，道家崇尚順其自然的放任主義，主張處無為之事，行無言之教，無為而治，這樣就不容易激化矛盾，無為而無不為，治大國如烹小鮮。在倫理上，則是倡導自然主義：對個體生命而言，主張不加約束，順乎人性天性自然發展；對人際關係而言，則主張各自甘其食，美其服，安其居，樂其俗，彼此相安無事，乃至老死不相往來，如此當然也就不會有多少衝突。

因而與儒家積極入世的態度不同，以老莊為代表的道家，設計了一種企圖超越世俗的遊世型的理想人格，即「隱士人格」。或許春秋戰國時代動盪不安的社會局面使老莊感慨：禍兮福所致！所以，人活在世上最重要的是要懂得明哲保身，要明哲保身就要與世無爭，寵辱不驚，大智若愚，隨遇而安，知足常樂，吃虧是福，難得糊塗等。

道家的理想人格特徵是主張淡泊名利，平和心性，主張「輕利寡欲」「致虛守靜」「無私不爭」，強調「復歸於樸」「絕聖棄智」，崇尚清靜無為，提倡無欲，「是以聖人不行而智，不見而明，不為而成」。反之，如果圖榮華、享寶貴、爭名逐利，恣情縱欲，胡作妄為，必然背「道」而馳，離「道」更遠，不能得到「道」了。

道家的理想人格實質是「道通為一」「抱一為天下式」，強調人的精神自由和意志獨立。在道家看來，現實的個人在社會中是極其渺小的，人所要做的是保持其自然本性，不為物欲蒙蔽，不為他物牽累，「致虛極，守靜篤」，「依德而行，循道而趨」，縱情於山水間，逍遙於天地外，做到不辨物我，不執是非，不論善惡，安時處順，全真保性，從而達到本性與大道統一。

總的來說，道家主張取「遁世」態度，主張與世無爭，迴避社會矛盾，向後退讓：退回自然，返璞歸真，實現與自然的和諧共處；退回自我及其內心情感，清靜無為，陶情冶性，尋求自我內心的和諧寧靜。為了強調這種「自然而然」，莊子還在《逍遙遊》中比較了人對「道」所能達到的四種狀態，即「真人」「至人」「神人」和「聖人」。其理想的人格境界就是成為無私的「真人」，忘我的「至人」，不求功績的「神人」，不貪名聲的「聖人」，也就是所謂的「至人無己，神人無功，聖人無名」。

其實，莊子所謂的神人、至人、真人基本屬於同一性質的概念，都是莊子人生理想像徵。因為無論是神人還是至人、真人，他們都不是在人世間追求人生價值，而是要「遊乎塵垢之外」「遊於方之外」，追求一種「上與造物者遊，而下與外死生、無終始者為友」的絕對自由的理想境界，它

們都具有齊物我、外生死、超利害、逍遙無待的特點，擺脫了世俗的羈絆，泯滅了一切生死、利害、物我的界限，達到了個體精神的絕對自由的境界。顯然，這是一種自然主義的人生觀。不過，對於中國的知識分子而言，循著這種人生取向，往往走向「歸隱」，這便與宗教境界也相差不遠了。所以，儘管道家的人格思想透露著某種超越自我、「天人合一」、尋覓自由的理性自覺和主體精神，但其實質上反應的則是面對強大的封建社會的壓迫與桎梏而虛無避世，陶醉在消極退縮的自我幻想型隱士人格的追求與慰藉之中。

雖然這種無己逍遙的理想境界不可能在現實世界中實現，卻完全有可能在心理的精神世界中實現。由於道家把現實世界折變為心理世界、注重心理層面的解脫、超升，所以道家所描繪的神奇瑰麗的理想人生境界不僅不顯得遠離現實，反而具有強大的吸引力，引起了人們的無限遐想和悠然向往。因而，以老莊為代表的道家的人生理論對中華民族的心理文化結構和人生觀的塑造產生了重大的影響。道家反對人為物役，主張不為禮法所拘、追求個體身心自由，直接影響了魏晉時期人的覺醒，開後代個性解放思想之先河；道家超邁曠達的人生態度，培養了中國人的樂觀精神，陶冶了人們的豪放性格；道家要求人們超凡脫俗，自然無為，返璞歸真，保持純潔的天性和心境的虛靜淡泊，也極大地影響了中國人的人生態度和生活情趣，使人們在紛繁複雜的現實生活中保持心靈上的寧靜和心理上的平衡。當然，道家理想人格中的避世、厭世、遁世的傾向，虛無感傷的情調，消極忍耐、隨遇而安的處世態度，在歷代人們的文化心理結構與人生觀中更是留下了深深的烙印。在動盪的社會之中，人們迫切需要一個安定的環境，或者有一種思想讓人們內心有所依託。過上一種逍遙自在的生活，對那些為生死禍福窮達貧富所苦苦纏繞的心靈，確實構成了一種誘惑。這個誘惑，一方面可以使人保持平靜的心靈，培養一種超然物外的心態，形成平靜、超脫等精神特質；另一方面，對於經不起現實折騰的人們，可以選擇柔弱、消極避世、與世無爭等態度對抗外界。雖然道家強調忽視自我，但人的本性是多面的，尤其是處於動盪不安的局面時，人更加注重自我的保存，「隱士」的人格理想就在這個時期呈現為失意之人的主旋律。

不過自古以來，真正徹底的隱士，實屬罕見，而我們所知的，多半只能算是「半隱士」。所謂「半隱士」，用宋代詩人陸放翁的話來說，就是：「志士栖山恨不深，人知已是負初心。不須更說嚴光輩，直自巢由錯到今。」他認為真正的隱士，入山唯恐不深，避世唯恐不遠；而被人知道出了名的隱士，已經辜負了自己當初逃隱的動機了，姑且不說別有用意的嚴子陵們，

就是許由、巢父他們，被人發現了蹤跡，有了「高尚其志」的「隱士」聲名，也已名不副實了。客觀來說，在他們身上，儒家和道家兩種人格精神是互補的，前者要求人們從事道德實踐，即在從事政治、經濟、軍事等活動時按著儒家的道德規範去做；而後者則力主人們從事俗務，並不要求踐行儒家的道德規範。這種互補，是內在精神與外在實踐性的辯證的互補。正是有了這種互補性，中華人格才基本上成為一個完整而健全的系統，成了從內在精神到外在表現，從理想上的超越到現實中的經世致用都一應俱全的健康的人格思想體系。正是這種基本由儒道兩家奠定的人格觀念，成就了歷代無數的高尚人物。在後世的屈原、陶淵明、蘇東坡等知識分子身上和張良、諸葛亮以及南北朝時期的王猛、陶弘景，唐代的魏徵，宋代的陳摶，元代的劉秉忠，明代的劉基、周顛，清代的範文程等政治人物身上，這兩種人格都或多或少地共同存在並相互作用著，從而使他們顯現出相當高的人生境界。

7.2.2 道家的人格修養方法——清靜無為

以老莊為代表的道家提出了「真人」「至人」「神人」的理想人格，同時強調通過自我的內在修養來實現其理想人格目標。其內聖方法是「滌除玄覽」和「致虛極，守靜篤」等，即通過內在修養而排除貪欲和詐智，使內心進入「虛靜」的狀態，由此即可達到「無為」的精神境界。老子強調：「是以聖人抱一為天下式。不自見，故明；不自是，故彰；不自伐，故有功；不自矜，故長。」這裡的「一」即是「道」，而「自見」「自是」「自伐」「自矜」都不是順從「道」的「自然而然」的作為，故而聖人要排除這些一己之見、一得之私，要養生適性，道德充沛，齊物解脫，鯤鵬逍遙。在此基礎之上，道家提出了「無為」「絕仁棄義」「坐忘」「心齋」等具體的人格修養方法。

(1)「無為」。老子說：「道常無為。」莊子說：「無為而尊者天道也。」「無為」是道家根本的政治主張，同時也是其重要的道德修養方法。「無為」要求人們因循事物的自然狀況，順應萬物的本性及其內在規律。在道家看來，淳樸天真、自然無為是天道的屬性，人們應該效法這種德性，保持淳樸率真的自然本性，保持和發展自身的本質和規定性。莊子筆下的「神人」「至人」「真人」之所以具有種種神奇的異於常人的特點，就在於他們對一切世事都能漠然置之，自然無為，根本不會抱有為的態度，不會採取任何實際行動去介入或解決現實問題，他們只是在內心世界改變問題的性質，或乾脆在心理上將問題取消，從而達到精神上的絕對自由境界。反之，如

果對外界進行過多的干預，事事有為，則往往會適得其反，最終戕害自己的本性。

（2）「絕仁棄義」。道家認為，人最可珍貴就是人的本心、本性，人一旦丟掉了屬於自己的東西就會變得空虛，喪失任何價值。而仁義禮儀的推行無疑會改變人們的樸素本性，束縛人的本真情感。莊子就指出，客觀事物的方圓曲直是自然本性，沒有必要用鉤繩規矩去加以調整和改變，如果硬要使用這些東西，就會改變事物的本然之性。人也是如此。仁義禮儀這些外在的規範會改變人們的純真本性。莊子認為，在遠古時代，人民安居而無所謂，悠然而無所往，一派安然自適。等到聖人出現，用禮樂來匡正天下人的形態，用仁義作標榜來安慰天下人心，人們就變得本性迷亂，開始奔競用智，汲汲爭利，以致一發而不可收，各種奸詐虛偽的行為也隨之出現。因而在莊子看來，仁義禮儀是損傷人的本性的，提倡仁義禮儀是聖人的罪過。人們應該絕仁棄義，只有擺脫仁義禮儀的束縛，才能保全淳樸至真的本性，擺脫人性的異化，獲得精神的自由。應該說，道家這種絕仁棄義的道德修養方法過於偏激，但是有一點卻能夠引發我們的進一步思考，那就是在世俗的名譽、地位等之外，人們淳樸的本性、本真的情感是更崇高、更神聖的東西，它值得人們去珍惜與追求。

（3）「坐忘」。道家所追求的是一種不受任何條件限制，無拘無束、怡然自得的「真人」「至人」境界。在道家看來，世人之所以不能達到這一境界，根本原因在於「有待」，即擺脫不了對周圍事物的種種依賴關係。他們或追求榮華富貴，或沉溺於是非毀譽，或汲汲於仁義道德，身心深受殘害，陷入了無邊的苦海。要達到逍遙無為的聖人境界，就必須要做到「無待」，對一切都無所欲求，不受任何外在條件限制，而「無待」的根本方法則在於「無己」或「坐忘」。

所謂「無己」或「坐忘」，是指從精神上超脫一切自然和社會的限制，泯滅物我，泯滅我之好惡之情，以致達到形若枯槁、心如死灰的地步。這是道家道德修養的根本方法，是達到逍遙境界的必經階段。在《莊子·大宗師》中，莊子假借他人之口談到，「坐忘」指的是「墮肢體、黜聰明，離形去知，同於大道」。也就是說，不僅要忘掉天地萬物，而且要忘自己的身體和知覺，與自然之道合而為一。這樣才有可能達到逍遙之境。

（4）「心齋」。在道家看來，泯滅物我、人我是人生修養的重要階段，但是，到這一步還只是消除了我與外界、外物的矛盾，而「我」卻仍然存在，會自覺或不自覺地產生這樣那樣的雜念。人生修養的最高層次還要最終泯滅自我。在《莊子·齊物論》中，莊子提出了「吾喪我」的修養方法。

其中所謂「吾」，指的是得道之我，「我」指的是世俗的、追求功名利祿、榮華富貴之我。「吾喪我」就要求不僅要將外界的一切事事物物、是是非非全部忘卻，甚至連一切自我意識都要徹底泯滅、取消。這一修養方法，莊子又稱之為「心齋」。「心齋」的基本要求是心志純一，消除任何雜念，心神停止與外界接觸，擺脫一切外物之累，達到精神意識上的虛一而靜，進入絕對自由的逍遙境界。當然，「吾喪我」「心齋」的修養方法要求主體將自我意識徹底泯滅，這是不可能在現實世界中實現的，我們只能從心理學的角度去理解。

總之，道家把「無為而無不為」作為對其理想人格的規定，它與儒家的理想人格頗有不同。後者追求的是一種大公無私的道德境界，而前者追求的是一種逍遙自由的精神境界，這種境界是超道德的。道家不是不講治國平天下，如莊子所說：「道之真以治身，其緒餘以為國家。」所謂「治身」指從事內心修養，這是「內聖」；而「為國家」是指建功立業，這是「外王」。莊子把「內聖外王」視為其理想人格的基本架構，它反應了治國與修身之道的合一。所謂「靜而聖，動而王」「一心定而王天下」也是力證。道家追求的理想人格是一種逍遙式的隱士人格，它代表一種自由精神，實現這種人格的途徑便是由內在修養達到虛靜的心理狀態，然後即可進入逍遙自由的精神境界了。在道家看來，有這種精神境界的人並不捨棄外物或俗物，相反，他還積極地投身於俗物，因為外在實踐能使他的精神境界得到考驗和鍛煉，從而使之更加穩定、充實和持久，這或許就是莊子為什麼講「獨與天地精神相往來而不傲睨於萬物，不譴是非以與世俗處」的一個原因。一個達到「逍遙」境界的人，不焦慮，不緊張，從容不迫，鎮定自若，當他以這種心態做事的時候，是不難取得成功的。

7.3 追求「建功立業」的法家「英雄人格」

7.3.1 法家的理想人格——英雄人格

中華民族是一個悲壯堅韌、英雄輩出的民族，人民對英雄的推崇與熱愛貫穿於整個歷史進程之中，這固然與中國特定的歷史環境等因素有關，也與法家對英雄人格的推崇密不可分。

法家的理想人格是由韓非子所設計的。以韓非子為代表的法家重視法、術、勢，在繼承荀子性惡論和老子權術政治學說的基礎上，設計了一種理想型的政治性人格。在韓非子之前，孔、孟等儒家思想家曾向人們展示了

一個溫情脈脈、充滿仁愛的世界。但是，韓非子卻以冷靜理智的態度對社會、人生進行了毫不留情的剖析。在韓非子看來，人際交往中處處充滿了欺騙、敲詐、爭奪、陷害甚至血淋淋的互相殘殺。自私自利是人的本性，也是一切人際關係的基礎。人人都從自己的私利出發，互相利用，互相算計。可以說，個人利害是人際交往的基本準則，人的一切思想行為都是圍繞著私利這一軸心旋轉的。即使是父母與子女之間、兄弟之間、夫妻之間，也莫不如此，都是「用計算之心以相待」。

正是基於對現實社會、人生世相的深刻認識，法家確定了自己的人生準則和處世態度，提出了其理想人格「英雄」的設計。這種理想人格主要分兩種類型：其一是「聖人」或「聖王」，其二是「能法之士」或「智術之士」。但無論是「聖王」還是「能法之士」無一不是備受人景慕和崇拜的「英雄」。其中，前者是韓非子心目中理想的帝王人格，後者是韓非子心目中理想的大臣人格。

法家所設計的「聖王」，是指掌握法、術、勢並推行法治的專制帝王，這是一種理想的君主人格，既有至高無上的權勢，又有神祕莫測的權術，能依法治國，為使政治和社會走上規範化而努力。在品德上，這種人格能公而忘私，「去私心，行公義」，敢於為「公利」而獻身，是一個靠己力立於世的人物。韓非子特別強調作為君主還必須「務力」「強毅」，認為：「力多則人朝，力寡則朝於人，故明君務力。」在他看來，一國之統治者如果不「務力」、不「強毅」，那麼這個國家也就很難興盛起來，最終必然在國與國的競爭中成為失敗者。

「能法之士」「法術之士」或「智術之士」是韓非子所設計的理想的大臣人格模型。韓非子本人正是這樣一種人格模型的代表。在韓非子看來，這種「士」通曉法術，力主君主以法術治國，並能協助君主擔負起治國安邦的重任。他們「遠見而明察」「強毅而剛直」，堅持原則，反對那種「無令而擅為、虧法以利私、耗國以便家、力能得其君」的行為，敢於同邪惡勢力做鬥爭，敢於為「公利」而獻身，積極入世，奮勇進取，有一種蓬勃向上的奮鬥精神，是敢作敢為者的代言人和實幹家。

概而言之，法家所設計的這種「英雄人格」，無論是「聖王」還是「能法之士」都須具有「去私心行公義」「任力」「貴法」「重勢」這四個基本特徵。

（1）「去私心行公義」。法家把「去私心行公義」視為其聖賢人格的首要特徵。「去私心」是「內聖」，「行公義」是外王。「去私心」的具體方法是「愛其精神，嗇其智識」「愛精神而貴靜處」以及「不拔」——「雖見所

7 中國傳統文化的人格追求

169

好之物不能引」「不脫」——「雖有可欲之類神不為動」等。「行公義」則是指從事政治實踐，為地主階級的整體利益（「公義」）做貢獻。

（2）「任力」而不「任德」。法家認為，要富國強兵，就必須壯大實力，推行耕戰政策，否則就會造成國庫空虛、君王卑弱、百姓貧窮的惡果。因而法家將「食有勞而祿有功」作為其基本的價值取向。至於儒家所提倡的仁愛道德之說，墨家所提倡的兼愛、非攻之說，在法家看來完全是迂腐無用乃至有害的主張。如韓非子就認為「仁義愛惠不足用」，而「嚴刑重罰可以治國」，宣揚道德無用論，崇拜法律和權力的價值。

（3）「貴法」而不「貴義」。法家認為，人性都是好利惡害的，人們都畏懼嚴刑，害怕重罰。治理國家就必須利用人的這種本性，制定各種刑法禁令，施行法治，使國家安寧而暴亂不起。可以說，以法為教才是治國安民的良策。對儒家的「德治」主張，法家進行了抨擊，認為仁義必然滋奸養暴，慈惠必然亂政敗民，仁義道德是亡國之源。因而，法家的理想人格要求「不務德而務法」「不貴義而貴法」。

值得注意的是，法家的理想人格不僅「貴法」，還具有「法不阿貴」的精神。法家認為，法律面前人人平等，沒有親疏貴賤之分，「刑過不避大臣，賞善不遺匹夫」，一切人都應以法為準繩。在法家的理想人格中，「法不阿貴」的精神是不可缺少的內在要素。

（4）「抱法處勢」。法家重法，同時又主張運用權術，具備駕馭臣民的技巧，以權術作為保證法的手段。而法、術的貫徹與執行，又必須以「勢」為前提，權勢在手，才能令行禁止，威震臣民。這樣，法家就把法、術、勢的統一作為理想人格設計的重要內容。與同時代的儒、道、墨諸家相比，法家的理想人格具有強烈的政治色彩，「法術之士」對現實政治的參與意識與權勢慾望格外強烈，他們是「抱法處勢」的強權者。

法家的理想人格是基於對社會現實的深刻洞察，人生世相的犀利解剖而提出的，在先秦諸家中獨樹一幟，在後世也產生了較大的影響。雖然法家的人性論中對仁義鄙棄，對道德的忽視，對實力、權勢、權術的極度推崇與汲汲追求表現出明顯的偏頗乃至荒謬，但「聖王」和「法術之士」所具有的「法不阿貴」的品格，卻無疑是值得稱道的。

7.3.2 通向英雄之路——建功立業

法家「以法為教，以吏作師」，同時重刑輕罰，尚兵重農，其理想的人格是英雄。從人皆「用計算之心相待」的人性論出發，以功利主義為原則，以刑罰和慶賞刺激人的慾望，殺敵報國立功受賞的勇武之士是他們推崇的

榜樣。

　　法家所設計和倡導的事功，是以君主為本位和實踐主體的。按照這個根本出發點，商鞅立足戰國大勢和秦國政治，提出為政者的最高事功目標：「是以強者必治，治者必強，富者必治，治者必富，強者必富，富者必強。」同書《去強》云：「強必王」。《慎法》云：「能行二者（耕戰）於境內，則霸王之道畢矣。」據此，商鞅提出了「治、富、強、霸（王）」四大目標。韓非子也講霸王之功：「以成霸王之名，朝四鄰諸侯之道」；「官治則國富，國富則兵強，而霸王之業成矣。」但他又順時應變，進而倡言帝業和兼天下的事功目標：「不慕而治強者，秦也，然而未帝者，治未畢也。」又云：「萬乘之主，有能服術行法，以為亡徵之君風雨者，其兼天下不難矣。」法家的事功目標論雖以君主利益為本位，但其帝天下的目標暗合於歷史大勢，故錢穆說，「大體言之，秦政後面實有一個高遠的理想」。

　　法家也為臣民樹立了明確的事功目標，具體說來，臣民事功落實在治功、軍功和農功三途。治功，指官吏在職任上治民治事之功，即要求「治國之臣效功於國以履位，見能於官以受職，盡力於權衡以任事」。秦代官吏治功的倫理和效驗準則很多，如韓非子提到的「修身潔白，居官無私」「盡力守法」「清廉方正」「以忠信事上」等。再如《睡虎地秦墓竹簡・為吏之道》所載「審悉毋私」「善度民力」「當務而治」「勞有成既」「地惰城固」等。《商君書・禁使》所論的上計制和出土秦簡所載的考課制，則是對官吏勤勞本職之治功的考核辦法。軍功指將士作戰「斬首捕虜」之功，《商君書・境內篇》記有商鞅在秦設計的嚴密的二十級軍功爵制。農功，指農民盡力耕墾，「公作必疾，私作不荒」。

　　使農民以力得富事致貴臣民之事功目標既明，法家進而將事功提升為君主課責百官的尺度和實施刑賞的原則。韓非子認為，明主的御臣之道首先在於循事責功，以事功治吏，關鍵在於賞罰分明，激勵官吏的進取心，「夫有功必賞，則爵祿厚而愈勸，遷官襲級，則官職大而愈治」，從而使群臣「皆知盡其胸臆之知，竭其肚股之力」。因為賞罰分明，可收以耕戰勸民之效，激勵民眾狂熱追求事功建樹，「是境內之民，其言談者必軌於法，動作者歸之於功，為勇者盡之於軍，是故無事則國強，有事則兵強，此之謂王資」。

　　可以說，在先秦諸子之中，法家是當時真正的務實派，最具現實意義，秦始皇統一天下就是最好的證明。法家事功意識的普泛化，使之成為秦社會運作的靈魂和槓桿，昇華為秦民族精神支柱。事功精神有效聚合了秦社會的理想意志，充分張揚了秦人的歷史能動性和創造性，迸發出極大的歷

史潛能和社會效率,這無疑是列國間長期實力較量後秦人終操勝券的一大精神優勢。事功精神不僅開出有秦剛健、清新和高效的政局,也鍛鑄了秦軍強大的戰鬥力,促成秦「滅六國、四海一」的偉大功業。秦始皇締造帝國,創制拓邊,將秦人事功推向頂峰。

然而,秦王朝的喪鐘也同時擊碎了法家事功理念的自圓夢境,將其負面瘤疾和局限諸如極端功利主義、非道德主義等予以充分曝光,引起後世思想家長久的反思。漢代對秦事功及其精神遺產有繼承、有揚棄,從漢代儒學關切的「內聖外王」話語到人們習稱的「儒法合流」,在深層上體現了尋求歷史與倫理和諧、立功與立德互補的反思和努力。從此,傳統事功思想揭開新的一頁。在秦以後的統治者基本上採取了「外儒內法」「陽儒陰法」的做法,但無論時勢如何變化,追求建功立業、渴盼青史留名一直是中國上至皇帝下至普通的文人士子的夙願。正因為如此,在中國歷史上才會有西漢帝國、大唐帝國一直到清初的「康乾之治」盛世王朝。可以說,法家所倡導的「英雄人格」在中國人民的心底早已為它豎起了一座不倒的牌坊,在中國經久不息的「英雄崇拜」便是法家這種理想人格激勵的產物。治世崇拜英雄,亂世呼喚英雄,正是這種埋藏在心底深處的「英雄情節」激發著一代又一代的文人士子建功立業的壯志豪情。

如李白在《代壽山答孟少府移文書》寫道:「申管、晏之談,謀帝王之術,奮其智能,願為輔弼。使寰區大定,海縣清一。事君之道成,榮親之義畢,然後與陶朱、留侯泛五湖,戲滄州,不足為難矣。」他為自己設計的人生藍圖是首先建立赫然彪炳的政治業績,然後安享悠閒瀟灑的人生,概而言之就是走一條「功成身退」的道路。儘管李白主要生活經歷是在安史之亂以前,但他最崇拜的歷史人物卻是以呂尚、諸葛亮、謝安為代表的亂世英雄,《代壽山答孟少府移文書》中所提到的管仲、晏嬰、範蠡、張良等也都是亂世豪傑。

又如辛棄疾,南宋王朝的政治、文化環境使他成為詞人,但他實實在在首先是位「金戈鐵馬」的英雄。在辛棄疾的英雄人格意識中,雄才大略,出將入相是最根本的內涵。他率眾南投是為了抗金復國、建功立業,這行為本身就充溢著英雄主義豪情壯志,但從二十三歲南投到六十八歲逝世,南宋王朝基本上剝奪了他實現英雄理想的機會。儘管如此,他還是自負文才武略,苦苦期待報國立功的機會。他對英雄功業的渴望這樣如醉如痴,以至於常常在幻想中用戰爭的景象比況自然物象:連綿的群山像「聯翩萬馬來無數」;面對鬆濤陣陣,他想像自己是在「檢校」十萬雄兵;甚至「詩壇」也成了「看君斬將更搴旗」的場所。總之,對英雄人格的偏愛和追求,

是辛棄疾心中常駐的內容。

　　讀《三國演義》，我們時常被一種英雄主義情緒所感染。照小說中劉、關、張三人結義時的話說，即「同心協力，救困扶危；上報國家，下安黎庶」。這實際上是千百年來儒法思想影響下建功、立業、垂史的政治理想在特定時代背景下的同義語。漫長的封建社會中，建功、立業、垂史成為積極入世的儒士們的行為指針與終極目標，是促使人們奮發有為的深刻的思想淵源和強勁的內在驅動力。可以說，《三國演義》之所以數百年來一直深受人們的喜愛，恐怕並不完全在於它所取得的藝術成就，在更大程度上可能還在於羅貫中所塑造的栩栩如生的諸多人物中寄托著我們國人太想建立一番豐功偉績的渴盼。小說中所激盪著的這種建功、立業、垂史的進取精神和政治思想，可以說是比比皆是、舉不勝舉的：小說開篇第一回寫劉備見了招兵的榜文，正在「慨然長嘆，隨後一人厲聲言曰：『大丈夫不與國家出力，何故長嘆？』」張飛的這一詰問，就很好地體現了這種精神和理想。小說第二十一回「曹操煮酒論英雄」一節也頗能幫助我們對這一問題的理解。曹操以賞梅為名，意欲測探劉備之心胸，並亮出了自己心目中英雄人物的標準：「夫英雄者：胸懷大志，腹有良謀，有包藏宇宙之機，吞吐天地之志者也。」在這裡，「大志」也好，「良謀」也好，最為關鍵的還是要充分地利用其去干轟轟烈烈的大事業。否則，便毫無用處。儘管曹操早就說過「寧教我負天下人，不教天下人負我」的法家宣言，但很多謀士還是集合到了他的身邊。因為說歸說，他在行為上更多表現的是疾惡如仇、義重於山、智勇雙全、破舊立新、海納百川、從諫如流。這些優點使他在各路諸侯中成為最具吸引力的主子，如大謀士荀彧、荀攸叔侄同投門下，之後荀彧又薦程昱，程昱薦郭嘉，再以後孔融、禰衡、許攸等高人也紛至沓來。又如作為武聖的關羽，他身上散發出的那種叱咤風雲、剛強勇猛、寧折不彎的男子漢大丈夫的陽剛氣概，令古今多少豪傑英雄欽服贊嘆，其根源恰恰在於他身上所體現出來的那種一往無前、堅不可摧、大義凜然、光彩照人的英雄氣概正是我們大多數人夢寐以求卻不可即的東西。因為英雄崇拜在本質上是崇拜者對於英雄人格的崇拜，並按照這種人格類型塑造自我。正是這些傑出人物把握歷史契機，乘時而興，以其過人的智慧、勇氣和才干，建功立業，定國安邦，繼往開來，從而推動了中國歷史的進程，理所當然應該贏得人們的尊敬甚至崇拜。

7.4 追求「超塵絕俗」的佛家「隨緣人格」

7.4.1 佛家的理想人格——隨緣人格

作為宗教，佛教是以出世的面目出現的，它似乎總是站在遠離人類的立場，超越人類來說話，但是實際上，佛教的教義、目的和旨歸卻又是緊緊圍繞人的問題而展開的，人類的生存和命運，是佛教所關注的重點。因而在佛教教義中，蘊含了非常豐富的人生理論，對理想人格的論述也相當完整。

佛教的理想人格是「佛」。所謂「佛」，即「覺悟者」之意，是指經過修持取得「覺行圓滿」的大悟者。與儒、墨、法諸家理想人格的入世特徵及道家理想人格的遊世特徵相比較，「佛」是一種出世型的理想人格。

佛教認為，人生是痛苦的，大千世界，充滿苦難，芸芸眾生，不斷地在茫茫苦海中呻吟掙扎，難以擺脫深重的苦難。佛教所說的痛苦，既包括生理、肉體方面的痛苦，也包括感情、精神方面的痛苦，而且主要是指精神上的逼迫煩惱。按照佛教的說法，人生的痛苦有二苦、三苦、四苦、五苦、八苦乃至一百一十種苦等，其中八苦的說法最為常見。所謂八苦是指生苦、老苦、病苦、死苦、怨憎會苦、愛別離苦、求不得苦和五取蘊苦。佛教認為，人生在世，就必然會有各種痛苦，如生、老、病、死等各種生理、肉體方面的痛苦；相互厭惡、憎恨者相會相遇，揮之不去；相互喜歡、愛慕的人離多聚少，天各一方；各種要求、願望得不到滿足，情感、精神備受折磨等。而人們之所以會經受這些痛苦，根本原因就在於五取蘊苦。一方面，人們總是有種種對外界的追求與貪欲；另一方面，人們沒有意識到「五蘊」本是「無常」「無我」的，因而往往固執地以「無常」為「有常」，以「無我」為「有我」，這種愚昧無知，不明佛理，叫作「無明」。「無明」引發了人生許多煩惱與痛苦。因而佛教指出，人們只有滅除一切貪欲與無明，才能超凡入聖，進入「涅槃」境界，成為「佛」。

佛家對其理想人格的基本要求有「無我」「無欲」「無爭」和「隨緣」等。

（1）佛是「無我」的。佛教理論認為，諸法無我，一切事物都是由因緣和合湊成的，沒有獨立的實體，也不能自己主宰自己。由諸法無我，佛教還推演到人生無我，認為人生也是由因緣湊合而成的，人生沒有獨立不變的實體，眾生也不能自己主宰命運。如果一個人執著於自我，熱衷於彼

與此、我與他的差別,計較名譽、地位、榮辱、毀譽、進退等虛幻不實的東西,就會形成種種煩惱,進而造成種種業障,使人永遠處於「六道輪迴」之中。所以,「我執」是痛苦之源,必須破除。「佛」這一理想人格就能夠破除我執,破除對自我的迷戀,鄙視一切人世間的功名利祿,具有「無我」的特點。

（2）佛是「無欲」的。人們因為執著於自我,都有頑強的自我表現的慾望,都貪戀塵世的聲色香味、權勢富貴、安逸幸福。「佛」具有「無我」的特點,也自然就具備了「無欲」的品格。佛由於跳出三界外,不在五行中,擺脫塵俗世事,遠離塵念俗欲,斬斷妄念情絲,因而能夠「見美女時作虎狼看,見黃金時作糞土看」,對人世間的一切榮辱毀譽、升遷沉浮、喜怒哀樂、悲歡離合都能夠「以無念為宗」,漠然處之,求得精神上的徹底解脫,保持「無欲」的寧靜狀態。

（3）佛是「無爭」的。佛教的處世原則,就是與世無爭,凡事忍字當頭,對於一切苦難與屈辱要無條件地忍受,既不動心,又不反抗,只管一味順從、忍受,與世無爭。受佛學思想影響極深的宋代文學家黃庭堅曾有「百戰百勝,不如一忍;萬言萬當,不如一默」之語,這是對佛教順世無爭思想的最好說明。

（4）「無修之修,成佛隨緣」。作為中國化的佛教,禪宗強調直指人心,明心見性。在禪宗看來,眾生皆有佛性,也即真如本性。這是與生俱來的,不假外修與不從他得的,如慧能所說:「本性是佛,離性無別佛」「自性迷,佛即眾生;自性悟,眾生是佛。個人追求佛法,既不需要像儒家那般「外施仁義,內修道德」;也不必像道家那樣執著於事物之本身,將一切交與「自然」去打理。儒家和道家的這些對「仁」和「道」的追求只能是成佛途中的「障」,佛家恰恰最忌諱這些。禪宗稱自己所講的佛法是「超佛越祖之談」,他們將這稱為「第一義」或「第一句」,這樣的「第一句」或「第一義」在禪宗那裡是不可說的。對這種「不道之道」的追求就不同於對儒、道兩家那裡的「可道之道」的追求,後者有「可修之法」,禪宗之「道」則不可「修」。禪宗六祖慧能的大弟子懷讓的語錄中說:「馬祖（道一）居南岳傳法院,獨處一庵,惟習坐禪,凡有來訪者都不顧……（師）一日將磚於庵前磨,馬祖亦不顧。時既久,乃問曰:『作什麼?』師云:『磨古鏡。』馬祖云:『磨磚豈能成鏡?』師云:『磨磚不能成鏡,坐禪豈能成佛?』」禪宗的許多公案就是對這種「有修之修」的批判。「有修之修」是行,有行即是於佛法所謂的生死輪迴中造因,造因即須受報。為了不造「新業」,所以禪宗講無修,然而這種無修,又是修,所以這是「無修之修」,即是做事以

無心。這樣一來，禪宗似乎是與「時空」「塵俗」無關了。所以，根據禪宗對佛法的追求不論「時」「空」，隨時隨地，我們可以將其所設計的理想人格稱之為「隨緣人格」。

究其實，佛家「隨緣人格」也是「內聖外王」的佛門翻版。禪宗開山祖惠能在一首著名的偈中說道：「法元在世間，於世出世間，勿離世間上，外求出事間」。「於世」指入世從事俗務（外王），「出世」指追求超越的精神境界（內聖），有了這種境界，也就有了「平常心」，平常心即「不著心」，對俗務不執著、不沉迷，即俗語「拿得起放得下」之意。惠能在《壇經》中說的「於一切法不取不舍」等可以說是對「內聖外王」的另外一種表述。在他看來，能夠如此去做的人，也就是一個「來去自由」的人，一個「恒常自在」的人。

考察這種「隨緣人格」，我們不難發現：「心」與「性」是這種「隨緣人格」（即佛性）的最主要表徵。五祖弘忍對六祖慧能宣說《金剛經》至「應無所住而生其心」，慧能言下悟徹一切萬法不離自性之旨。遂啟弘忍：「何期自性，本自清淨；何期自性，木不生滅；何期自性，本具足；何期自性，本無動搖；何期自性，能生萬法。」弘忍智慧能已悟本性，遂謂之曰：「不識本心，學法無益。若識自本心，即名丈夫、天人師、佛。」由此看來，「大悟者，覺破了無始以來的迷妄，開顯了真實的知見，身心廓然，沒有一絲塵垢習染，孤炯炯地，光皎皎地，活潑潑地，洞然同於太虛，不曾生，不曾滅，所以不生不滅」。這正是隨緣人格的最完美的表現。

總之，佛家理想的隨緣人格強調「無我」「無欲」「無爭」與「隨緣」，有鮮明的出世傾向。這種人生理論雖有其片面、荒謬之處，但其所包含的許多合理因素與真理的顆粒，對歷代人們的人格塑造產生了相當大的影響。佛家追求的最高境界是成佛，儘管人人皆有佛性慧根，但並不是都能得道成佛，成佛與否的原因重在現世表現，來生的福禍壽夭全在今生所作所為的善惡是非。因此，要想來生來世幸福快樂，此生此世就要禁欲苦修、積善成德。

7.4.2　佛家超凡脫俗的修持方法

佛教認為一切皆苦，整個世界充滿苦難，人生之路苦難時刻緊緊伴隨。而種種人生痛苦的根源又在於眾生「無明」，不懂得「無常」和「無我」的道理，過分執著於「有常」「有我」和欲念貪求。因而在佛教看來，要從無邊的痛苦中解脫出來，就要滅盡無明，去除貪欲，斬絕塵緣。為此，就必須經過漫長而痛苦的修煉過程，用種種繁瑣的、嚴格的戒律去禁錮、束縛

自己，使人專注精神，集中思想去悟解佛理，以修成正果，求得解脫。佛教所提出的修持方法有「八正道」「三學」「六度」等。

「八正道」指的是實現佛教理想所應遵循的八種途徑或方法，包括正見、正思維、正語、正業、正命、正精進、正念、正定。正見是指對佛教真理四諦的正確見解；正思維是指離開世俗的主觀分別，離開邪妄迷謬，進行佛教純真智慧的思索；正語是指符合佛法的純正淨善的語言；正業是指不殺生、不偷盜、不邪淫、不作一切惡行；正命是按佛教的標準謀求衣食住行的必需生活品，遠離一切不正當的職業；正精進就是自覺努力，勤修佛教涅槃之道法；正念就是牢記四聖諦之理；正定就是修習佛教禪定，心專注於一境，以求觀察四諦之理。「八正道」涉及佛教徒的物質生活與精神生活兩類，正命和正見分別是其主要內容。

在佛教理論中，「八正道」的內容又可以歸結為「戒」「定」「慧」三個方面。其中正語、正業、正命屬於「戒」，正念、正定屬於「定」，正見、正思、正精進屬於「慧」。戒、定、慧合稱三學。所謂戒即戒律之學，是指佛教為出家和居家的信徒制定的戒規，有防止作惡的止持戒和要求奉持善行的作持戒，目的是使信徒有一個行為準則，止惡修善，修成正果。佛教各教派的戒數不一，最基本的有「五戒」「八戒」「十戒」「具足戒」等。五戒是指不殺生、不偷盜、不邪淫、不妄語、不飲酒。五戒再加上三戒就成了八戒。這三戒是：不進行任何娛樂活動和裝扮自己、不坐不睡華麗的大床、不過了正午還吃飯。十戒是二十歲以下出家男女必須奉行的十條戒規，是由八戒再加上禁止一切兩性關係、不積聚錢財這兩條構成的。「具足戒」意即完備的戒規，其內容瑣細，名目繁多，是僧侶必須時時處處奉行不悖的。

所謂定即禪定，是指心思專注於一境而不散亂的精神狀態和調練心意的修養方法。在佛教看來，修持時通過集中精神，在內心觀察特定對象進行思索，就會獲得對義理或功德的悟解。定包括兩方面：一是「生定」，是人們生來就有的一種精神功能；二是「修定」，是人們為了獲得佛教智慧、功德、神通而通過修習產生的功夫。不同的教派，有關禪定的主張各不相同，在中國佛教諸宗派中最有名的當推隋唐時期天臺宗所提倡的「定慧雙修」或「止觀雙修」。

所謂慧，即智慧之學，佛教認為，智慧能通達事理、決斷疑念、觀達真理、斷除妄惑，從而根絕無明煩惱，獲得解脫。

佛教的修習方法，除八正道、三學之外，還有六度。六度是通過修行達到涅槃境界的六種具體方法與途徑，是大乘佛教修習的主要內容，包括

布施度、持戒度、忍辱度、精進度、禪定度、智慧度。其中，精進度就是八正道中的正精進，持戒度、禪定度、智慧度分別是戒、定、慧三學。只有布施度與忍辱度是在傳統的修持方法之外增加的。布施度是指施予他人財物、體力、智慧等，為他人造福而累積功德，以求完成般若智慧，獲得解脫。忍辱度是指修行者安於受苦受難而毫無煩怨。按大乘佛教的說法，修行者依靠這六種方法，既能度自己，又能度一切眾生，從生死大海的此岸到達涅槃境界的彼岸。因而，六度體現了佛教以大慈大悲為本，普度眾生，救苦救難的倫理原則。

總之，佛家認為，世界皆空，人生皆苦，為了擺脫痛苦，就要通過修煉去消滅慾望。作為中國化的佛教，禪宗認為人的真心本性容易受到妄念貪求的遮蔽，世俗塵緣的牽累，從而迷失本心，達不到真如境界，難以成就理想人格。因此，應該跳出三界外，不在五行中，斬斷塵緣、了絕凡根、明心見性、覺悟本心，才能擺脫因果報應和生死輪迴，復歸大道。在修養方法和實現途徑上，早期佛家主張坐禪靜修，而後世禪宗則倡導頓悟成佛。佛家認為人性本善，皆有佛性，只需反求諸己，不假外求。外來知識的灌輸最多是拂塵去蔽，明心見性。禪宗認為佛不在身外，不在彼岸，而在人的內在心性之中，因此，真如境界的獲得是靠瞬間頓悟和直覺體驗。「（僧璨禪師）大集群品，普雨正法。會中有一沙彌，年始十四，名道信，來禮師。……問：『唯願和尚教某甲解脫法門？』師云：『誰人縛汝？』對曰：『無人縛。』師云：『既無人縛汝，即是解脫，何須更求解脫？』道信言下大悟。」這則故事生動地說明了一個人是否能夠得到解脫，關鍵在於自己的「心」。要想自由，要想解脫，不必向外求援，只有自己才能拯救自己。石頭希遷禪師與僧人也有一段類似的問答：「僧問：『如何是解脫？』師曰：『誰縛汝？』又問：『如何是淨土？』師曰：『誰垢汝？』問：『如何是涅槃？』師曰：『誰將生死與汝？』」追求一種心悟後的精神自由和適意，其中固然滲透著人生的無限淒涼，但作為一個在現實生活中隨處都受牽扯的人，這是他最好的安慰劑。同時我們還要看到，這種要求自由適意生活的呼聲，實在是對中國宗法專制制度的一種反抗，是漫漫黑夜人生中的一點火花，它雖然不可能徹底地照亮我們的人生道路，但畢竟給我們的生活帶來了一線的希望和慰藉。

綜上所述，中國傳統人格理論的精粹是「內聖外王」，各家各派均以其作為人格設計的基本架構和理想目標，但各家對其內涵的界定又有所不同。大致說來，儒、法兩家所設計的人格是一種道德人格，代表著人們對至善的追求；他的「內聖」之道是從事道德修養，以追求一種崇高的道德境界；

他的「外王」之道是從事政治實踐及其他社會事務，以建功立業。而道、佛兩家所設計人的人格則是一種逍遙人格，代表著人們對自由的追求；其「內聖」之道是從事精神修養，以提升精神境界，達到一種超越而自由的精神境界；其「外王」之道則是從事俗務，即以「出世」的精神干「入世」的事業。可以說，對古代中國人來說，「內聖外王」的人格結構至少從形式上代表了其實現人生價值的兩個側面，而實質上這兩個側面又是統一的。「內聖」是「外王」的前提，而「外王」又是「內聖」的條件，缺少任何一面，人格形態都不會完美。對完美人格的追求，便形成了一種理想的人生模式。因此可以說，「內聖外王」不僅是古人理想的人格觀，而且是古人理想的處世哲學。中國古代的人們，或者向往道德人格，成就德業；或者向往逍遙人格，追求自由。但這並不意味著某一個人一生只追求一種人格形態，實際情況很有可能是這樣：當他得意之時便自覺不自覺地追求道德人格，而當他失意之時便自覺不自覺地追求逍遙人格，甚或憑藉著特殊的社會環境和自身條件，過著一種亦仕亦隱的兩棲生活。

總之，儒、道、法、佛的四種人格精神就這樣在漫長的歷史中熔鑄成了中華民族所共有的中華人格。千百年來，這些獨具特色的人格已經成為每一個中國人思想深處潛在的「預設」。

思考題：
1. 中國古代哲學的人生境界是怎樣的？儒、道、釋三家各有何特徵？
2. 如何理解和諧在中國傳統文化中的體現和追求和諧的現實意義？
3. 簡述儒家中庸的積極意義和消極意義。
4. 佛教理論對中國傳統思想產生了什麼影響？表現在何處？
5. 道家思想的人生追求有哪些特點？
6. 在我們今天的道德建設中，如何批判性地借鑑傳統倫理道德？

8　中國傳統文化的價值系統

　　價值觀是主體對客觀事物按其對自身及社會的意義或重要性進行評價和選擇的標準，對個人的思想和行為具有一定的導向或調節作用，使之指向一定的目標或帶有一定的傾向性。因此，價值觀既涉及世界的意義，也是決定思想與行為取向的準則，還是理想境界的反應。價值觀的豐富內涵與功能，決定了它在一個社會的文化中具有核心地位。在任何特定的文化傳統中，價值觀都是通過一系列價值原則組成的。這些價值原則構成了該文化傳統的價值系統。

　　中國傳統文化的發展過程中，出於對同一對象的意義的不同理解，儒家、道家、法家、墨家、佛家等思想流派，在自然價值觀、道德價值觀、經濟價值觀等方面提出了各自具有鮮明特色的價值原則。這些不同觀點既相互排斥又相互交融，形成了中國傳統文化豐富多彩的價值系統。由於儒家與道家思想長期以來觀點既明顯對立又能互補，並且其影響力能夠持久地處於前列，在中國傳統文化的價值觀中最具有代表性。因此，我們就以這兩派的觀點為重點來展開中國傳統文化價值系統。

8.1　人生價值觀

　　人生問題關乎生命的目的、意義、價值與自由等諸多基礎性問題。其中，最重要的問題就是人格理想問題。中國傳統文化的人生價值觀，是通過人格理想而表現出來的。在人生價值觀上，主張泛道德主義價值觀的儒家，選擇了以求善為目標的價值追求；以崇尚自然為旨趣的道家，則選擇了以求真為目標的價值追求。就共同點而言，由於沒有宗教的神本主義背景，中國傳統文化中的人生價值觀都是以肯定人的獨立性為前提的。

8.1.1　儒家價值取向：「內聖」人格

　　人格的完善，是儒家在人生價值觀上基本的價值追求。儒家所謂「為己」「成己」，就是希望在人格上達到理想的境界。而儒家的人生價值觀，就集中表現在其人格理想之中。

在人格理想的具體內容方面，儒家注重的是人格的「內聖」規定。「內聖」首先表現為善的德性，而善又以廣義的仁道精神為其內容。早期儒學以「仁」為核心。「仁」既體現了人道的原則，同時又為理想人格提供了多重規定。從正面來說，仁德總是表現為對人的尊重、關心，真誠相待。孔子曾把「恭、寬、信、敏、惠」視為仁的具體內容，它們同時從不同方面展示了內聖的品格。後來儒家一再強調的仁、義、禮、智、信等，也可以視為人格的內在規定。與正面確立仁德相聯繫的是「克己」，後者在另一意義上體現了仁，即所謂「克己復禮為仁」。「成己」是以仁來塑造自我，「克己」則是以仁來淨化自我，亦即《大學》所謂「正心、誠意」，二者從不同方面指向善的德性。

除了仁德之外，儒家的人格理想中還包括「知」的規定。在儒家那裡，仁與知總是聯繫在一起的。「未知，焉得仁？」也就是說，沒有智慧，也就沒有仁可言了。「知」是一種理性的品格。按儒家的看法，缺乏理性的品格，主體往往會受制於自發的情感或盲目的意志，從而很難達到健全的境界。只有通過理性昇華，才能由自在走向自為，形成完善的人格，並賦予行為以自覺的性質。從先秦儒家到宋明理學，都把理性自覺看作是成聖的必要條件。《大學》強調「欲修其身者，先正其心；欲正其心者，必誠其意；欲誠其意者，先致其知」，便概括地表現了儒家的這種思路。如果說，在天人關係上，儒家著重突出了人道原則，那麼，在人格境界上，儒家則把作為人道核心的「仁」與理性融合為一，從而體現了人道原則與理性原則的統一。這種觀點在排除神學觀點對人的價值貶抑方面具有進步意義。在中國很早就出現了人神分離的文化背景下，這種人道原則與理性原則相統一的人生價值觀把神在人的價值中完全清除出去，避免了西方長期存在的由神來規定人的價值的問題，使中國傳統文化更具有人文精神。

從人格取向來看，儒家在「內聖」之外又講「外王」。所謂「外王」，是指治國平天下的事功。儒家的某些代表人物甚至還把「外王」提到十分引人注目的地位，如荀子便認為，理想的人格應當具有「經緯天地而裁官萬物」的本領，但就儒家總的價值趨向而言，「內聖」始終處於主導地位，「外王」事功不過是其邏輯的必然結果。《大學》提出「修身、齊家、治國、平天下」的思想，修身旨在達到內聖之境，治國平天下則屬廣義的外王，而「壹是皆以修身為本」的綱領，便使內聖具有了本體的地位。在理學家那裡，內聖進一步壓倒了外王。理學家將「醇儒」視為理想的人格典範，而醇儒的特點即在於到達了「懲忿窒欲，遷善改過」的內聖境界，與之相對的則是外在的事功。「向內便是入聖賢之域，向外便是趨愚不肖之途」。

在儒家那裡，地位最顯赫的人物並不是事功上的成功之士，而是在個人修養上最近於仁的人。這種內向要求，在一定程度上弱化了理想人格的實踐品格。

重道德修養而輕視治國實踐，這是儒家人格理想對善的高度追求的必然結果。因此，追求內聖人格的人生價值觀，在個體人格的完善上雖然具有十分顯著的指導意義，但在一定程度上也導致了人們在務實方面的消極影響。

8.1.2 道家價值取向：「逍遙」人生

與儒家注重「善」的人格內容不同，道家則賦予理想人格以「真」的品格，從而形成了中國傳統文化中另一種具有鮮明特色的人生價值觀。這種價值觀的人格形象就是「真人」。人格上的真，首先表現為合於自然，即「不以心捐道，不以人助天，是之謂真人。」也就是說，真人是順從與遵循自然之道的人。在道家看來，理想人格並不是自然的對立物，相反，他總是融入天地之中，與萬物為一體。所謂「天地與我並生，而萬物與我為一」的境界，就是這個意思。在這種境界中，主體不再把自然視為一種異己的對象，而是不斷地化解與自然的緊張和對立，使小我與宇宙大我達到內在的統一。正是在與自然的契合之中，人生境界達到了一種逍遙之境。因此，道家的理想人格應當是一種自由人格，而人格的自由之境又是以合規律性為前提的。

在道家追求的人格境界中，對「真」的追求又是與「去偽」相對立的。道家心目中的理想人格總是「其知情信，其德甚真」。同樣把「德」置於一個較高的地位，道家所謂的「德」，還是不同於儒家的仁德。在道家看來，儒家所倡導的以仁德規定人格總是不免走向外在的矯飾。這種人格顯然悖逆了自然之道而趨於虛偽化。道家對仁義作了種種抨擊，從人格理想的角度看，這種批評同時也表現了對德性虛偽的不滿。與外在的矯飾相對，完美的人格應當如明鏡一樣顯示其本真的品格：「至人之用心若鏡，不將不迎，應而不藏。」就是說，「與道為一」的精神境界，應當以本然的、真實的形態出現，它既不應迎合他人以獲得外在的讚譽（「收名聲」），也不有所執著（「不藏」）。總之，內在品格與外在表現應當完全一致。道家對「仁」的批評，固然忽視了人格的德性內涵，但其「貴真」的價值取向，對於儒家人格的異化，無疑也有某種抑製作用。

道家以本真的人格揚棄仁德的矯飾，同時意味著確認人格的個體品格。按道家的看法，人格的追求並不表現在以普遍的仁義規範來塑造自我，它

的旨趣在於尊重自我的個性,並使之得到真實的流露。所謂「貴真」,便包含著「天下欣欣焉,人樂其性」的要求。「人樂其性」就是通過個性認同而達到的人格境界。在人格理想的取向上,儒家更多地將德性理解為仁義等普遍規範的內化,其基本的人格模式是「聖人」。但是,這種看法多少蘊含著人格的單一化或劃一化趨向,必然導致對人的個性的一定程度的壓抑與否定。相對來說,道家「人樂其性」的主張,對人格的個性規定則予以了較多的關注。道家以「任其性」否定普遍規範對人格的制約當然有其片面性,但它將「貴真」與尊重個性聯繫起來,顯然又有助於人格的多樣化發展。

總的來說,在中國傳統文化的發展進程中,由於儒道互補的思想融合的出現,真與善之間並未出現勢不兩立的衝突,而是形成了人生價值觀上求善與求真的結合。這對於完善古代中國人的人格境界是大有助益的。

8.2　自然價值觀

自然價值觀的核心問題,就是關於天人關係的價值取向。「天」即廣義的自然,「人」則指人的文化創造及其成果。天人關係,就是人文與自然的關係。注重天人關係,是中國傳統文化的顯著特點。在自然價值觀上,「天人合一」是中國傳統文化中幾乎所有思想流派都贊同的觀點,與西方的天人相分的價值取向有明顯的區別。但具體到自然與人文的地位問題上,不同流派的思想家又採取了不同的價值立場。儒家超越自然的價值選擇與道家迴歸自然的價值選擇,形成了鮮明的對立。

8.2.1　儒家價值取向:超越自然

作為價值觀的天人之辨問題,其最基本的層次就是解決人禽之辯的問題,也就是如何看待人與禽獸等自然界物種之間的關係問題。儒家是主張把人與動物相區分的思想流派。按照儒家的看法,自然是一種前文明的狀態。人應該通過自然的人文化,以達到文明的境界。孔子是強調人性與獸性有別的。他說:「鳥獸不可與同群,吾非斯人之徒與而誰與?」按照這個觀點,鳥獸是自然的存在,「斯人之徒」則是超越了自然狀態而文明化了的人。作為文化的創造者,人不能倒退到自然狀態,而只能在文化的基礎上彼此結成一種社會的聯繫(群)。對鳥獸(自然的存在)與「斯人之徒」的區分,強調人性對動物性的超越,就包含著儒家對人文價值的肯定。

具體到個體層次上,儒家辨析人文與自然的關係,一再強調個體也應

當由自然的天性提升為人化的德性。在儒家看來,就天性而言,人與一般禽獸並沒有多大區別,如果停留於這種本然的天性,那麼,也就意味著把人降低為禽獸。荀子曾指出,氣、生命、知覺能力等特徵,這只是一種禽獸等自然物都具有的規定或屬性,而「義」則是人超越於自然物而獨有的屬性。也就是說,人之為人,並不在於具有氣、生等自然的稟賦,而在於通過自然稟賦的人化而形成自覺的道德意識。這樣,儒家便從群體關聯與個體存在兩個方面,著眼於人對自然界各種生物的超越,對人文價值做了雙重確認。

在肯定人文價值的重要性以後,儒家提出了文明社會應該遵循的基本價值原則。孔子提出了「仁」的觀念。作為原始儒學的核心觀念,仁具有多重涵義,而從價值觀上看,其基本的規定則是「愛人」,它所體現的,是一種樸素的人道原則。以「仁」為形式的人道原則,首先要求對人加以尊重和關切。當馬廄失火被焚時,孔子所問的是:「傷人乎?」而並不打聽火災是否傷及馬。這裡體現的,便是一種人道的觀念:相對於牛馬而言,人更為可貴,因此失火時應首先關心人。當然,這並不是說牛馬是無用之物,而是表明牛馬作為與人相對的自然存在只具有外在的價值,只是人的工具或手段,唯有人才有其內在價值。這種人道原則體現了儒家基本的價值取向。孟子由仁學引申出「仁政」,要求以德行仁,反對用暴力的方式來壓服人。在儒家學說中,人始終處於價值關懷的中心地位。

在人文與自然的關係上,殷周之際人們觀念中的「天」,仍然還是一個具有人格神含義的自然。在孔子那裡,「天」的這種人格神的色彩已經明顯淡化,在其「五十而知天命」的表述中就含有必然性之命運的意思。孟子是以人來界定天,認為「性」就是「天之所與我者」,因此,「知其性則知天矣」。這樣一來,「天」就化解於人的道德體系之中了,從而形成了自然道德化的價值取向。

墨家在人文與自然的關係上的看法與儒家有相近的一面。墨家也對自然的狀態與人文的形態做了區分,認為處於自然狀態中的動物,有羽毛作衣服,有水草作食物,故既不事農耕,也無須紡織。人則不同:「今人與此異者也,賴其力者生,不賴其力者不生。」這裡的「力」,泛指人的活動。在墨家看來,正是通過這種活動,人超越了自然狀態中的動物,從而建立起文明的社會生活,這內在地蘊含著化自然為人文的要求。墨家從「兼愛」原則上肯定了人文對自然的超越。在墨家看來,社會之所以產生爭亂,主要原因便在於社會成員不能彼此相愛,若天下之人能兼相愛,就可以消弭紛爭,彼此如親,國與國之間也可以化干戈為玉帛。儒家所強調的「仁」,

是以孝悌為本,它更多地受到宗法血緣關係的制約;墨家的「兼愛」則超越了宗法關係,它所體現的人道原則,在某種意義上具有更普遍的內涵。

佛教本是外來的宗教,但是隨著它的衍變發展,自唐宋以後,就逐漸融入中國文化之中。佛教價值觀於是也成為中國傳統價值體系的一個組成部分。佛教認為天(自然)與人均是虛幻不實的,而把彼岸世界視為真實的存在。但在論證成佛的根據時,佛教常常強調人道勝於天道。在佛教看來,人儘管也是宇宙中的一員,但其地位卻高於其他的存在,在「六道」說中,人便被列於一般動物(畜生)之上。佛教的終極目標固然是要超越現實的人生,但這種超越本著要通過人的自覺活動來完成。所謂由「迷」到「悟」,便意味著從自在狀態到自為狀態。這樣,作為實現終極目標的環節,廣義的「人化」過程亦得到某種肯定。與以上趨向相聯繫,佛教提出了慈悲為懷、普度眾生的要求,這種教義儘管具有濃厚的宗教色彩,而且其所慈、所悲的對象也相當寬泛,但是,其中無疑已滲入了某種深切的人道觀念;在對人的關懷上,它與儒家的仁義、墨家的兼愛顯然有一致之處。因此,從一定意義上說,佛教的慈悲觀念既表現了對儒墨人道原則的吸納與適應,又從宗教的特殊角度強化了中國文化注重人道原則的傳統。

在宋明理學那裡,人道原則在儒釋道三教合流的背景下得到了進一步的闡發。理學家首先強調「天地之性人為貴」,從人與自然的關係上肯定了人的內在價值。同時,理學家提出了「民胞物與」的觀念:「民吾同胞,物吾與也。⋯⋯尊高年,所以長其長;慈孤弱,所以幼吾幼。」在這裡,人與自然萬物成為朋友,人與人之間親如手足,尊長慈幼成為普遍的行為準則。於是,人道原則是在天人合一的理念中得到確認的,自然與人文達到了完美協調的境界。

8.2.2 道家價值取向:迴歸自然

在人文與自然的關係上,與儒家重視人文對自然的超越不同,道家是把關注的重點放在自然方面,由此形成了另外一種價值取向。

如前所述,在人與自然的關係上,儒墨強調人文價值高於自然價值,將自然視為前文明的狀態,強調自然應當人文化。也就是說,自然只有在人化之後,才能獲得其價值。相反,道家卻認為,自然本身便是一種完美的狀態,而無須經過人化的過程。莊子認為,就對象而言,「天地有大美而不言,四時有成法而不議,萬物有成理而不說」,即自然過程是和諧而有規律的,蘊含著一種內在的美。同樣,「至德之世」即最高的社會境界也是存在於其前文明時代中的:「夫至德之世,同與禽獸居,族與萬物並。」於是,

與儒家嚴格區分人與禽獸、要求由自然走向人文不同，道家則將「同與禽獸」視為「至德之世」，要求人文重新返回自然之中，由此表現出截然不同的價值趨向。在道家對前文明時代的贊美中，自然狀態固然被理想化了，但這種觀點對於文明時代的人們思考人與自然的關係也具有很好的警示作用。

從自然狀態的理想化這一基本前提出發，道家對人文狀態往往是持批評和否定態度的。在他們看來，自然作為一種完美的狀態有其內在的價值，而人文不僅無益於自然之美，而且總是破壞這種理想狀態。莊子認為，「牛馬四足，是謂天；落（絡）馬首，穿牛鼻，是謂人。故無以人滅天」。也就是說，牛馬有四條腿，是自然的；給牛馬套上繮繩，這些人文活動則是一種後天的人為。正如落馬首、穿牛鼻是對牛馬天性的戕害一樣，一切人文的東西都是對自然之美的破壞。因此，不能以人文去消解自然。

在道家看來，人文對自然之美的破壞，不僅表現為駕牛服馬，而且還展開於社會過程本身。道家對人類社會中的種種人文現象展開了更為嚴厲的批評。隨著社會的演進，從技藝到道德規範等各種人文現象也隨之出現並不斷發展。但按道家之見，文明社會帶來的並不是進步，而往往是禍亂和災難。正如老子所言，「民多利器，國家滋昏」「大道廢，有仁義；慧智出，有大偽」。也就是說，工具的改進，固然增加了社會的財富，但同時也誘發了人的好利之心，並導致了利益上的紛爭和衝突。文明的規範誠然使人超越了自然，但仁義等規範的標榜，也常常使人變得虛偽化。「竊鉤者」雖不免受制裁，而「竊國者」卻可以成為諸侯，並獲得仁義的美譽。道家譴責了與人類文明進步相伴隨的道德水準倒退現象。但是，由強調人文在超越自然狀態過程中所產生的負面影響發展出否定人文合理性的結論，顯然又走向了另外一個極端。

既然自然的人化過程只具有負面的意義，那麼就只能從人文回到自然。《老子》提出「見素抱樸」的命題已表現了這一意向，莊子更具體地提出了迴歸自然的要求：「故絕聖棄知，大盜乃止；摘玉毀珠，小盜不起；焚符破璽，而民樸鄙；……攘棄仁義，而天下之德始玄同矣。」按照道家的主張，一切人文的創造，從知識成果到治國手段，從度量工具到社會規範等，都被列入摒棄之列，最後回到一種人與自然渾然一體的自然境界。道家將自然狀態理想化，反對以人文創造去破壞自然環境，無疑表現了一種消極傾向。

從價值觀的角度來看，道家要求回到自然的觀點也有一定的積極意義。就人與自然的關係而言，道家主張無以人滅天，也包含著一種尊重自然的

要求：人文的創造不應無視自然之理，不能偏離自然本身的法則。道家強調「法自然」，在一定意義上表現了對循天理的注重。在「庖丁解牛」的著名寓言中，莊子以生動的語言描繪了庖丁解牛的過程，就是這種思想的具體表現。寓言中庖丁的一舉一動，遊刃有餘的熟練技巧幾乎已達到了美的境界，而庖丁之所以能如此，便是因為他在活動過程中始終「依乎天理」「因其固然」，即人文之為達到了與自然之道的完全一致。按照道家的觀點，自然與人之間並不呈現為一種對立、緊張的關係，二者本質上是融合無間的，人應該順應自然、迴歸自然。在人文與自然的價值關係上，過分強調人化過程的合目的性，必然導致人類中心主義的觀念，並且內在地蘊含著忽視自然之理的可能性。因此，道家強調循乎天道的自然原則，對於化解這種觀念，避免天人關係的失衡，實現人與自然的和諧，具有十分重要的意義。

道家重自然的價值觀點，具體到對待個體生命的問題上，就表現為要求人們在身心方面認同自然、順應自然。其途徑與方法就是通過排除人與自然的對立，泯滅各種人為衝動，實現個體精神的超越。這些方法，就是老子提出的「玄覽」，莊子所謂的「心齋」「坐忘」「朝徹」「見獨」等。道家提出的通過這些方法所達到的自然境界，實際上就是一種擺脫人文消極面的羈絆而實現的自由的精神境界。由此可知，與儒家自然價值觀賦予自然以道德價值不同，道家給自然以精神價值。

就自然與人文的關係而言，儒家的價值取向在傳統文化中占據著支配地位。儒家要求化自然為人文，並以人道作為社會的基本原則，無疑有其積極的意義。儒家所強調的超越自然，主要是指化天性為德性，即克服人的自然之性，其目標在於達到道德上的完美。這種價值追求，使儒家的人道原則帶有狹隘和片面的特點。在主張由天性提升為德性的同時，正統儒家往往忽視了對外在自然——作為客體的自然界——的探索與改造，並相應地表現出了某種重人文而輕自然的趨向。在中國傳統文化中具有重要地位的道家，雖然崇尚自然，但其自然原則，卻又缺乏積極改造、作用於自然界的內容，因此也不足以抑制儒家輕自然的傾向，表現出了傳統文化價值觀的消極的一面。

8.3 道德價值觀

中國傳統社會是一個泛道德主義的社會。道德標準成為評判人們所有言行乃至自然物的首要價值標準。中國傳統文化的價值系統是以道德價值

為中心的,其他價值觀都受道德價值觀的影響與制約。

宗法制下的中國傳統倫理道德,形成的是以家族為本位的社會。個人的地位是由其在家族血緣關係網中所占據的位置決定的。因此,「親親」與「孝」,就是傳統文化道德價值觀的核心。個人與家族的關係,就是個人與群體的關係起點。儒家、道家等思想流派對宗法倫理的關注,將傳統價值體系引向了群己之辨。群己之辨的實質,就是個體與群體在關係上孰輕孰重的問題。

8.3.1 儒家價值取向:個體為群體承擔責任

倡導宗法倫理的儒家,並不是完全抹殺個人價值的。作為最早對群己關係作自覺反省的學派之一,儒家對生命個體價值問題進行了思考。按儒家的看法,每一個體都有自身的價值。孟子所謂的「人人有貴於己者」,便是對主體內在價值的肯定。從這一前提出發,儒家提出了「為己」和「成己」的觀點。「為己」是與「為人」相對應的。所謂「為人」,是指迎合他人以獲得外在的贊譽,其評價標準存在於他人,個體的行為完全以他人的取向為轉移;「為己」則指自我的完善,其目標在於實現自我的內在價值,即「成己」。

在儒家看來,作為道德實踐的主體,自我不僅具有內在的價值,而且蘊含著完成和完善自我的能力。儒家所理解的「為己」和「成己」,主要是道德修養上的自我實現。在儒家看來,無論是外在的道德實踐,還是內在的德性涵養,自我都起著主導的作用。主體是否遵循倫理規範,是否按仁道原則來塑造自己,都取決於自主的選擇及自身的努力,而非依存於任何外部力量。不論是他人,還是神,都不能代替自己來實現道德修養的自我完善。正是在這個意義上,儒家強調求諸己,而反對求諸人:「君子求諸己,小人求諸人。」儒家的重要經典《大學》進一步以自我為本位,強調從君主到普通人,「壹是皆以修身為本」。儒家的上述看法,從道德涵養的目標和道德實踐、德性培養的方式上,對個體的價值做了雙重肯定。

儒家認為,在道德實踐中,自我的完善並不具有排他的性質。相反,個體在實現自我的同時,也應當根據人道的原則尊重他人自我實現的意願。孔子提出的「己欲立而立人,己欲達而達人」的主張,就是這個意思。於是,儒家的道德價值原則就被簡要地概括為「成己而成人」的邏輯:一方面,自我的實現是成人的前提;另一方面,主體又不能停留於成己上面,還應由己及人。後者在某種意義上構成了自我完善的更深刻的內容:正是在成就他人的過程中,自我的道德境界得到了進一步的提升。

確立「成己」與「成人」之間的聯繫，意味著使個體超越自身而指向群體的認同。在儒家那裡，成己往往以安人為目的，孔子便已提出「修己以安人」的主張。「修己」即自我的涵養，「安人」則是社會整體的穩定和發展。道德關係上的自我完善，最終是為了實現廣義的社會價值。個人道德修養的成就，構成了群體穩定和發展的重要基礎。這樣一來，個體價值就服從於群體的原則。而這種原則體現於人和人的關係上，便具體化為「和」的要求。孔子的「禮之用，和為貴」，孟子的「天時不如地利，地利不如人和」，都表現了這一價值取向。「和」的基本精神是建立人與人之間相互尊重、相互信任的關係。從消極方面看，「和」將意味著為了實現化解人與人之間的衝突與緊張狀態的目標，而使部分社會成員放棄為自己的合理利益而鬥爭的努力；從積極方面看，「和」則是指從追求社會和諧的目標著眼，通過共同的理想和相互溝通，克服彼此歧見，達到同心同德，協力合作。這種「和」的觀念，對中國傳統文化產生了深刻的影響。

　　在自我與群體關係中選擇重視群體的價值取向，其必然結論就是強調自我的責任意識。按儒家之見，作為主體，自我不僅以個體的方式存在，而且總是群體中的一員，並承擔著相應的社會責任。一個德性完善的個體，固然應當「獨善其身」，但更應「兼善天下」。在成己而成人、修己以安人等主張中，已內在地蘊含了這一要求。正是在這種責任意識的孕育下，逐漸形成了「先天下之憂而憂，後天下之樂而樂」的價值傳統。由於這一價值觀的深刻影響，在民族面臨危機的時刻，總是屢屢湧現出像岳飛、文天祥那樣挺身而出勇擔道義的英雄人物。同時，崇尚群體的價值觀，對拒斥自我中心主義、強化民族的凝聚力，無疑具有十分重要的意義。正是在這種價值觀的影響下，雖然古代中國曾經多次出現政治上的分裂，卻並不影響本民族在文化、情感等方面的高度認同。

　　作為傳統價值觀的主導方面，崇尚群體的價值原則確實包含了一些合理的內容。但是，過分強化這一原則也有明顯的負面作用。儒家在肯定個人的價值時，主要是從道德主體的意義上來肯定的，而這個道德主體是一個義務、責任遠遠大於權利的主體。追求個人的合理權利，往往被視為個人道德修養的對立面。因此，個體的自由與權利在儒家道德價值觀裡是沒有地位的。同時，在群體至上的觀念下，個體的存在價值，個性的多樣化發展，個人的正當權利等，一直未能得到應有的確認。這樣，中國傳統價值系統便不可避免地具有重群體、輕個體的特徵。

　　當群體原則反應在中國古代社會的具體社會生活層面時，人們在家族本位的社會結構中，把「家」提高到最重要群體的地位，將維繫家族血緣

和群體感情的孝悌觀念確定為最高的道德價值。子女對父母的親情之愛成為一切個體情感中至高無上的情感。為了這種情感，犧牲其他情感是合理的。反之，如果違背了「親親」和「孝」的原則，就是大逆不道了。因此，孟子說：「墨子兼愛是無父也。」《孝經》也說：「不愛其親而愛他人者，謂之悖德；不敬其親而敬他人者，謂之悖禮。」在中國古代家國同構的專制政體中，這種以孝悌為核心的家族本位道德價值觀，就擴大為以「忠」為核心的家國一體的道德價值觀。在這種道德價值觀中，忠孝已經合為一體，忠君就成為終極意義上的孝。於是，忠孝理念就成為崇尚群體原則的中國傳統道德價值觀中最為重要的組成部分。

8.3.2 道家價值取向：關注個體生命與個性自由

與儒家重視群體不同，道家對個體予以了更多的關注。與自然狀態的理想化相應，道家所理解的人，首先並非以群體的形式出現，而是表現為處於獨立狀態的自我。從個體的獨立性出發，道家將自我的認同提到了突出的地位。老子指出：「自知者明。」這裡的「自知」，即認識自我。它既以肯定「我」的存在為前提，同時又意味著喚起「我」的自覺。因此，在群己關係上，道家的價值關懷著重選擇了作為獨立存在的個體的自我。

如前所述，雖然儒家在「為己」「成己」中實際上已包含著對個體原則的確認，但是儒家的個體，主要是指作為道德修養的個體，即意味著自覺地以仁義等規範來塑造自我。這種觀點，是道家所不贊同的。在道家看來，以這種方式達到的自我實現，並不是真正意義上的對個體價值的肯定。恰好相反，它導致的正是對個體價值的否定和對個性的抑制。以現代觀點來看，仁義構成了自我的社會化的規定，那麼，與仁義相對的「性」，則是指自我的個體性規定。道家對仁義與性做了嚴格區分，反對以普遍的仁義規定、同化自我的內在之性，其側重點顯然在於自我的個性品格。按照道家對生命個體的理解，自我首先是一種剔除了各種社會化規定的個體，仁義並不是自我價值的核心。

道家所推崇的不受社會規範約束的個體，不同於儒家的作為道德修養主體的自我，而是一種展現為生命的主體。因此，與儒家注重於道德境界的完善有所不同，道家對個體的生命存在則表現出更多的關切。在他們看來，個體之為貴並不在於其有完美的德性，而在於他是一個獨特的生命主體。對個體價值的尊重，就是對生命的熱愛，其具體的實踐途徑主要不應是完善德性，而應該表現在保身全生上面。按照莊子的說法，道家對個體處世方式的設定，正是以此為原則：「為善無近名，為惡無近刑，緣督以為

經,可以保身,可以全生,可以養親,可以盡年。」因此,不是道德境界的昇華,而是個體生命的持存,構成了道家的自我價值追求。在莊子看來,為了實現「養其身,終其天年」的目標,主體即使在道德表現上不健全,也應給予理解和寬容。

道家不僅重視個體生命存在的價值,而且還強調保持自我獨特個性的重要性。在道家反對以仁義易其性的觀點中,就表明了它對個性的高度肯定。在道家看來,儒家提倡的仁義等規範只能造就無差別的人格,而個性應該表現為多樣化。在道家對逍遙的追求中,實際上已包含著崇尚個性、實現個體自由的價值取向。在他們看來,逍遙主要是一種精神境界,其特點是擺脫了各種外在事物的束縛,使個體的自性得到了自由的伸張。道家崇尚個性和追求個體自由的觀念,成為中國文化史上克服儒家道德價值觀壓抑個性主張的一種重要理論資源。

儒家過分強化群體認同的觀點,往往容易忽視個體原則,並導致自我的無差別性。由此,自我的個性就為道德律令所抹殺,人的各種自然慾望與情感將為群體遵從的規範所窒息。相對而言,道家關注個體的生命存在和獨特個性,無疑有助於抑制這種趨向。不過,由於過分強調自我認同,道家又不可避免地弱化了群體認同。道家思想強調保身全生,固然肯定了個體的生命價值,但對個體承擔的社會責任卻不免有所忽視。在反對個體的無差別化的同時,也排斥了兼善天下的社會理想。對個性逍遙的追求,使道家更多地轉向了主體的內在精神世界,這種價值趨向往往容易導向自我中心主義。《老子》把「成其私」作為主體的合理追求。而楊朱等道家則進而走向了唯我主義:「楊子取為我,拔一毛而利天下,不為也。」儘管這種自我中心主義的思想並沒有成為中國文化的主流,但其歷史影響也不可小覷。在道家思想傾向十分明顯的魏晉時期,由自我認同而趨向自我中心,已經成為當時社會上一種相當普遍的現象。實際上,成書於魏晉時期的偽書《列子》,就以更極端的形式拒絕一切社會的約束,主張個體的獨往獨來:「亦不以眾人之觀易其情貌,亦不謂眾人之觀不易其情貌。獨往獨來,獨出獨入,孰能礙之?」這種個體至上的價值觀念,實際上往往很難避免自我與社會的對抗,從而導致拒絕與主流社會合作的行為。在特定情況下,也會產生不顧國家和民族大局,一味片面追求自我保全的消極後果。

8.4 經濟價值觀

中國傳統道德價值觀在個體與群體關係上的價值取向,從現實生活的

角度來看，還只能說是一種比較抽象的價值觀念。當面對現實問題時，群己關係必然涉及具體的利益關係。如何以普遍的規範來協調個體之利與整體之利的問題，就是中國傳統文化中的義利之辨。從詞源上講，「義」者宜也，含有應當之意，引申為一般的道德規範；「利」則泛指利益、功效等。「利」雖然包括各種利益，但主要還是指經濟利益。從價值觀上看，義利之辨不僅關乎道德價值觀，而且也是經濟價值觀的核心內容。是否把道德規範與經濟利益對立起來，如何在道德規範與經濟利益之中進行選擇，關係到人們在其他經濟問題上的價值態度。

8.4.1 儒家價值取向：重義輕利

把關注的焦點集中於在道義與利益的關係上，是儒家的一個重要特點。儒家對義利關係的價值觀點，對中國傳統價值觀產生了深遠的影響。從泛道德主義的立場出發，儒家創始人孔子認為，道德規範自然是必須優先考慮的對象：「君子義以為上。」在以體系嚴密為特點的宋明理學中，這一價值取向，就在理論上找到了合理性的解釋。朱熹通過將義與天理相聯繫，確立了義的至上價值：「義者，天理之所宜。」「義」作為「理」的必然要求，獲得了高於「利」的地位。

按照儒家的理論邏輯，在「義」被賦予不容置疑的至上地位以後，就取得了作為評判人們行為的重要準則的權利。如果一個行為本身是合乎義的，那麼，即使它不能達到實際的功效，也同樣具有善的價值。孟子所謂的「惟義所在」，就表明了這個意思。事實上，儒家不僅將「義」理解為一種無條件的道德命令，而且把履行道德規範本身也當作行為的目的。從積極意義上分析，儒家重義輕利的價值觀在培養崇高的道德節操等方面，起到了十分明顯的效果。中國歷史上，「惟義所在」作為一種道德律令，往往具體化為「富貴不能淫，威武不能屈」的道德追求。由此，出現了不少不為利誘所惑甚至捨生取義的志士仁人。儒家重義輕利的價值觀，在物質資源處於匱乏狀態的傳統社會，有利於培養人們正確對待經濟利益的意識，對人際關係的和諧與社會的穩定，無疑具有積極的意義。

儒家在重視道德規範的同時，也沒有絕對地棄絕功利。至少早期儒家思想家們並不完全否定「利」在社會生活中的意義。孔子到了衛國，並非僅僅關心那裡的道德風尚的狀況，而是開口便盛贊該地人口眾多。他的學生問他：「人口已經眾多，又該增加什麼？」孔子明確回答：「富之。」人口眾多和富裕，在廣義上均屬於利的範疇。由此可見，儒家也不是從來就否定所有利益的合理性。事實上，儒家不僅在一定程度上從社會角度肯定了

物質利益的合理性，而且把這種觀點具體到個人身上。孔子說：「富而可求，雖執鞭之士，吾亦為之。」宋明理學也繼承了這個觀點，認為即使聖人，也不能完全不講利，「聖人於利，不能全不較論」。不過，在儒家義利觀中，利固然不可一概排斥，但利的追求必須始終處於義的制約之下。正是在這個意義上，儒家一再強調要「見利思義」，如果不合乎義，則雖有利亦不足取：「不義而富且貴，於我如浮雲。」相對於義，利終始處於從屬的地位。在歷代儒家思想家那裡，重義輕利的價值取向始終沒有改變過。

然而，「以義制利」的要求與「義以為上」的觀念相結合，往往又導致了對功利意識的過度壓抑。按儒家的看法，利固然不可一概否定，但追求、計較功利之心則不可有。孔子明確提出了「君子喻於義，小人喻於利」的主張。王陽明認為，「一有謀計之心，則雖正誼明道亦功利耳」。這樣，合乎義的利雖然得到了某種容忍，但功利意識則完全處於摒棄之列。也就是說，功利的觀念完全不容許進入動機的層面。這種看法注意到了功利意識的片面強化將對行為產生消極的導向作用，但同時又忽視了功利意識在一定條件下也可以成為積極的動因。歷史地看，技藝的進步、經濟的發展、政治結構的調整等，最初往往更直接或間接地是受到功利追求的推動。反之，功利意識的過分壓抑，則常常容易弱化社會的激活力量。從這方面看，儒家以道義原則抑制功利原則，又明顯地具有負面的導向作用。

儒家重義輕利的價值取向，在經濟價值觀上首先具體表現為「德本財末」的價值選擇。孔子說：「君子謀道不謀食。」也就是說，君子的主要任務是從事道德修養活動，而不是從事農業生產和其他經濟活動。孟子將商人貶為「賤丈夫」。商人以謀利為核心的活動，就被塗上了唯利是圖、違背仁義的負面色彩。「為富不仁」自然就成了儒家經濟價值觀的重要評判標準。《禮記·大學》中就明確指出「仁者以財發身，不仁者以身發財」，直接把德與財對立起來，重德輕財，貶低追求財富行為者的地位，甚至否定謀財的合法性。

其次，儒家重義輕利的價值取向，在經濟價值觀上還具體表現為「重農抑商」的價值選擇。儒家和法家、墨家等學派一樣，對農業給予較高的道德評價，而把工商業者視為道德敗壞者。在他們看來，工商者逸而農者勞，工商者多技巧、好智多詐，農者則本性淳樸，因此應該鼓勵農業，抑制工商業。在中國古代社會，朝廷剝奪了商人參加科舉考試的權利，目的就是使其富而不貴，貶低商人的社會地位。重農抑商的價值取向，極大地阻礙了中國傳統社會工商業的發展。

再次，儒家重義輕利的價值取向，在經濟價值觀上還具體表現為「重

公平輕效率」的價值選擇。在農業生產力十分低下的傳統社會中，儒家在經濟上把道德規範放在首位，必然把公平作為道義原則放在效率、生產之上。孔子提出了「不患寡而患不均」「不患貧而患不安」的公平優先的價值命題。孟子提出施行「井田制」的理想，要求「正經界」「均井田」，目的也在於實現平均主義的土地制度。重公平輕效率的價值觀，使中國傳統社會關注平均更勝於生產技術的改進，失去了產生以追求利潤和效率的最大化為特徵的近代工商業的條件。

最後，儒家重義輕利的價值取向，在經濟價值觀上還具體表現為「重積蓄節約輕消費」的價值選擇。在重義輕利價值觀影響下而形成的中國傳統社會重公平輕效率、重農抑商觀念，必然導致忽視財富增長的意義與作用的結果。在物質匱乏的條件下，為了緩解與消除圍繞物質利益爭奪的衝突，在道德規範上選擇重積蓄、重節儉的觀念，就成為一種必然。於是，「勤儉持家」就成為傳統社會推崇的美德。包括儒家在內的許多思想流派，均把限制消費作為解決社會矛盾的首要選擇。重積蓄節約輕消費的價值觀的大力倡導，有利於形成減少奢侈性消費、避免浪費的社會現象。在物質短缺的傳統社會中，這一價值觀對於維持經濟平衡具有明顯的積極作用。但同時，也不利於培養冒險、競爭與進取精神，不利於擴大生產規模，對經濟的發展產生一定的阻礙作用。

8.4.2 墨家與法家的價值取向：義利合一與導之以利

墨家也是一個十分關注義利關係的學派。和儒家一樣，墨家對義十分注重，認為「萬事莫貴於義」，但二者對「義」的理解又頗有不同。儒家強調義的內在價值，並由此剔除了義的外在功利基礎。相對來說，墨家更側重義的外在價值。在墨家看來，義與功利本身是統一的：「義，利也。」也就是說，「義」本身不僅不排斥功利，而且還內在地蘊含著功利的原則。在墨家那裡，是以義利合一來解決道德規範與物質利益關係問題的。

從義利合一的前提出發，墨家將功利原則視為評判行為的基本準則。和儒家把仁與功利分割開來相反，墨家認為，仁固然不失為善的品格，但仁並不僅僅表現德性的完善，它最終必須落實於現實的功利行為：「仁人之所以為事者，必興天下之利，除去天下之害。」作為基本的價值原則，興利除害同時為社會生活提供了具體的範導，墨家之「尚賢」「尚同」「節葬」「節用」「非攻」等主張，無一不是以功利原則為終極根據。如尚賢使能之所以合理，首先在於「天下皆得其利」；即使是親子關係，也同樣不能離開功利的基礎：「孝，利親也。」在墨家那裡，功利追求的合理性得到了本體

論的求證。

墨家突出功利原則，有利於揚棄儒家道義原則的抽象性，在價值觀上顯然具有積極意義。作為基本價值原則的「義」，最終總是以功利關係為其基礎，抽去了這一基礎，勢必弱化其現實性的品格。同時，對功利意識的過度抑制，也容易使價值導向片面化，墨家肯定功利追求的合理性，多少有助於價值導向上的重新調整。但是以功利追求為基本的價值原則，也有其自身的問題。儘管墨家把利首先理解為天下之利，使其功利原則有別於狹隘的利己原則，但是，將「義」界定為「利」，顯然又對義的內在價值有所忽視。事實上，義固然有其功利基礎，但作為人的尊嚴、人的理性力量的體現，它又具有超功利的一面，忽略這一點而完全以功利作為權衡標準，就容易使社會失去健全的價值追求，並使人本身趨向於工具化。在墨家那裡，我們已經可以看到這種偏向。照墨家的看法，理想的社會關係是彼此交相利：「利人者，人亦從而利之。」這種關係本質上具有互為工具的性質，而在彼此計較、相互利用中，人與人之間往往很難避免緊張和對抗，其結果就會走向「兼愛」的反面。當墨家將「害人者，人亦從而害己」作為與「交相利」相反的原則指出時，便更清楚地顯示了這一點。

較之於倡導義利統一的墨家，法家則賦予功利原則以更極端的形式。按照《商君書》的看法，追求功利，是人的本性：「名與利交至，民之性。」同樣，韓非子認為，人與人之間的關係，也以利益為紐帶。就君臣關係而言，臣之事君，旨在求得富貴，君則以爵位俸祿誘使臣為自己效力。「臣盡死力以與君，君垂爵祿以與臣市，君臣之際，非父子之親也，計數之所出也。」二者的關係完全是一種利益的交易。同樣，醫生為病人吸吮傷口，並非出於人道的目的，而是「利所加也」；造車人希望人們富貴，並不是出於博愛之心，而是因為「人不貴則輿不售」。推而廣之，父子、夫婦之間，也都無不「用計算之心以相待」。這種普遍的、赤裸裸的利益關係，使道德規範的作用失去了現實的基礎。對法家來說，當社會成員之間完全相互利用、彼此交易時，遵循道德原則只會帶來消極的後果：「行義示則主威分，慈仁聽則法則毀。」相對於墨家要求以利為義的基礎，法家對義則更直接地持取消和否定的態度。

在法家那裡，一旦摒棄具有至上性的「義」，功利原則便成了唯一的向導原則。在這種價值觀中，確定行為價值的標準，並不是動機端正與否，而是行為產生的實際功用。只要能帶來實際效益，便是合理的行為。善惡的評價已完全為功利的權衡所取代。同樣，君主治國，也要利用人們趨利的本性，以功利作為激勵手段。既然「利之所在民歸之」，因此在治天下

時，便應導之以利，「賞莫如厚，使民利之」。法家的這一價值原則對於肯定功利觀念在社會運行中的某些作用，揚棄道義原則的抽象性，具有一定的積極意義。但是，以功利作為調節人際關係的基本原則，必然導致功利意識的過度膨脹，並使人的價值追求走向歧途。在導之以利的原則下，人在雙重意義上趨於工具化：他既是實現君主意志的工具，又是外在功利的附庸。這種個體，顯然不能視為健全的主體。同時，儘管法家最終將個體之利納入以君主為代表的「公利」，但以利擯棄義，則意味著利益計較的公開化與合理化，由此形成的社會往往很難避免緊張與衝突，在法家價值原則占統治地位的秦代，便可以看到這一點。

儒家的道義原則與墨家、法家的功利原則構成了傳統價值觀在義利關係上的不同取向，二者各有所見，又各有其片面性。就總體而言，儒家的道義原則始終居於正統地位，對中國傳統文化的影響也更為明顯。但墨家、法家的功利原則亦以不同的形式滲入其中，二者相反相融，賦予傳統價值體系以複雜的形態。

8.5　審美價值觀

在中國傳統文化的價值系統中，審美價值觀也是一個重要的組成部分。傳統文化中的審美價值觀，既與儒家、道家等流派的思想主張有關，也是在傳統文學藝術及文藝批評的發展中逐漸形成的。儒家的泛道德主義價值立場與道家崇尚自然的價值立場，直接影響了傳統文化的審美價值觀，從而形成了以注重審美的道德內容為特徵的儒家審美觀和以注重審美的自然內容為特徵的道家審美觀。文學藝術家們的創作實踐、文藝批評家的理論思辨以及人們的審美活動，又反過來鞏固和豐富了中國傳統文化審美價值體系的內容。

8.5.1　儒家價值取向：美善統一，文以載道

從詞源上講，「美」與「善」是統一的。《說文解字》中說：「美，甘也。從羊從大。羊在六畜主給膳。美與善同義。」這裡是把審美價值與使用價值相結合的。這一觀點，與儒家的審美觀是一致的。

儒家重視道德，並且主張將音樂、詩歌的藝術形式用於為道德目的服務。在周代初年儒家所推崇的周公制禮作樂的主張及實踐中，音樂與詩歌等藝術形式就已經成為宗法倫理的一個有機部分了。因此，在儒家看來，只有同時體現美與善的藝術，才是完美的藝術。孔子時代，「韶樂」與「大

武」兩種音樂是具有相當高的地位與影響力的音樂。在評價這兩種音樂時，孔子說：「子謂韶，盡美矣，又盡善也。謂武，盡美矣，未盡善也。」由於韶樂反應的內容，是虞舜時期的太平盛世，具有平和淡雅的美，比之於歌頌武王伐紂、渲染武力的「大武」，更符合孔子的「仁」的理想，因此得到了孔子的在審美價值觀上毫無保留的肯定。

　　作為審美範疇的「美」與作為道德範疇的「善」被儒家統一在禮樂中。因此，音樂始終被儒家賦予了多種功能。首先是教化功能。儒家認為音樂有助於政治的教化，主張音樂為禮教政治活動服務。其次是道德情操的陶冶功能。荀子認為，人性惡，故情亦惡，性與情是生命中一股強大的衝動力，禮只能「制之於外」，只靠禮的約束還不夠，還必須由雅頌之聲的藝術感染力，對放蕩邪僻的性與情加以疏導、淨化，以達到「制之於內」的良好效果。他說：「故樂者樂也，君者樂得其道，小人樂得其欲。」

　　從根本目的來看，儒家倡導的美善統一的審美價值觀，是為了在藝術的審美過程中得到疏導、淨化，使感情的激流變得清澈而平靜，達到人格的完善，而不是為了追求單純的愉悅。正如《毛詩序》所言：審美能「厚人倫，美教化，移風俗」。這種審美價值觀對中國文藝美學具有深遠的影響。古代文藝美學家認為，審美創作是主體情感的抒發，但這個過程又必須符合道德規範，要能夠使創造的作品在達到陶冶道德情操、提升精神境界的同時，實現有助於人的身心愉悅的目的。《禮記·樂記》中說：「樂者，天地之和也；和，故百物皆化。」古代社會倡導的文藝活動的宗旨就是「寓教於樂」。在審美活動中，道德規範的教化，與心靈的淨化融合在同一過程之中。

　　在美善統一的審美價值觀影響下，中國古代文藝作品中充滿了大量仁愛勸善的人文關懷的內容。《三國演義》裡的劉備，雖然在政治上是失敗者，軍事才能乏善可陳，但他以仁慈愛民的形象贏得了極高的地位。蒲松齡筆下鬼神狐仙的故事，表現的恰好是人間的是是非非，表達的是對此岸世界中人的生命的關切。「三言」「兩拍」所展現的市井人生，處處充滿勸善懲惡、濟世救民的寓意。這些文藝作品，以美德形式探求善的問題，體現了對生命的終極關懷。它不同於在強大的宗教背景下出現的以靈魂拯救為指向的傳統西方文藝，不是通過上帝神聖等的愛與信仰的啟示來實現對人的終極關懷，而是通過人自身的向善而實現對人的終極關懷。因此，在美善統一的審美價值觀影響下的中國古代文藝，沒有受神本主義的影響，表現了濃烈的人文主義色彩。

　　美善統一的審美價值觀，在泛道德主義的文化背景下，也存在著取消

8 中國傳統文化的價值系統

文藝的獨立性，使之淪為政治統治或道德教化的工具的可能性。中國古代反覆強調的「文與政通」「音與政通」「詩與政通」「文以載道」等，都有把文藝降低為政治的婢女的危險。

8.5.2 道家價值取向：觀照自然，物我一體

儒家美善統一的審美價值觀，由於堅持把道德修養與審美情趣相統一，其濃厚的道德色彩和工具意識，使審美過程變得不再純粹，在一定程度上限制了文學藝術的發展。孔子當年極力批評的鄭衛之音，無非就是當時的流行歌曲，雖然在藝術表現上深得人們的喜愛，只因不盡符合儒家道德規範，就遭到了否定。在崇尚自然的道家看來，儒家審美價值觀不能揭示審美的本質。以莊子為代表的道家審美價值觀，超脫於美醜、善惡、生死、是非等種種世俗觀念，在人與自然融合的理念下，提出了觀照自然、物我一體的審美價值觀。

在莊子《逍遙遊》《秋水》《知北遊》等著名寓言中，在作為審美對象的無限廣闊的大海與天地面前，人顯得極為渺小。只有在忘掉自身一切感受、利害、得失、是非、禍福等以後，才能夠與萬物一體而遨遊天地，在把自己融合到「天地之大美」時，得到真正的審美愉悅。沒有受到任何世俗的東西污染的「天地之大美」，才是莊子心目中的「真美」「純美」，這是擺脫了所有功利意識的審美觀。

從相對主義和不可知論出發，莊子物我一體的審美價值觀對人們的美醜判斷力是持懷疑態度的。他把美的最終裁判權交給了自然，完全已經超越了美醜對立的觀點。在《山木篇》中，莊子提到：有一個逆旅男子，有一美一惡（醜）兩位小妾。在這個男子心目中，惡者貴而美者賤。陽子問其故。他自己的解釋是：「其美者自美，吾不知其美也；其惡者自惡，吾不知其惡也。」在《秋水篇》中，莊子提出了「子非魚，安知魚之樂」與「子非我，安知我不知魚之樂」的爭論，意在表明審美問題是無法爭辯的。這種相對主義觀點，實際上也就取消了美醜的差別。莊子在審美價值觀上抹殺美醜之別的主張，並不意味著他完全消解了美醜問題。在莊子寓言中，表現出這樣一種審美傾向：精神美高於一切，外表美無關緊要，往往越醜越美。寓言中的許多人物，醜得令天下人驚駭，奇形怪狀，不堪入目，但莊子認為這些人美不可言。因此，莊子在審美價值觀上與儒家又有了一種共性：道德內涵的完善與否比外表的美醜更重要，精神美可以抵消外貌的醜，得道可以化醜為美。

道家倡導的觀照自然、物我一體的審美價值觀，在文學藝術創作上啟

發了一種追求自然的物化境界，也就是物我合一的境界。在這種境界中，文學藝術創作不僅可以賦予自然以人格化，而且可以賦予人格以自然化。達到物我混同的自然狀態，大文豪蘇軾十分推崇這種狀態，他把這種狀態稱為「真態」「無人態」，也就是沒有任何人為加工的痕跡。唐代文論家司徒空在其《詩品》中所描繪的二十四種藝術境界，其中的衝淡、高古、典雅、自然、含蓄、清奇、飄逸、曠達等，就充分體現了道家物化境界的特色。

正如李澤厚在《美的歷程》中所指出的那樣，在這種審美價值觀的影響下，中國古代文學形成了「千秋永在的山水高於轉瞬即逝的人世豪華，順應自然勝過人工造作，丘園泉石長久於院落笙歌」的審美情趣，為中國文學藝術的發展開闢了一條新的途徑。南北朝以後，中國的散文、詩歌、繪畫都幾乎以自然為主題，展現出「物我一體」的幽遠意境。陶淵明辭官隱居，寫下「採菊東籬下，悠然見南山」「山氣日夕佳，飛鳥相與還」等田園詩佳句，就是這種審美情趣的典型代表。由於受觀照自然、物我一體的審美價值觀的影響，在南北朝以後的中國文學藝術作品中，梅、蘭、竹、菊、鬆、草、木、魚、蟲、日、月、白雲、高山、流水，幾乎所有自然之物，都成為審美觀照的對象，極大地豐富了古代文學藝術的創作內容，提升了創作的境界。

按照道家審美價值觀，不僅文藝創作要做到物我一體，而且藝術欣賞也要做到這一點。這就是「妙賞」，由此得到的美感是「純美」。這種審美完全是純藝術的，而不是為了別的目的。在這種審美活動中，為了以純藝術的態度觀照自然，不必附加任何外在的條件，甚至可以「不交一言，心領神會」，最終達到一種「得意妄言」的審美境界。這種審美價值觀，有助於克服儒家審美價值觀過於關注審美的教化功能，忽視審美活動自身獨立性的消極傾向，對於中國古代文學藝術按其自身規律而發展無疑具有積極的推動作用。

綜上所述，中國傳統文化中的價值觀呈現為一個複雜的系統。它既涉及多重價值關係，又交錯著人們對同一價值關係在各個方面的不同側重和強化。而儒、道、法、墨等各家各派則從理論的層面，對這些不同取向的價值觀做了自覺的概括，並提出一系列基本的價值原則。這就是古代中國人留給我們的一筆既統一又多元的精神遺產。今天，處於社會轉型時期的當代中國人，如何正確評價這些價值觀點，按照現代社會的要求繼承並發展傳統文化價值系統，關係到能否重建中國新文化價值系統的最大問題。因此，採取科學的立場重新認識中國傳統文化中的價值體系，具有十分重要的現實意義。

思考題：

1. 儒家追求內聖人格的人生價值觀的基本內容是什麼？其積極意義與消極作用表現在什麼地方？

2. 道家追求「逍遙」人生價值取向與儒家觀點的區別表現在哪些地方？有哪些積極影響和消極影響？

3. 儒家超越自然的價值取向有哪些基本主張？對中國文化有什麼影響？

4. 道家迴歸自然的價值取向有哪些基本主張？對中國文化具有哪些影響？

5. 儒家崇尚群體的道德價值原則的積極意義與消極影響表現在哪些方面？

6. 道家關注個體生命與個性自由的價值取向有哪些內容？有哪些積極意義和消極影響？

7. 儒家重義輕利的經濟價值觀，有無積極意義？對中國古代經濟發展有哪些消極影響？

8. 法家以功利原則作為唯一的向導原則的道德價值取向，有哪些消極影響？

9. 儒家提倡「美善統一，文以載道」的審美價值取向，對中國古代文學藝術產生了哪些影響？

10. 道家「觀照自然，物我一體」的審美價值觀對中國古代文學藝術的發展有什麼積極作用？

9　中國傳統文化的基本特徵

　　一個國家和民族的文化往往包羅萬象，其內容龐雜交錯，繁而不一，既有歷史的、地域的、時代的、民族的、階級的種種差異，又包含著進步、落後、明哲、愚昧等多種多樣的文化因子，因此，對中國傳統文化基本特徵的闡釋很難整齊劃一。現撮其要，簡介如下。

9.1　兼容並包性

　　中國傳統文化是個巨大的複合體，包含了不同時期的不同民族、不同流派的文化要素，雖然其主體結構受儒家思想制約，但形式和內容上又不斷吸收和融合其他要素，以適應不同時代的需要。

　　中國文化能夠兼收並蓄，這不但指諸子百家在爭鳴中能夠取長補短，相互融會，也指漢民族文化能夠長期吸收周邊少數民族的文化，更指對外來文化也能敞開它博大的胸懷，有揚有棄地吸收、整合。如趙武靈王胡服騎射，毅然學習外夷，變風易俗，至戰國末年，「胡服」已成為中國服裝的一部分，騎射也被中原各國普遍採用。西漢張騫通西域不僅帶去了絲綢、鐵器等中原文化產品，也使葡萄、琉璃製品等西域文化產品傳入。唐時國力強盛，華夷文化大交融變得更為普遍和自然，而佛教的中國化更體現了中國文化有容乃大的本色。雖然這種兼容性和再生性在明末清初時有所減弱，但這並不影響中國文化總體上以寬闊的胸襟接納異族異質文化的特點，只要對自己有益，就樂意移植、引進、吸收和整合。

9.1.1　兼容並包性的具體體現

　　對不同文化的兼容並包是中國傳統文化的一大特色，這一特色體現在社會生活的方方面面。

　　（1）在處理民族關係方面

　　早在《尚書堯典》就有「協和萬邦」之說，即主張各國互相團結、和睦共處。歷代統治者在制定和執行民族政策方面，也多採取了極大的寬容態度。如漢代司馬相如受武帝之命「通西南夷」，招撫少數民族，便以「兼

容並包」「遐邇一體」為指導思想,並稱這是武帝「創業垂統,為萬世規」。正是這種兼容天下的胸懷,使漢王朝將不同民族融合為一體,成為統一的中華民族。中華民族是一個多民族的大家庭,長期以來民族間的不斷融合,形成中華民族的統一整體,而中華民族的形成正是因其持有的兼容精神所致。雖然,在中國大地上也曾經有過連綿的戰爭和無休止的徵伐,但大多是直接起於經濟和政治的原因,像西歐那種以宗教信仰為旗幟對異教進行大規模屠殺的十字軍徵討從來都沒有發生過,而民族融合、文化融合,在中國這塊土地上卻成了傳統。

(2) 在處理人際關係方面

中國傳統文化歷來提倡對人的寬容,人與人之間友愛相處,以形成人際關係的和諧。春秋時期孔子就提出「寬以待人,嚴以律己」的思想,並要求「躬自厚而薄責於人」「己所不欲,勿施於人」。在人際交往中要多檢討自己,少責備別人,自己不願意做的事情,也不要強加給他人。《化書》中說:「抑人者人抑之,容人者人容之。」如果在與人相處中老是想著去抑制別人以抬高自己,終究也會被人所抑制;如果能以寬博的胸懷去寬容和理解別人,那麼無疑也必定會得到別人的寬容和理解。老子的「不爭」之德,墨子的「兼愛」之說,都主張人與人之間要相親相愛。《易傳》更概括地說:「君子以厚德載物。」是說君子應當有大地之廣闊胸襟,以寬厚之德包容萬物。這些學術思想各異的大家,在對人要寬容這一思想上如此一致,足以證明中國文化的寬容精神。同時還可以看出,寬容精神實際上是人的道德修養達到較高水準的一種體現,因而被譽為中華民族待人處世的一種美德。

(3) 在處理思想文化方面

對於不同的學術流派,不同的思想觀點,對於新生的事物,對於如何繼承和發揚本民族的傳統文化等方面,要達到「百家爭鳴」「各擅勝場」的和諧局面,同樣要求每個社會成員都堅持包容他者、兼容並蓄的態度。在中國文化中,各學術流派、各宗教團體,始終可以長期共存。春秋戰國之際,是中國文化發展成熟時期,當時是九流百家爭鳴,儒、墨、道、法齊顯並重,既沒有政治上的禁錮,也不存在學術上的權威。正如梁啓超所描述的那樣:「孔北老南,對壘互峙、九流十家,繼軌並作。如春雷一聲,萬綠齊苗於廣野;如火山午裂,熱石競飛於天外。壯哉!非特我中華學術大觀,亦世界學史之偉跡也。」經過長期的平等互立,自由辯論,儒、墨、道、法、兵、名、陰陽等各家思想學術精華都作為中國傳統文化的基本要素被保留下來了。「天下殊途而同歸,一致而百慮」,反應了先秦百家學說

精華相互包容薈萃的歷史事實。

中國又是一個多宗教的國家，歷史上佛教、道教、伊斯蘭教、祆教、摩尼教、猶太教、基督教長期共存，並且各個宗教和教徒之間可以和睦相處，做到相互寬容和理解，有時甚至可以一人兼信兩種或兩種以上宗教。官方在宗教政策上也基本上採取兼容並包的方針，使得各種宗教同時發展，如唐太宗李世民就尊道、禮佛、崇儒。因此，宗教在中國不像在西方那樣具有強烈的排他性。與此同時，中國各區域及少數民族文化，也在融合過程中保持著自己的小傳統。雖然中國文化從漢代開始「獨尊儒術」，但這僅僅是應用在官員的選拔任用上，因為儒家就是講治國平天下的學問，是講做人的學問，不同於其他專科學問。在兩千多年的中國古代社會中，各派學術、各種信仰、各方風俗，事實上一直處在交融互濟之中。這種文化現象，促成了中國文化內容的多樣性和豐富性，同時也造就了中國傳統文化的包容性格。

9.1.2 文明衝突與文化融合

現代社會，人們幾乎生活在一個文化的汪洋大海裡，不同國家、不同地區的人們儘管種群不同，膚色各異，卻都在從自己的角度和目標創造文化，全世界的人對文化需求的適應性也是有相同的屬性的。反過來說，文化是人創造的，別人創造的文化我可以拿來運用；少數人創造的文化大多數人可以學習運用，別的種群、別的民族、別的國家的人們創造的文化，只要我們自己沒有創造出來，也可以拿來運用。國家只是引領一方人眾生存發展的管理機構，並不是阻礙文化傳播的森嚴的圍牆。文化的傳播是沒有民族、沒有國界之分的，包括自然科學、政治管理等各類文化。

美國學者亨廷頓在1993年提出「文明衝突」的觀念，認為東西方文化不能「調和」，不能共存共榮，其結果必然導致劇烈的矛盾衝突。在冷戰之後，世界衝突的根源已經不再是意識形態，而變成了不同文化之間的差異，也就是文明的衝突。「文明衝突」的本質是「文化衝突」。應當承認，在一定的歷史時期和一定的領域範圍，「文明衝突」的現象是存在的，但這不僅僅只限於東西方兩大板塊，在西方人自己的地域上有西方人的自我衝突，在東方世界裡也有東方人的自我衝突。衝突的根本原因不是宗教觀念、哲學觀念不同，而是人們對物質利益的佔有慾望而產生的侵略行為和自衛保護的反應。對物質利益的慾望是生物的本性，這一點，世界上的任何人種都是一致的。「文明衝突」是事實，但文明的融合也是事實。世界文化的主要潮流是融合，和平是人類追求的目標，也是人類社會發展的規律。「衝

突」不會永遠充斥在望不到盡頭的歷史長河之中。無疑，亨廷頓的「文明衝突」在認識上犯了極大的錯誤。很明顯，「文明衝突」論從地域和自我狹隘意識出發，缺乏「四海大同」「四海共存」「四海共融」的和平、和諧理念。其哲學基礎建立在「以我為中心」之上，其國家管理觀念建立在私有制基礎之上。「文化衝突」論是霸權國家採用野蠻手段掠奪別國財富的理論依據，人們從近代史裡可以找到這個文化理念實踐的大量證據。從根本上講，「文化衝突」論與人類文化融合的歷史相悖，與人類文化發展的方向相悖。

9.1.3 文化融合的態度和方法

對文化的發展秉承兼收並蓄的態度，對文化的運用採取交匯融合的辦法，會產生神奇的效果。若干不同質、不同性的文化融合運用，像化學裡的「中和反應」一樣，會產生很多新的內容、新的質素。但是，文化融合要鑑別真、偽、優、劣和先進與落後。文化的異彩紛呈給人們的鑑別帶來了很大的難度。那裡有文化的瑰寶，可是我們沒有識別寶貝的慧眼，帶來的結果是遺憾；那裡是文化的毒草，可是我們缺乏識別毒草的知識，帶來的結果必定是災難。自然科學技術文化是容易鑑別的，只要能分清真偽就不會犯大的錯誤。歷史文化和倫理道德文化也比較易於鑑別，最為複雜的難以識別其真、偽、優、劣和先進與落後的是高深的哲學文化、複雜的藝術文化和高層面的管理文化。

文化的融合運用並不排斥文化的創新。文化融合的方法本身就有創新的成分。運用不同的文化會出現新的氣象、新的局面。在進行文化融合的同時，我們也要積極創造新文化，以適應社會發展的要求。

9.2 非宗教性

非宗教性是中國文化最顯著的特徵之一。梁漱溟先生在《中國文化要義》中說：「幾乎沒有宗教的人生，為中國文化一大特徵。」「中國文化是統一的，今既說其宗教多而不一，不是證明它並不統一於一宗教了嗎？不是證明宗教在那裡面恰不居重要了嗎？且宗教信仰貴乎專一，同一社會而不是同一宗教，最易引起衝突；但像歐洲以及世界各處歷史上為宗教爭端而演之無數慘劇與長期戰禍，在中國獨極少見。這裡宗教雖然多而能相安，甚至相安於一家之中，於一人之身。那麼，其宗教意味不是亦就太稀薄了嗎？」梁先生這段話指明了兩個問題：第一，說中國文化是非宗教性的文

化,並不等於說中國沒有宗教;第二,在中國歷史上,長期戰禍與無數慘劇也同西方一樣,時有發生,但究其原因,並不是由於宗教爭端造成的,它固有自己的原因。

9.2.1 儒家人文精神的決定

其實,人類文化,包括中國文化在內,一般都是以宗教為開端的。在任何民族的早期文化中,都可以看到宗教的痕跡。這是因為在人類早期,對自然界和人自身缺乏瞭解,往往把人的生死、自然災害的降臨等看作是人類異己力量的操縱,故產生各種原始的自然崇拜。隨著人類社會階級壓迫的產生,人類對自然的恐怖感轉向對社會、對人生的疑惑與不安。早期的宗教家們似乎看到了社會對人的壓迫,人與人之間的疏離所造成的人類痛苦,於是在原始宗教的基礎上,創立了人為的宗教。無論是基督教、佛教,在它們產生的初期,都是針對上述社會與人生問題而提出的救世主張。但它們選擇的方向是一條企圖超越人類理性的道路,在人類的現實社會之外,建構一個超越的世界。西方文化正是在這種超越觀念和希伯來信仰的培植和指導下奠定其內在基礎的。西方文化初源於希伯來教義、希臘哲學和羅馬法典三個不同文化系統的融合。自中世紀以後,教會的權力超過世俗王權,文化教育、道德倫理、感情意志、思想觀念都統一於教會,遂使西方文化貫註了完整系統的宗教精神。原有的希臘理性消融在宗教的信仰之中,哲學變成了宗教神學的婢女,理性則處於輔佐信仰的地位。西方的宗教傳統直到近代乃至現代仍保留著強大勢力,它滲透到文化生活的各個領域,它不僅使西方文化帶有濃厚的宗教色彩,更重要的是,它賦予了西方文化內在的精神價值。

反觀中國文化,顯然不具有這一特質。中國文化的非宗教性的品格,主要是由其濃厚的以道德為本位的人文精神所決定的。重人事,輕鬼神;近人事,遠鬼神。所有宗教,從本質上說,都是基於對人類現狀的一種否定,並且往往以人自身為污穢和渺小,從而設定一個凌駕於人類之上的超越者,絕對者,彼岸世界,以此作為人類專一的皈依,但這些均不構成中國文化的主旨。儒家和道家都不說死後世界,如孔子說:「務民之義,敬鬼神而遠之」「未能事人,焉能事鬼」,《易傳》的「天行健,君子自強不息」,莊子「天地與我並生而萬物與我為一」的精神境界對後世造成了深遠的影響。

中國文化的人文主義精神,早在殷末周初便開始形成。人類歷史在很長的時期裡,一直都處在神的主宰之下。從歷史的觀點看,中國文化卻是

較早企圖擺脫神的主宰的文化。從周代人文精神的興起，到春秋戰國之際儒家人文思想的發展以及道家自然主義的形成，正代表著擺脫神的主宰和開展中國人文理想的運作過程。這一過程，在當時社會現實中得到多方面的擴展，具有深遠意義。可以說，這是中國文化發展的一次重大轉機，它標誌著中國文化與中國早期宗教的脫離。

在殷商時期，中國早期宗教的天帝、鬼神等觀念還高高凌駕於人與人事之上，牢固地統治著人們的頭腦。到了周代，這種影響力便逐漸衰退。周的統治者從殷的滅亡中吸取了一定教訓，不僅用「天」襲取了殷商「帝」的位置，衝淡了人格神的主宰性，而且就所崇拜的「天」來說，也減少了它的絕對性，提出「天命靡常」「聿修厥德」「敬德保民」等思想，開始從宗教觀念中分離出「人德」的觀念。

春秋時期，周代提出的「人德」觀念進一步得到發展，開始對神提出懷疑。在《左傳》中記載了許多這一時期初步興起的無神論觀念。如《左傳·桓公六年》，隋國的季梁說：「夫民，神之主也，是以聖王先成民而後致力於神。」《左傳·莊公三十三年》，虢國的史囂說：「吾聞之，國將興，聽於民；將亡，聽於神。神聰明正直而壹者也，依人而行。」《左傳·僖公六年》，在圍繞營建周城的問題上，宋薛兩國發生爭端。宋人以鬼神為據，薛人以人事為據，彌牟在評論這場爭論時說：「薛徵於人，宋徵於鬼，宋罪大矣。」《左傳·僖公十六年》，宋國出現隕石和六鷁退飛的奇異現象，有人說這是災禍之兆，而周內史叔興卻說：「是陰陽之事，非吉凶所生也，吉凶由人。」《左傳·昭公十八年》，鄭子產在駁斥神竈的占星術時說：「天道遠，人道邇，非所及也，何以知之？」《左傳·襄公二十四年》，叔孫豹提出了排除宗教神學觀念的中國傳統文化中關於何謂不朽的問題，他說：「太上有立德，其次有立功，其次有立言。雖久不廢，此之謂不朽。」

上述材料，可以說構成了春秋時期人文主義思潮興起的前奏，中經孔子的揚播，至戰國中後期的孟子、荀子，遂蔚成中國人文思想的大潮，完成了中國文化從神到人的觀念轉化。以儒家為代表的這一轉化，把對人及社會的終極關懷提到一個新的高度。雖然他們還都保留有對天、帝、命的信仰，但都被上述人文精神所淡化，只是把它們作為一種「神道設教」的形式，以輔助道德的教化。

9.2.2 道家自然主義的補充

中國文化的非宗教性，一方面由儒家的人文精神所決定；另一方面，又有道家自然主義作為補充。從表面上看，人文主義與自然主義有很大不

同。人文主義著眼點在人，而自然主義則面向自然。故荀子批評道家為「蔽於天而不知人」。但當我們把道家的自然主義放到整個中國文化的背景中來考察時，會毫無疑問地得出結論：道家的自然主義不僅是非宗教的，而且比儒家更具有無神論的色彩。

首先，以老莊為代表的道家所創立的宇宙本體論，通過對由來久遠，具有神祕性的傳統「天道」觀念所做的思辨性的哲學淨化工作，排除了中國早期宗教所崇拜的神鬼天帝的權威，把哲學本體「道」提升到「象帝之先」的位置。因此，老子的辯證法和莊子的相對主義，都是從哲理的高度，對自然、宇宙所做的清醒、理智的探討和對社會鬥爭、人事經驗的總結。儘管他們的結論可能是錯誤的，但其重要性在於排除了神或上帝的預設和啟示，是人的哲學與自然哲學的統一，而非宗教哲學。

其次，在社會、政治層面，道家主張無為。無論老子還是莊子，在他們的思想中都深感社會、政治由於爭奪傾軋所造成的腐敗墮落，因此憤世嫉俗，極端批評和攻擊現有秩序，蔑視和詆毀儒家提倡的仁義道德。既然氏族社會的遠古傳統和至德之世如此迅速的崩毀，人們所面臨的是一個權謀狡詐的時代，無辜者橫遭殺戮，專制社會成了人吃人的陷阱。這一切往往是宗教思想產生的最好酵母。但道家並沒有走上宗教的道路，他們雖然感到無可奈何，甚至提出「安時處順」「安之若命」等宿命論思想，但他們始終是清醒的，始終是立足於現實社會中，並提出了大異於儒、墨、法各家的救世方案，這即「無為」。無為即自然，「聖人處無為之事，行不言之教」，一切都聽任自然。道家不是一味地放棄人事，它只是通過否定的方法，從「負」或「反」的方面，達到「正」「合」的目的。這也是老子所謂的「無為而無不為」。因此可以說，道家的社會論同樣表達了對社會人事的關懷，只是用了與儒家不同的方式而已。

最後，在人生層面上，道家也是採取了與儒家不同的論辯方式，但均具有相似的人生目的。儒家是以直接表達的方式，從人生出發，最後仍落實到人生上；道家則用否定的表達方式，從自然出發，通過否定儒家的人生理論，最後也落實到人生上。儒家的目標在於追求一個充滿「浩然之氣」的剛健有為的人生；道家則從相對的立場出發，企圖達到一種淳樸、無為、守柔、不爭的和諧人生。因此，老子、莊子並非出世者，在他們的思想和理論中不但沒有對彼岸的執著，相反卻十分注意保持和維護整體生命的和諧穩定，強調「保身」「全生」「養親」「盡年」，並要求自然而然地對待現世，反對任何形式的矯揉造作和虛偽。

從以上三點可以看出，在中國文化的非宗教性這一特徵中，道家與儒

家的主要分野在於儒家是以人而道家是以自然為萬事萬物的準繩。道家的「淳樸」「無為」等倫理觀念均取自自然之道德教訓,而自然則為天地與人生的最後根據和最高標準,同時它也就成為人生的「庇護所」。在中國歷史上,無論儒家還是道家,每當他們在仕途落魄或政治失意之時,往往投入「自然」的懷抱,吟詩作畫,躬耕壟畝,做隱士而不做教徒,這是因為「自然」比「教堂」有更廣闊的天地,即使是受戒的佛徒或道士,亦常常受到自然的吸引,愛自然甚於愛教主。至於中土的藝術家、詩人、畫家則更以自然為好,他們通過對自然的描寫來表達人生哀樂、喜怒的情懷及孤獨、寂寞、寧靜、高遠等感情。畫家描繪山水如詩人描寫景物,其目的都在於提煉情感、蕩滌污濁、激發心志、純潔心靈,亦無逃避人間之事。

　　道家的自然主義是儒家人文主義最得力的補充,對中國的知識分子來說,人世與自然這兩個廣闊的天地顯然比宗教虛無縹緲的天國有更大的吸引力。他們受自然的陶冶、人世的洗練,大大降低並衝淡了對宗教信仰的狂熱。特別是中國的天人合一思想,把道家的自然主義與儒家的人文主義黏合在一起,甚至難分彼此,終於在中國文化中取代了宗教的地位。

9.2.3　中西方人文精神的差異

　　中國的人文主義顯然不具有西方人文主義的近代內容。西方的人文主義思潮產生於近代,它是以西方傳統的宗教文化為背景,針對神學對人的壓抑,而提出人的問題。其中,包括人的獨立、人的尊嚴、人的平等、人的權利以及人的自由等內容。中國的人文主義範圍較廣,內容也比較寬泛。它最早出現於《周易・彖傳》對「賁」卦的解釋,即「彖曰,賁亨。柔來而文剛,故亨。分剛上而文柔,故小利有攸往。剛柔交錯天文也。文明以止,人文也。觀乎天文,以察時變;觀乎人文,以化成天下。」這裡的「人文」主要是相對「天文」而言,而「文」字則含有文採、紋理、文飾等意義。通過對自然之文的觀察,可以瞭解寒暑、四季等變化,通過對人及社會的觀察,即可以瞭解人及社會的種種情狀,從而使人及社會得到治理。

　　因此,中國的人文思想包含甚廣,除天文、地文之外,它幾乎囊括人及人類社會的一切方面,包括文章、文學、文德、文物、言談、穿戴,涉及哲學、文學、政治、倫理、藝術等各個領域,而儒家的人文思想的主要內容則是以禮樂為中心的道德教化。《論語・憲問》載:「子路問成人,子曰,若臧武仲之知,公綽之不欲,卞莊子之勇,冉求之藝,文之以禮樂,亦可以為成人矣。」這就是說,「知」「勇」「藝」等均須「文之以禮樂」,這是「成人」的主要條件。成人必文之以禮樂,這便是儒家人文思想的基本精神和

基本內容。這一點，朱熹的《四書集註》說得更清楚，其對「周監於二代，鬱鬱乎文哉」註曰：「言視其二代之禮而損益之。」對「文不在茲乎」註曰：「道之顯者謂之文，蓋禮樂制度之謂。」可見，朱熹亦以「禮樂」釋「文」。

荀子為孔子後學，他對儒家的人文主義不但有進一步發展，而且對「人道」「人文」的內容有更明確的規定。他認為，仁人的最根本條件是「忠信以為質，端以為統，禮義以為文，倫類以為理」。什麼是禮義以為文呢？「禮者謹於治生死者也。生人之始也，死人之終也，始終俱善，人道畢矣。故君子敬始而慎終，終始如一，是君子之道，禮義之文也。」這就是說，「禮義之文」的內容是從生到死，謹慎地按著「禮」的規定去做，使人的一生終始俱善，這便是人道或人文的內容。

因此，如果說中國古代有人道主義的話，其人道也無非是「禮義」的內容，也即是所謂「禮義之文」的內容。

由上面的材料聯繫到《周易・賁卦・象傳》的說法，便可明顯地看出，從孔子到荀子再到《易傳》，其系統的人文思想所包含的禮樂之義及人文的基本內涵，即：「文明以止，人文也」「文之以禮樂」或「禮義以為文」「觀乎人文以化成天下」。因此，作為中國傳統文化基本特徵之一的人文主義，具有中國自己的獨特內容，它基本上是指禮樂之教與禮樂之治。而禮樂的意義，乃在於對具體生命中原有的情欲得到提升與安頓，使之達到道德理性化。可以說，這是中國人文主義的最深刻的含義，也是中國人文主義的正面意義。同時，禮樂作為社會教化與統治工具，它是與專制、集權、等級名分、親疏貴賤等政治、倫理、社會規範相容而不相悖的，亦有其負面意義。它從前門趕走了神鬼的權威，卻從後門迎進了東方式的專制主義的王權。它所富有的是溫情脈脈的禮義節文，並以道德理性逐走宗教的執迷和狂熱，而缺乏的恰恰是作為人文主義所應具有的自由、平等、獨立、人權的精神。

9.3 泛道德性

中國傳統文化的核心是儒家文化，其支撐和骨架是儒家道德，儒家道德衍射到儒家文化的各個環節和層面，形成中國傳統文化的泛道德特徵，這一特徵反應了中國傳統社會的一元化價值取向，表現了中國傳統文化中道德對政治、對法制以及對文學、藝術、哲學等各個領域的影響及指導意義。

9.3.1 以「德治」代「政治」——政治道德化

中國傳統文化的泛道德性最明顯的表現，是將道德意識侵入政治領域，使中國的傳統政治缺乏一種獨立的制度，從而為君權至上的專制主義尋得一個道德「庇護所」。在中國傳統社會中，國是家的放大，國家一向被看成人倫關係的總和。在這個放大了的整個人倫關係網絡中，國君或皇帝自然是家庭中父的放大，是國家這個「大家庭」的當然家長，他既是國家政治組織的中心，也是社會人倫秩序的中心。因此，國君、皇帝常常被稱為「君父」「國父」「再生父母」等。這種把家庭倫理關係投射到國家政治的結果，常常是以空泛的道德說教代替具體制度的實施，其最典型的代表則是肇端於孔子的德治精神和孟子的仁政思想。孔子在《論語·為政》中有一段後人奉為經典的話。他說：「為政以德，譬如北辰，居其所，而眾星共之。」後來，很多註《論語》的人都把這段話解釋為「無為而治」，這是一種莫大的誤解。儒家是不講「無為」的，儘管在《論語》中有「無為而治者，其舜也與；夫何為哉？恭己正南面而已」的話，但其用意在強調「恭己」。「恭己」即「修己」，恭敬而嚴肅地修養自己。《論語·憲問》說：「子路問君子。子曰：『修己以敬。』曰：『如斯而已乎？』曰：『修己以安人。』曰：『如斯而已乎？』曰：『修己以安百姓，堯舜其猶病諸。』」如果把這兩段話聯繫起來看，便可知孔子「恭己正南面」與「為政以德，譬如北辰」的本旨所在。恭己、修己都是指道德修養，只有把自己的道德品格修養好，才能起到「安人」「安百姓」的政治作用，才能得到人民的擁護，即所謂的「眾星共之」或「正南面」。由此可知，上述兩段話的中心不在「無為」而在「德治」。

孔子的德治精神，在《論語》中講到的還有多處，而且都是直接回答他的弟子或當時國君問政的話，歸納起來，有下面幾點內容：

(1) 為政必先「正名」。「子路曰：『衛君待子而為政，子將奚先？子曰；『必也正名乎！』」「齊景公問政於孔子，孔子對曰：『君君、臣臣、父父、子子。』」

(2) 為政在於「欲善」。「季康子問政於孔子，曰：『如殺無道，以就有道，何如？』孔子對曰：『子為政焉用殺？子欲善而民善矣。君子之德風，小人之德草，草上之風必偃。』」「季康子患盜，問於孔子，孔子對曰：『苟子之不欲，雖賞之不竊。』」

(3) 為政在於「正身」。「季康子問政於孔子，子對曰：『政者正也。子帥以正，孰敢不正？』」「苟正其身矣，於從政乎何有？不能正其身，如正人何？」

可見，孔子所談的一系列為政的問題，實際上都是道德問題，其中的「欲善」「正身」「修己」成為以後中國傳統文化中政治思想的前提條件，同時也是道德哲學的核心內容，其影響是非常巨大的。從孟子的「殀壽不貳，修身以俟」，到荀子「修身自名，則配堯舜」，再到《大學》的「自天子以至於庶人，壹是皆以修身為本」，都來源於孔子「修身以安百姓」的德治精神。由此可以看出，孔子乃至整個儒家，其政治思想，都是由德治觀念所貫通的，他們在政治方面的注意力，完全集中在倫理道德上，從而忽視了對政治制度的研究和探討，所僅有的一些設計和預想也多半帶有道德教訓和不切實際的烏托邦性質。

比如，孟子的「五畝之宅樹之以桑」的仁政王道，以及《禮記‧禮運》的「大道之行也天下為公」的大同理想，都是本於儒家的德治精神而設計的政治藍圖。其中尤以《中庸》「哀公問政」一段，最能反應這種以德代政的德治思想：「天下之達道五，所以行之者三。……知斯三者，則知所以修身。知所以修身，則知所以治人。知所以治人，則知所以治天下國家矣。凡為天下國家者有九經。曰：修身也，尊賢也，親親也，敬大臣也，體群臣也，子庶民也，來百工也，柔遠人也，懷諸侯也。」這裡所謂「九經」，是指治理國家的九種大法。它雖然比孟子和《禮記‧禮運》所設計的政治藍圖稍加具體，但其實質仍是一種道德教訓。它所列出的九條政治原則，與「五達道」「三達德」的道德規範緊密聯繫在一起，實際上均可以作為儒家的道德原則，而這些原則的基礎，與《大學》所列出的「三綱領」「八條目」亦屬同一性質，即「壹以修身為本」。由個人的修德推之於政治，便是德治。因此在儒家這裡，政治實與道德是合一的。

9.3.2 以「禮治」代「刑法」——法律道德化

任何一個時代的統治者，往往都是以刑罰作為政權的最後保證。先秦法家所以在法治問題上走上極端偏激的道路，是他們以刑治代替法治的結果。儒家強調德治，即是企圖扭轉法家的這一偏向，把刑治的強制力量消解為道德理性的自覺，如孔子說：「道之以政，齊之以刑，民免而無恥；道之以德，齊之以禮，有恥且格。」在孔子看來，政、刑的效果雖然明顯卻有限，特別是不能從根本上解決問題，而只有道德的力量才是無限的，因為它能夠把人倫之道、內心之德，實現於日常生活中，使之成為一種「合理的行為方式」。這種「合理的行為方式」不僅能夠緩和人與人、人與社會、統治者與被統治者之間的緊張關係，而且經過累積能培養和啟發人們的積極向善精神。這正如後來《大戴禮記》所說：「以禮義治之者積禮義，以刑

罰治之者積刑罰。刑罰積而民怨倍；禮義積而民和親。故世主欲民之善同，而所以使民之善者異。或導之以德教，或毆之以法令。毆之以法令者，法令積而民哀戚。哀樂之感，禍福之應也。」這段話深刻表達了儒家對道德與刑罰的看法，在中國思想史上影響深遠。它深刻反應了儒家文化的道德使命感和對法家刑罰主義的深惡痛絕，同時它也是儒家為社會提供的治世良方，反應了中華文明的特點。

但對於複雜的社會來說，一味地強調或推行刑罰固然會導致社會的酷烈；但放棄刑罰，一味追求道德教化的作用，也只能是一種理想而已。由於秦推行法家路線，尤以刑罰為治，漢雖有所更改，但基本上承襲了秦朝的制度，酷吏嚴刑亦時有所聞，這就更加刺激了儒家德治思想的發展。以董仲舒為代表，把儒家思想配以陰陽五行學說，提出了「陽德陰刑」的理論。他說：「然則王者欲有所為，宜求其瑞於天。天道之大者在陰陽。陽為德，陰為刑。刑主殺而德主生。是故陽常居大廈，而以生育養長為事；陰常居大冬，而積於空虛不用之地。以此見天之任德不任刑也……王者承天意以從事，故任德教而不任刑。」為了強調「德治」，董仲舒用符瑞災異及陰陽五行之說，勸導皇帝「任德」，但他已從孔子的立場退了一步，給刑治以「陰」的說明。這表明自漢代以後儒法已開始趨於合流，但以禮、仁為中心的「德治」仍處於主導地位。

董仲舒「陽德陰刑」的理論，對中國古代法律制度的形成產生了較大的影響。其中，重要的影響是將道德與法律兩極化，道德立為行為的準則，法律則賦予統治者懲罰的權力。兩者結合的結果，形成一種具有強制性的道德體制：法律淪為道德的婢女；違反道德則成為刑罰的對象。這一點，我們從唐代到清代的法典中完全可以看出其最明顯的傾向，刑法發達而民法不足，如果從其性質看，甚至根本沒有民法。而刑法所科罰的對象，除一般刑事犯罪外，任何道德過錯均構成犯罪。如《唐律》五十五款就規定有，只要父母健在，兒子另立家室者，即構成犯罪。一七九款規定，男女雙方的婚姻不能在居喪期間完成，完成者法律究之以無效並科以重罰；居喪期間生子亦屬犯罪。據《歷代刑法志》所載，凡告父母者，不論其控告屬實與否，均判以極刑；夫妻離異，妻子不得提出。諸如此類的法律規定說明，法律道德化的結果導致了道德法律化。

9.3.3 以「人治」代「法治」——泛道德主義對專制主義的影響

上面主要是從道德要求於民的方面，談泛道德主義對法律的影響；同時，儒家對統治者或居高位的人也有強烈的道德要求。在儒家看來，統治

者一切不合理的政治措施以及社會風氣的敗壞，都可追溯到統治者的道德行為。因此，如果要使要求合理，必須端正自己的行為，使之與被統治者相一致。儒家深信二者是能夠一致的，因為人性的本質都是善的，「不忍人之心」人皆有之，既然「德」為天下人所同好，因此統治者的「德」，自然會對被統治者有莫大的影響與啟發，在上者有端正良好的美德，就如同一陣清風吹來，老百姓自然像牆頭之草一樣聞風「必偃」。因此，《大學》說：「所謂平天下在治其國者，上老老而民興孝；上長長而民興悌；上恤孤而民不倍；是以君子有絜矩之道也。」鄭玄註：「絜，猶結也，挈也；矩，法也。君子有挈法之道，謂常執而行分，動作不失之。」這就是說，「絜矩之道」即治國之道，治國的根本在於統治者的道德示範作用，通過在上者的道德提攜與牽引，天下之人便可孝悌而不叛，從而達到天下太平的目的。「故為人君者，正心以正朝廷，正朝廷以正百官，正百官以正萬民。」由上至下的道德啟示，再由下至上的道德效法，於是政治、法律的瞄準點便由制度轉向道德；由「治法」轉向「人治」，此即《中庸》所謂「以人治人」的政治原則。《中庸》說：「哀公問政，子曰：『文武之政，布在方策，其人存，則其政舉；其人亡，則其政息。人道敏政，地道敏樹，夫政者，蒲盧也，故為政在人。』」朱熹在解釋這段話時說：「有是君，有是臣，則有是政矣。……以人立政，猶以地種樹，其成速矣。」又說：「人君為政，在於得人，而取人之則，又在修身；能仁其身，則有君有臣，而政無不舉矣。」朱熹的解釋是很貼切的。

綜合《中庸》的說法及朱熹的解釋，儒家人治觀念基本包含三層意思：①社會的清濁與政治的好壞取決於人君之德；②人君之德的重要表現則在用人，用人得當，便是人君有德，用人不當，便是人君無德；

③取人的標準，重在修身，因此人君務在「修己」，然後再以德取人。

在這種人治有餘而法治不足的泛道德主義的影響下，中國幾千年的政治體制積澱為如下傳統：

（1）「內聖外王」的理想演變為個人迷信和偶像崇拜。強調人治觀念的結果，使得儒家把希望寄託在「內聖外王」的出現上。本來按著儒家的初衷，「內聖」是「外王」的必要而充分的條件，但為了方便起見，統治者總是希望二者兼而得之，統而一之，這就是郭象所謂「聖人雖在廟堂之上，然其心無異於山林之中」。既然二者可以統一而且應該統一，因此「外王」者必「內聖」。國家的統治者同時就是聖人，意味著掌握了權力就是當然的聖人，這就是莊子所揭露的：「竊鉤者誅，竊國者為諸侯，諸侯之門仁義存焉。」這就是說，推崇「內聖外王」的結果，往往使那些竊國大盜或獨夫民

213

賊「並與其聖知之法而盜之」，儼然以聖人的身分和名義規範全民成為教化的榜樣，這種情況在中國歷史上屢見不鮮。因此，傳統文化中的聖人觀，又往往是封建制度下的一種迷信和偶像崇拜。

(2) 由於強調「為政在人」而不在制度，故中國的傳統政治體制延續幾千年而不衰，朝代的更迭只意味著統治者輪次換班，而在制度上卻極少變動，法治就更談不上，因為統治者考慮的重點，是如何得人，如何使政權順利轉移，因此選擇和培養接班人的問題往往成為歷代統治者轉移政權的重要手段。正因為如此，極易造成政權銜接過程中的「權力真空」狀態，無法杜塞覬覦之端和野心家的篡奪，從而形成各種宗派、山頭及其相互間的權力之爭。每一個新上臺的統治者，必經一番艱苦經營，進行權力的重新組合，然後才能騰出小部分精力過問經濟、生產等國計民生之事。

(3) 「以人立政」是導致「以德取人」的必然邏輯聯繫。「以德取人」，即以道德標準衡量一個人的進退得失，這逐漸形成傳統的選官制度。漢代的「察舉」「徵闢」即是根據道德品行取仕的典型代表，這種選官或取仕標準，因重德行節操，故往往產生流弊：品評鑒識之風盛行，而品評人物的權力又都操縱在少數名士手裡，他們從自己的主觀好惡出發，往往具有許多主觀隨意性；易造成一群一黨的互相吹捧，並使一些虛偽奸詐之徒借道德之名招搖撞騙，欺世盜名，用德行掩蓋才力，「混而相蒙」「名不副實」。正如曹操所說：「夫有行之士，未必能進取；進取之士，未必能有行。」

(4) 使一般民眾，把希望寄托在「明君」「賢相」「清官」身上，而把自己排除在政治之外，這樣就從根本上堵塞了走向民主、民治的政治道路。由「人治」必然導致「官治」，由「法治」才能走上「民治」。由「人治」到「官治」，最後只能歸到君主集權的專制主義；而由「法治」到「民治」，最後才能歸向民主政治，這是兩條不同的政治發展道路。中國的傳統政治由於強調「人治」的結果，走的是前一條道路，而缺乏民主政治的傳統，其重要原因之一，即是泛道德主義的影響。

9.3.4 德本財末——經濟道德化

儒家的思想體系，本以道德教化為主，對農業生產及經濟問題不夠關心，尤其是對貧富貴賤的看法，往往付之天命，只有對道德、政治才格外給予關注。「君子謀道不謀食。耕也，餒在其中矣；學也，祿在其中矣。君子憂道不憂貧。」「有國有家者，不患貧而患不均，不患貧而患不安。蓋均無貧，和無寡，安無傾。」可見，孔子在「謀道」與「謀食」「學」與「耕」「富」「足」與「均」「安」之間有明顯的價值取向，他所關心的重點在於修

養功夫的落實和道德人格的建立，而對經濟的發展和生產技術的提高從未給予深切的關懷。孔子的這些思想對後人影響很大，孟子、荀子以致董仲舒都沿著這條「君子喻於義，小人喻於利」路徑發展下來。孟子斥責商人為「賤丈夫」，他指出「有賤丈夫焉，必求龍而登之，以左右望而罔市利，人皆以為賤，故從而徵之。徵商，自此賤丈夫始矣。」在孟子看來，商人唯利是圖，因此要重徵其稅。凡圖利者，皆商人之流，往往與仁義相違，故稱商人為「賤」。這是本於儒家的價值取向所作出的道德判斷。孔孟以後，「為富不仁」成為儒家經濟價值觀的標準，這是道德價值觀取代經濟價值觀的總趨向。「君子先慎乎德，有德此有人，有人此有土，有土此有財，有財此有用。德者本也，財者末也。外本內末，爭民施奪。」用這樣一種價值觀作為經濟判斷的標準，束縛了經濟的發展，扭曲了經濟的評判。在儒家這裡，經濟趨於道德化。

9.3.5　文以載道——文學道德化

中國文學往往就是作家情性的表達，這種現象顯然也是受了道德精神的影響。中國詩歌作品既要「言志」，又要以「無邪」為準，所以，要有偉大的文學，必先有崇高的道德和偉大的人格。而人格是由氣質和性情決定的，先秦儒學雖然把性與情分為兩個層次，但他們認為是等同的。《禮記·樂記》有「人生而靜，天之性也；感於物而動，性之欲也」的話，把情與欲做了區別，但漢代董仲舒以後，逐漸把情和欲混同起來，至宋儒則完全把情看作一種私欲。所以，張載提出「心統性情」的說法，即通過道德的功能，對性、情加以疏導、轉化，使其能自然而然地發生與禮樂文章相互配合的作用，成為一種合理的、有節制的衝動。也就是說，情欲必須經過改造，受道德的制約和調節，使之「發而皆中節」，這就是所謂的「致中和」。文章、禮樂只有合乎這一標準，才能教民平好惡而返人道之正。

儒家的「中和原理」「文以載道」，深刻影響了中國文學的創作和發展。文學成就不僅在其文學風格和技巧，而主要在於作家個人的生活陶冶和心情感應。即重視作家的人格，使修身齊家治國平天下及忠君報國、交友愛民成為文學的最高題材，而愛情、家庭、個人在文學作品中表現不強烈。從道德立場出發，視世俗文學為旁門左道、市井下流，不能登上文學的大雅之堂，而只能流傳於民間。不以表達純情的文學為上品，往往強調清理兼綜，文質並重。在這種思想指導下，中國文學更多富有委婉、含蓄、典雅、肅穆，而較少直率、狂熱、奔放、瀟灑。

9.3.6 美善統一——藝術道德化

「美」作為藝術哲學的範疇，從其產生的過程看，一直與「善」糾纏在一起。在中國傳統的審美價值觀中，美善統一是審美評價的主流。這一觀點是經由孔子建立並被後來的儒家所繼承和發展。儒家重德的文化一直強調從人的心靈深處去體現道德，而這種從內心體現善的精神，一旦被儒家發展，便可淨化為藝術的心境。以音樂為例，《論語》記載「子謂韶，盡美矣，又盡善也。謂武，盡美矣，未盡善也。」孔子對「韶」的評價高過對「武」的評價，其尺度和標準即美善統一的審美價值觀。「韶」作為舜樂，不僅具有平和淡雅的美，更重要的是它所反應的內容是虞舜時期的太平盛世和揖讓而治的風貌，這正是孔子所理想的仁的精神。「美」是審美範疇，而「善」是道德範疇。這兩個不同的範疇，被孔子統一在禮樂之中，這對後來審美觀念的發展及審美評價發生了巨大影響。《禮記·樂記》說：「大樂與天地同和，大禮與天地同節。」這種「大樂」與「大禮」在功能上的完全統一，必然導致審美價值上美善統一，並以此作為審美評價的標準。由此看來，儒家之所以重視樂，並不是把藝術、審美與政治或道德完全等同起來，而是認為藝術有助於政治的教化，同時又可以作為人格修養的有利工具。這一點，在孔子後學中表現得尤為鮮明。荀子在《荀子·樂記》中明確表達了對藝術功能的看法，即有助於教化，有助於人心的向善，有助於教化是相對於社會、政治、道德而言；有助於人心的向善，則是相對於人格修養而言。

儒家以音樂為中心的美善統一觀，代表了他們對一切藝術審美的看法。這種「為人生而藝術」的性格，對人格修養、人生與藝術、人與天地同流、人與天地相參等儒家孜孜以求的政治理想和人生理想確實發揮了不少作用。儒家的這種美善統一的審美價值觀，之所以構成中國傳統文化的重要價值系統，就在於它始終強調藝術要與善統一，要接受善的檢驗，開創了藝術為人生、為道德教化、為社會政治服務的先河。這一傾向對中國傳統藝術的發展，對後來的文藝理論及藝術評價都產生了極其深遠的影響，為人生而藝術的審美價值觀否認藝術有獨立的審美價值，使藝術完全成為政治統治或道德教化的工具。

可見，中國傳統文化充滿了道德精神，是典型的泛道德文化，這種道德「越位」的結果，使中國文化帶有嚴重的內傾性格。

9.4　內傾性

中國傳統文化由於人文精神的過早覺醒，又因人文精神的基本內涵在道德理性方面，因此它不具有宗教的外在超越性格，呈現出一種鮮明的內傾性特徵。

一般說來，宗教所奉行的是神或上帝的啟示與教誡，因此其價值判斷的標準往往是外在的、絕對的，即使對道德價值的判斷，也要追溯到神或上帝身上。如西方自古希臘以來，很少有人性善的觀念。基督教興起以後，則明確認定人生下來就帶有罪過。這種「原罪」觀念的發展，教人虔誠地侍奉外在的上帝，人不再是一個自足的存在，而是一個罪人。因此，西方文化中由人與上帝的這種分離的關係，推衍出超越世界與現實世界的區別，二者之間往往有一條不可逾越的鴻溝，由此造成西方哲學中本體與現象的分離，宗教上天國與人間的分離，道德上自律與他律的分離以及社會思想上政教分離、烏托邦與現實的分離等。由於人不是自足的存在，所以只有不斷地向外探求，不斷地認識和瞭解外在的世界，人才能由一個不自足的存在轉化為自足的存在，甚至上帝的存在，也要運用邏輯、知識以及通過對自然現象的研究來證明。人們所熟悉的牛頓的「第一推動力」及康德的「物自體」，都是企圖用科學證明上帝存在或為超越的上帝保留地盤。近代歐洲雖然經過「文藝復興」和「啓蒙運動」的洗禮，但它們仍繼承了這種認識外界和瞭解外界的實證精神，不同的是，把上帝換成「自然」，由「天國」轉向「人間」。西方文化的這種外傾性格，是建立在人性本身不完善、不自足的假定之上的，也即是基督教原罪觀念的延伸。因為人性本身不完善、不自足，為了改變這種狀況，使之變得完善、自足，就需要從外部吸取力量，而知識、邏輯、科學以及法律等就是達到完善、自足的手段。因此，可以說西方文化的科學實證精神、法律道德意識以及知識的確實性等，都與它的外傾性格有密切聯繫。

在中國傳統文化中，人在天地之間是自足的，不需要任何外來的幫助。儒家以道德為自足，道家則以自然為自足。如孔子教人所行之「禮」，即是主張人要行自己該行之事，斟酌人情之所宜；亦如《禮記》所說，這種人間之足「非從天降也，非從地出也，人情而已矣」。把儒家上述人是自足的存在這一思想發揚得最詳盡透澈的是孟子。他以性善論為基礎，認為「人皆有不忍人之心」「人無有不善」，這個性善如同人的四體一樣，是人自身所固有的，不是外加的，而是內在的，「非由外鑠我也，我固有之也」。孟子

發展了孔子的思想，不但強調人的道德自覺，而且為這種道德論提出了人性論的基礎，把道德價值的源泉從人格化的上帝轉移到人自身。這種深藏於人類自身之內的價值之源，對於儒家來說，是一種無盡的寶藏，只要向內深深地挖掘，它便可以發揚光大，甚至充塞於天地之間。因此孟子說：「萬物皆備於我矣，反身而誠，樂莫大焉。」朱熹解釋此句為：「此言理之本然也，大則君臣父子，小則事物細微，其當然之理，無一不具於性分之內也。」這就是說，一個人要成就自己，主要應致力於內在的道德完善，而這種道德不在天上，也不在上帝手中，而是在自己的性分之中。既然萬善永恆地皆備於我，「每個人都是天然完全自足之物」，因此又何必向外在世界尋求什麼呢？

孟子上述人之自足說，到王陽明則發展到極致。他說：「夫物理不外於吾心，外吾心而求物理，無物理矣。理豈外於吾心邪？」在王陽明看來，「外心而求物理，是以有暗而不達之處，此告子義外之說，孟子所以謂之不知義也。……不可外心以求仁，不可外心以求義，獨可外心以求理乎？」王陽明的這些說法，實際上都是對孟子「萬物皆備於我」的發揮，其主旨仍是強調內在的超越性。因此，若以內外相對而言，中國文化一般都是重內而輕外的，不僅儒家如此，道家亦是如此。

道家對人的自足性的看法，是從另一角度來認識的。道家反對儒家的仁義道德說教，因此也反對從道德能動性的角度去描述人性。他們認為，人的自足性並不是表現在內在的道德性或「惻隱之心」上，而恰恰與此相反，人的自足性與萬物的自足性一樣，乃是自然存在的一種形式，因此人的本性應該在自然中尋找。只要返回自然，人的本性便是自足的，這就如同駢拇枝指一樣，「合者不為駢，而枝者不為岐，長者不為有餘，短者不為不足」。如果不遵循自然之性，以長者為有餘、短者為不足，企圖拆長補短，對其妄加改變，這就破壞了自然的真性，所以「鳧脛雖短，續之則憂；鶴脛雖長，斷之則悲。故性長無所斷，性短無所續，無所去憂也」。道家這種自然人性說，實際上是把外在的自然內化為人性，所注重的並非人身之外的東西，而是人的自然本能的行為，因此強烈主張取消人的主觀能動性，以使人性順乎自然的本能。只要一切順乎自然，便可別無他求，更不需要向外探索。如莊子說：「吾猶告而守之，三日而後能外天下；已外天下矣，吾又守之，七日而後能外物；已外物矣，吾又守之，九日而後能外生；已外生矣，而後能朝徹；朝徹，而後能見獨；見獨，而後能無古今；無古今，而後能入於不死不生。」對道家來說，只有徹底遺忘天下世故，擺脫外物的干擾甚至把生死置之度外，才能進入「朝徹」「見獨」的境界。因此，「見獨」「獨有」皆

指內在獨立自主的人格世界，均具有老子「獨立而不改」之意。既已遺世忘物，便無須與外界相對待，一切都可自我滿足、自我完善，此即後來郭象的「獨化」與「自足其性」。

　　由此可見，儒家是把人的道德理性由內向外擴展，把人性外化為自然，爾後由外在的自然落實到人的心性之中，使二者在心性基礎上得到統一；道家是把外在的自然由外向內擴展，使之內化為人的理性，爾後在精神中使二者結合。雖然出發點不同，但所強調的都是人性的自足。既然人性本身是完善的、自足的，就無須從外部吸取力量，而知識、邏輯、科學、宗教以及法律等在他們看來也就無須多下功夫，而把全部精力投放到人自身的修養上，直接在人心之內尋求善和幸福。

　　中國傳統文化內傾性格的一個重要表現便是在道德實踐上強調「心」的功能和作用。在內傾型的文化中，服膺聖人典訓和展開自我心靈的徵服與淨化，以使人生與社會、人生與自然得到和諧與統一，是這種文化的終級使命。「人心惟危，道心惟微」，是中國文化對人心分離的經典描述。正因為人心有不純的一面，才使後世儒者始終把人心的淨化當作頑固的堡壘來攻擊，以提純心靈為己任。儒家總是教人自己省察，所謂「求諸己」「盡其在我」「三省吾身」等；道家也總是提倡「自足」「自我觀照」「遊心於形骸之內」等；甚至中國化的佛教亦有「明心見性」「依自不依他」「佛向性中作，莫向身外求」等說教，都是在向內用功。這些命題都是把人的力量落實在人的身上，而成為人的「性」或本質，這「性」或本質都是在人的生命內扎根，因此並不重視人生之外的東西。孔子「為仁由己」及孟子所謂「仁義禮智根於心」等說法，是中國文化在長期摸索中所得出的結論，它不是由邏輯推理而來，而是對「內在經驗」的一種總結或描述，經過後代儒家的發展，尤其經過程朱陸王的精心加工，它幾乎成為中國人自覺遵守的典訓，成為人生的基本立足點。

　　宗教是通過信仰向上向外追求，以達到外在力量對人的援助；道德是通過「心」向裡向內追求，以達到內在力量對人的充實和完善。中國文化具有濃厚的泛道德性的特點，因此也就必然具有內傾的性格。

　　中國傳統文化起源於大陸文明，寬闊的陸地、綿延的江河、起伏的山川給人無窮無盡的感覺，人的活動成為認識自然的一個過程，時序概念、延續思想成為文化的支點，均衡、對稱、和諧、統一成為文化的原體，文化表現為人對自然的感知，這是「天人合一」思想的本源。由於生存環境的原因，中國傳統的空間意識是一種「低仰自得」的節奏化的空間意識，視點隨著自己的心願移動，因此，中國傳統文化在觀察事物時也就是借助

「明與暗」「虛與實」的節奏表達出來的。這種對空間事物特有的態度，成為構造觀察世界的依據，追尋的是一種隨人體活動而自然流露出來的內在的含蓄的美，一虛一實，微妙婉轉的節奏性變化空間形態。因此，也就形成了重視意境、講究內心體驗的內向的品格。

中國傳統文化滋生的社會結構和社會經濟生活也是內傾性特徵形成的重要原因。雖然對東西方來說，以前都是封建社會，但其社會結構不同。東方社會在打破奴隸制度後，進入完全的統一的封建社會。東方封建社會是一個「大屋頂」結構，「大屋頂」籠罩著一切，控制著社會的一切方面。農業技術高，生產力持續發展，社會組織形式完善，國家功能全面，社會自我調節能力強，整個社會機制都是為農業文明服務的。發達的社會結構功能以鞏固農業文明為宗旨，典章制度為農業文明設置，價值取向和思想意識形態為農業文明辯護，農業為本，其他都是末。這個以專制皇權為代表、以官僚政治為基礎的「國家大屋頂」社會，不僅壟斷著政治生活，而且也壟斷著經濟生活和社會生活，它不允許任何異化現象的存在。這樣的道德國情也是中國傳統文化內傾性性格的重要成因。

9.5 鄉土性

所謂「鄉土」是指進行小農業生產的廣大農村，那裡居住的是中國絕大多數的居民，他們依附土地，自耕自食，自織自穿，日出而作，日入而息，年復一年地就地生產，就地消費，緩慢的生產節奏，養成鬆懈而穩定的生活方式。農民在這裡按照自發形成的生產和生活習慣，不離鄉土，安身立命，人與人之間，非親即故，彼此都是熟悉的鄉親，費孝通稱此為「熟人社會」。農村的基層組織，依靠代代相沿的習俗進行社會管理，這種管理並非是對所有成員一視同仁，而是有輕重厚薄的分別，這種「差序」，形成既定的「格局」，如父尊子卑、君尊臣卑、男尊女卑等，按照人們在社會和家庭中的地位與等級進行序列管理，即是「禮治秩序」。這是以君臣父子為核心的社會關係網，一層馭一層，層層相隸屬。幾千年來，中國農民就在這樣的社會秩序中生息，無論是改朝換代還是戰爭離亂，風雨不驚，即使打散了，很快又復原如初。所以，中國能成為世界上唯一一個文化傳統沒有中斷的文明古國，中國文化在世界文化史上才被公認為傳承力最強的文化。

9.5.1 鄉土性的淵源與發展

中國傳統文化的家族本位和有情的宇宙觀使中國文化帶有濃厚的鄉土色彩。中國自古以來就是一個典型的農業社會，而農業生活的特點，在於地著而安居，世世代代生活在同一塊土地上，無天災人禍則很少遷居。對於生於斯而長於斯的人，對自己的鄉土人物有無限的眷戀之情。這種鄉土情誼深深地灌註到中國文化之中，甚至影響了中國文化的發展。

中國文化的鄉土情誼深受儒家的培植。《論語‧鄉黨》說：「孔子於鄉黨，恂恂如也，似不能言者。」「鄉黨」，指父兄宗族所居之地，這是說，孔子對於家鄉父老常常能誠信篤實，謙卑遜順。在孔子看來，能受到鄉黨宗族的贊許信任乃是做「士」的基本條件，因為在同一環境中生活的人，自然有一種宗族或地域的關係，這種關係是熟悉而親密的，因此一個人的表現很容易在這種關係中自然流露，如果不注意在這種親密而熟悉的關係中培養自己的道德情操，就不能由近及遠、由親到疏地表現自己的人格。孔子十分注意在宗族鄉黨中培養孝悌的感情，以便在以後漫長的人生道路上，為宗族鄉黨負道德責任。當子路問孔子「何如斯可謂之士」的問題時，孔子列了三條，其第二條即是「宗族稱孝焉，鄉黨稱悌焉」。可以說，儒家非常重視一個人的宗族鄉黨對他的評價。儒家的親親原則，使人對父母兄弟的孝悌之情推及自己的鄰里鄉親，因此不僅在道德上，而且在感情上、利益上都必須首先考慮到自己的鄰里鄉親，以與之相濟相周。據說，孔子為魯司寇時，「原思為之宰，與之粟九百，辭。子曰：『毋，以與爾鄰里鄉黨乎？』」他的助手原憲認為給的報酬太多，不肯接受，孔子卻認為不當推辭，教他有餘則可分與鄰里鄉黨，這表明儒家鼓勵與鄰里鄉親相濟相周。

中國文化中的「鄉里」觀念，最初具有宗法血緣的意義，因此尊重宗族鄉黨即是尊重宗法血緣關係，這裡體現了儒家由近及遠的親親原則。隨著社會的演變，這種宗法血緣關係逐漸淡化，但長期流行的宗族鄉黨觀念卻積澱在人們的文化意識之中，由地域關係代替了血緣關係，「鄉黨」演變為「鄉土」。《繫辭上》說：「樂天知命，故不憂，安土敦乎仁，故能愛。」《禮記》的作者進一步發揮說：「不能愛人，不能有其身；不能有其身，不能安土；不能安土，不能樂天；不能樂天，不能成其身。」這裡，「安土」被提到重要地位。那麼，何謂「安土」？為什麼要「安土」？「土」，即土地，以農立國，必重土地，所以孟子把土地當作立國的「三寶」之一。孟子說：「諸侯之三寶：土地、人民、政事」，強調行仁政「必自經界始」「分田制祿」「制民之產」，使人民「死涉無出鄉」。荀子更是強調「土」的重要，認為

「無土則人不安居,無人則土不守。……故土之與人也,道之與法也者,國家之本作也」。可見,「安土」即是「安居」,人若不安居,則離鄉遠涉,國家失去民眾,就會造成「無人則土不守」的局面,也就會由此而敗亡。因此,儒家強調「安土」,其目的在於興國,要使人們「安土重遷」,除「制民之產」外,最重要的是施行禮樂之教,「迂鄉則修長幼之序」「鄉里有齒而老窮不遺」「合諸鄉射教之鄉飲酒之禮,而孝悌之行立矣」。否則,「長幼之序失而爭鬥之獄繁矣」。行禮樂之教,「則使百姓順命安樂處鄉」,使人產生「與鄉人處由由然不忍去也」的鄉土情懷,這即是儒家的鄉土之教。

  從宗教的層面來看,中國文化也有親土觀念。《禮記》說:「社所以神地道也,地載萬物。天垂象,取財於地,取法於天,是尊天而親地也。故教民美報焉。家主中霤,而國主社,亦本也。」古代立社以祭地,蓋因地載物而生財。上古穴居,故與「社」皆土神。卿大夫之家主祭土神於「中霤」之名,天子諸侯之國主祭土神於社,這都是「美善其報之以社」,以彰其載物生財之本。由於古代宗教的「尊天而親地」,所以古人相信,「眾生必死,死必歸土,此之謂鬼」,所以「鬼者,歸也。」中國古人很明智地把「鬼」作了泛神論的解釋,這是由於他們深信,人無論是生是死,皆與「土」有關:生時立足於土,死時亦歸於土。中國施行土葬即是由此,這與有些民族施行水葬、天葬、火葬亦有不同。《禮記》還說:「唯為社事,單出里;唯為社田,國人畢作;唯社,丘乘供粢盛。所以報本反始也。」這句話是說,在祭祀社神時,一里之人盡出而供給其事;為祭社之事而田獵,則國中之人皆行;祭社所需要的「粢盛」亦由丘乘供給。這樣做的目的是為了「報本反始」,即對哺育他們的家鄉土地酬之以禮,追之以心,以報答土地所施予他們的哺育之恩。因此,在中國人的觀念中,土地是他們從來的「根本」,無論何時何地,都不能忘其從來。人們對自己的出生地,一般都稱父母之鄉,擴而充之,又稱自己的祖國為父母之邦,其中都含有「報本反始」之義。也正因如此,中國人常把家鄉比喻成自己的母親,由父母擴及「家」,由家擴及「鄉」,由鄉擴及「邦」,由邦擴及「國」,稱「家鄉」「家邦」「家國」。一個人無論離家鄉多遠,其死後,都要歸葬於家鄉。不僅生前深懷鄉土之情,就是死後,亦希望自己的軀體復歸於鄉土。

  由此可見,中國人的親土觀念,不僅與儒家的鄉土之教有道德上的聯繫,同時也有「報本返始」的宗教上的聯繫。在宗教信仰上,中國文化與「土」的關係是很深的,不僅崇拜天,而且崇拜地。天地與父母、君王、師長合成「天、地、君、親、師」,構成中國的多種信仰。而這五大崇拜的對象,在數量上佔有優勢地位的神,無疑是「土地」,它與人的距離最近,「土地」的

親切、善良、寬容、慈祥，以及它的生物之功、載物之德，使中國人對它產生景仰之情，這種具有宗教性質的崇拜，落實到文化層面，即是中國人的鄉土情誼。

9.5.2 鄉土性的社會功能與表現

中國文化的鄉土情誼，在功能上起著巨大的凝聚作用，使中國人對家鄉、對祖國、對民族、對文化都具有普遍的親和感與認同感。尤其當外族入侵或亡國之時，這種鄉土情誼則表現得更為熾烈。據《周禮》，「大夫士去國，逾竟，為壇位，鄉國而哭。素衣、素裳、素冠、徹緣、鞮屨、素簚、乘髦馬，不蚤鬋，不祭食，不說人以無罪，婦人不當御……」這是說，「凡此皆為去父母之邦，捐親戚，去墳墓，失祿位，亦一家之變故也，故以凶喪之禮自處」。西晉滅亡時，「過江人士，每至暇日，相要出亭飲宴。周顗中坐而嘆曰：『風景不殊，舉目有江河之異。』皆相視流涕」。南宋遺臣鄭思肖，宋亡後，隱居吳下，坐必南向，每至節日，則望南而哭；畫蘭花有根無土，人問其故。則云土被「番人」奪去，以「無土」象徵國亡，表達了亡國的痛楚及對故土的懷念。

中國文化的鄉土情誼，不只是亡國後才對鄉土發生的特殊感情，而是和中國人的日常生活緊密聯繫在一起，它已成為中國人一種潛在的文化心理，具體表現在以下幾個方面：

（1）宗譜與地方志。最能表現中國鄉土文化的是宗譜與地方志的發達。在中國凡是發展較早的地方，都有地方志的修撰，有的縣志可追溯到先秦時代，這是在其他民族的文化裡所見不到的。除了縣志，再就是宗譜。如孔子家譜，至今已傳至第七十七代。1977年在臺灣地區曾發生一起所謂的「誹韓案」，原告韓思道自稱是韓愈的卅九代孫，起訴《潮州文獻》上發表的《韓文公、蘇東坡給予潮州後人的觀感》一文，說此文作者誣陷了韓愈，並以《韓氏宗譜》為據，證明原告是韓愈的後代。最後臺北地方法院給被告「罰銀元三百元」的判處結束了這場官司。我們且不論《韓氏宗譜》是真是假，也不論這場官司多麼滑稽可笑，我們只需透過這一現象，窺探其文化背景，不難發現，這是中國文化中古老的宗族鄉黨觀念的現代表現。

（2）方言與會館。中國文化的鄉土觀念表現在中國語言上，則是方言的發達。方言作為語言的地方變體，是經過世世代代本地區的人長期累積的結果。在民族語言裡，儘管方言的作用逐漸縮小，並隨著共同語影響的擴大而趨向消失，但中國的方言卻有較強的生命力。尤其在海外華人盛居的地方，方言的存在不但沒有受到威脅，而且頑強地鞏固著自己的陣地。

如閩南語、客家語、粵語等中國方言在東南亞地區華人中仍然盛行，其功能無疑起著維繫鄉土情誼的巨大作用。他們憑藉這種地方性的鄉土語言，可以互相溝通思想、交流感情，彼此作同鄉人的親切認同。這種以方言互相認同的形式，加以空間的組織化，便出現所謂「會館」或「同鄉會」，古代亦稱「公所」。這種封建性的地方團體，在外鄉、外省甚至國外都起到牢固地維繫鄉土情誼和同鄉利益的作用。一直到近代，許多純屬同鄉性的會館遍及國內外，其宗旨一般是防範異鄉人的欺凌，並為同鄉人的利益服務。

（3）地方戲曲與田園文學。中國文化的鄉土情誼對中國文學的發展產生了深遠的影響，這似乎是中國文化特有的現象。在中國文學中有許多歌詠家鄉風物的優秀作品，反應了作家與勞動者的親密關係，以及作家對故土的懷念與熱愛。「舉頭望明月，低頭思故鄉」「錦城雖雲樂，不如早還家」以及「少小離家老大回，鄉音無改鬢毛衰」與「羈鳥戀舊林，池魚思故淵」等詩句都反應了詩人強烈而濃重的鄉土情懷。在中國文化中，反應地方鄉土情調的莫過種類繁多與風格各異的地方戲曲，如川劇、越劇、滬劇、湘劇、閩劇、呂劇、藏劇、秦腔、二人轉、河北梆子、京韻大鼓，等等，幾乎每個省都有反應自己地方特色並深受本土人民歡迎的地方戲曲。這種帶有鄉土氣息的文藝，如百花盛開，構成豐富多彩的中國戲曲文化。

（4）鄉土諺語與地方性的學術流派。在中國文化中，有許多具有民間意識的諺語，充分流露著鄉土情誼。如「人離鄉賤，物離鄉貴」「寧戀本鄉一捻土，莫愛他鄉萬兩金」「鄉親遇鄉親，說話也好聽」「寧給挑蔥賣蒜的，不給出門在外的」「官大一品，不壓鄉黨」等。鄉土情誼重在「鄉土」，故中國古代學術流派亦多以地方命名，如「關學」「洛學」「浙東學派」「泰州學派」等。在《明儒學案》及《宋元學案》中，大部分學案均以地名命之，如「百源學案」「泰山學案」「廬陵學案」「滄州學案」等。正因重視地方鄉土，中國古代的許多地方官及學者亦多以地方之名稱之，如柳柳州、呂東萊、程伊川、昆山顧炎武、績溪胡適等，不一而足。所有這些都帶有濃厚的中國文化的鄉土色彩。

中國文化的鄉土特徵，完全是由宗族鄉黨觀念演化而來，它對中國社會的政治、經濟、道德倫理、價值觀念以至民族情感、國民性情等，均有不可低估的影響。這一特徵同中國文化的其他特徵一樣，其優其劣的品格緊密交織在一起。就其前者說，這種鄉土情誼可以提升為愛國主義和民族精神，從而加強中華民族的凝聚力和認同感，尤其當身遭國變、背井離鄉之時，往往產生更強烈的禾黍之悲和鄉土之情。這種感情在中國文學及詩詞中得到充分的反應，如「耿斜河，疏星淡月，斷雲微度，萬里江山知何

處」「富貴本無心，何事故鄉輕別」「夢繞神州路。悵秋風，連營畫角，故宮離黍」「十年一夢揚州路。倚高寒，愁生故國，氣吞驕虜」「東風吹淚故園春，問我輩何時去得」「有客愁如海，空想故園池閣，卷地蒹塵」「多少新亭揮淚客，誰夢中原塊土？」，等等。這樣的詩句，都可反應出由鄉土之情所擴及的愛國之情以及由愛國之情所產生的對故鄉、故土、故國、故人的懷念。海外華人之所以有落葉歸根的思想，即是受這種文化背景的影響。南宋詞人朱敦儒的《採桑子》《彭郎磯》可作為其中的代表，其詞說：「扁舟去作江南客，旅雁孤雲，萬里蒹塵。回首中原淚滿巾。碧山對晚汀洲冷。楓葉蘆根，日落波平，愁損辭鄉去國人。」

9.5.3 鄉土性的消極影響

然而，這種鄉土特徵又含有消極的成分，甚至可以造成個人與國家、民族的疏離感和山頭主義、小團體意識等。由於中國人鄉土觀念太重，往往產生如下流弊：

（1）安土重遷，甚至老死不出鄉。中國人對離鄉背井，感到是人生一大苦事，由此養成中國人的保守性格。

（2）地方觀念強烈，往往由地方會館、同鄉會等萌生集團意識，甚至為彼此利益引起怨懟與械鬥。

（3）由於地方觀念強烈，遂產生排斥外鄉人的思想與行為，引出山頭主義、地方主義及幫派觀念。如舊中國的「溫州幫」「徽州幫」「寧波幫」「上海幫」等幫派組織。

（4）「士居三十載，無有不親人」，把「老鄉」「鄉親」「同鄉」引為同志。統治階級的當權者亦喜歡用家鄉的人當幕僚、侍衛；互相薦舉、揚褒，形成各種各樣的地方性小圈子，甚至形成裙帶之風。

（5）由於圈子內的人彼此瞭解熟悉，因此能夠互助、合作、相互依賴；而對圈子外的人則產生陌生、疏離感，甚至不相往來，產生一種封閉性。把這種「同鄉關係」擴大，在國外則成為「同國關係」。「同國關係」亦產生上述情況，使在海外生活的中國人或華裔很難衝破這樣的圈子，表現出比較保守的特點。

中國傳統文化的諸多特徵，是與它形成和發展的自然和社會歷史條件息息相關的，也是原始先民經濟活動和社會生活的生動寫照，瞭解了這些，才能更理性地分析漫長歷史發展進程中的各種紛繁蕪雜的文化現象，才能更深入地理解中國傳統文化的基本精神、價值取向和深刻內涵。

思考題：

1. 《中華世紀壇‧序》中說「大風泱泱，大潮滂滂，洪水圖騰，蛟龍，烈火，涅槃鳳凰。文明聖火，千古未絕者，唯我無雙；和天地並存，與日月同光。」馮友蘭先生在西南聯大紀念碑文中也說到：「蓋並世列強，雖新而不古，希臘、羅馬，有古而無今。惟中國家，亙古亙今，亦新亦舊，斯所謂『周雖舊邦，其命維新』者也。」試思考這和中國傳統文化的什麼特性有關，聯繫歷史發展，談談其具體表現有哪些？

2. 結合儒家人文主義精神和道家的自然主義特性，談談中國傳統文化非宗教性特徵的內在淵源。

3. 中國傳統文化的泛道德性體現在哪些方面？它對中國傳統文化有哪些影響？

4. 結合儒家文化關於身心修養的方法，談談中國傳統文化的內傾性特徵。

5. 俗話說「落葉歸根」，這反應了中國傳統文化的什麼特徵？它有哪些社會功能和社會表現？對國民性格又有哪些消極影響？

10　中國傳統文化的基本精神

　　中國傳統文化源遠流長，博大精深。然而，在這久遠和博大之中，卻始終「統之有宗，會之有元」。若由著述典籍而論，經史子集、萬億卷帙，概以「三玄」(《周易》《老子》《莊子》)、「四書」(《大學》《中庸》《論語》《孟子》)、「五經」(《周易》《詩經》《尚書》《禮記》《春秋》) 為其淵藪；若由學術統緒而言，三教九流、百家爭鳴，則以儒、道二家為其歸致。東晉以後，由印度傳入的佛教文化逐步融入中國傳統文化，釋家之典籍與統緒也隨之成了中國傳統文化中的一個有機組成部分。儒、釋、道三家，勢為鼎足而又相互滲透，構成了唐宋以降中國文化的基本格局。所謂「以佛治心，以道治身，以儒治世」(南宋孝宗皇帝語，轉引自元劉謐著《三教平心論》)，明白地道出了中國傳統文化的這種基本結構特徵 (樓宇烈《論中國傳統文化的人文精神》)。而附著於這種文化結構之上的基本文化精神的界定也就成為中國學者所不能迴避的基本論題。雖然由於學者各自觀察的角度和強調的重點的差異而歷來歧見紛呈，但我們仍可把中國傳統文化的基本精神概括為以下幾個方面。

10.1　天人合一

　　「天人合一」，是中國傳統文化的總特徵，也是中國傳統文化基本精神中最根本的一條。它不但是中國哲學——儒家的基本概念，而且是一切其他的思想體系，如道家、佛家、法家、陰陽家等的出發點與歸宿。這種傳統的人文精神，植根於遠古的原始文化之中，而究其起源，則與中國原始文化中的自然崇拜以及祖先崇拜等觀念，有著千絲萬縷的聯繫。何謂「天」？歷來有不同的解釋，在傳統的文獻當中，這些概念的界限未必清楚，古人用「天」這個詞的時候，也未必有那麼多講究。但是在中國歷史上，在中國人的心目中，最具影響力的卻始終是雖然已經是宇宙的最高抽象但是仍然帶有某種道德意志以至目的論含義的「天」，它是人世間一切價值的源頭。最早提出「天」的這個概念的人是孔子。他說「天何言哉！四時行焉，百物生焉，天何言哉！」(《論語・陽貨》) 這就是所謂自然之天。他又說過

「天生德於予,桓魋其如予何?」(《論語·述而》)這就是所謂天命之天,如果我們把這兩句話與孔子說過的有關天的話合起來,就可以明顯地看出,在孔子的心目之中,天是一個有著道德傾向並與人有著不可分割的聯繫的天。由此可見,「天人合一」中「天」的含義是合自然之天與天命之天而言的。而人與自然之天「合一」的中心就是順應自然,不過,這裡所謂「自然」的含義,並非是指「自然界」,而是指自然界的本然法則與狀態。正如張岱年指出:「中國哲學中天人合一觀點有複雜的涵義,主要包含兩層意義。第一層意義是,人是天地生成的,人的生活服從自然界的普遍規律。第二層意義是,自然界的普遍規律和人類道德的最高原則是一而二、二而一的。」(張岱年《文化與哲學》)強調人與自然的統一,人與自然的協調,人的道德理性與自然理性的一致。「天人合一」的提出,體現了傳統中國人試圖辯證地認識人自身與其所在的宇宙自然即主體與客體的整體關係,努力尋求對自我命運的主動掌握從而實現人生價值的獨特而深刻的文化思考與探索。

「天人合一」的思想早在西周時期就已萌芽,其內涵是天定人倫,實際上仍是人神關係,而到春秋戰國時期時,「天人合一觀」才可以說已基本形成,《易傳·文言》中說「夫大人者,與天地合其德,與日月合其明,與四時合其序,與鬼神合其吉凶,先天而天弗違,後天而奉天時」,亦即指出了理想人格即「大人」乃是道德完美,既能洞知自然規律又順應自然規律的天人合一的人格。此外,雖然當時的思想界百家爭鳴,思想家們卻也大都認同天人一體、人天同質、人能合天,要求天人協調、天人相用。

道家思想強調因物性、順自然,老子說:「輔萬物之自然而不敢為。」(《道德經》第六十四章)意為輔助萬物依照本性去自然而然地發展,不敢用自己的主觀意志去加以干涉。這就是道家思想的核心——「無為」,這種思想長期以來被當作消極被動的代名詞。其實,老子的「無為」並非不為,而是主張為而不待,強調以退為進、以柔克剛、以曲求全,以及「不自見」「不自是」「不自伐」「不自矜」(《道德經》第二十二章)意為不自作聰明、不自以為是、不自居功勞、不自我誇耀。這種積極性與合理性在《淮南子》一書當中得到了相當的闡述:

「所謂無為者,不先物為也;所謂無不為者,因物之所為也。所謂無治者,不易自然也;所謂無不治者,因物之相然也。」(《淮南子·原道訓》)

「無為者,非謂其凝滯而不動也,以其言莫從己出也。」(《淮南子·主術訓》)

「若吾所謂無為者,私志不得入公道,嗜欲不得枉正術。循理而舉事,

因資而立功，推自然之勢，而曲故不得容者。故事成而身不伐，功立而名弗有，非謂其感而不應，攻而不動者也。」(《淮南子・修務訓》)

這三段話從不同角度說明了道家的「無為」思想是在排除主觀的前提之下，因勢利導，「循理」「因資」地去舉事立功，而絕非消極和被動。這也就是老子所追求的理想：「功成事遂，百姓皆謂我自然。」(《道德經》第十七章)這種理想，在與他並稱的莊子身上得到了進一步的發揚，莊子主張「無以人滅天」，認為天人是一氣流通的統一體，而人生的最高境界就是「天地與我並生，而萬物與我為一」。(《莊子・齊物論》)總之，在道家來看，天是自然，人是自然的一部分。「有人，天也；有天，亦天也。」(《莊子・山木》)天人本是就合一的。

「天人合一」的思想，在傳統儒家文化中也得到了相當的強調和豐富。但與道家不同的是，儒家的「天人合一」從一開始「便是討論的人在宇宙中的地位以及人類的精神價值來源。《中庸》首句講『天命之謂性』，人性的根源在於天。《周易》講『聖人與天地合其德』，這裡所說的『德』並非現代漢語中所理解的『道德』，而是廣義的『德性』，或曰精神價值」。① 天是道德觀念和原則的本原，人心中天賦地具有道德原則。如孟子認為天人同性，「盡其心者，知其性也。知其性則知天矣」(《孟子・盡心上》)，這種觀點在《中庸》中被進一步闡釋為「唯天下之至誠，為能盡其性；能盡其性，則能盡人之性；能盡人之性，則能盡物之性；能盡物之性，則可以贊天地之化育；可以贊天地之化育，則可以與天地參矣」。在價值上取法於天，從而在價值上與天合而為一。至於被古往今來的人們所強調的荀子的「人定勝天」思想，也恰恰是建立在不違天時，順應自然的「天人合一」的思想認識基礎之上的。荀子在其《天論》篇中提出「天有其時，地有其財，人有其治，夫是之謂能參」的結論之前是這樣說的：

「不為而成，不求而得，夫是之謂天職。如是者，雖深，其人不加慮焉；雖大，不加能焉；雖精，不加察焉。夫是之謂不與天爭職。」

「舍其所以參而願其所參，則惑矣。列星隨旋，日月遞照，四時代御，陰陽大化，風雨博施。萬物各得其和以生，各得其養以成。不見其事，而見其功，皆知其所以成，莫知其無形，夫是之謂天。」

顯然，這裡的「天」都強調其為「自然」之意，其中包含對「天」的職分和規律性的基本認識。荀子認為，只有順其自然，才能掌握天時，利

---

①彭永捷. 自強不息, 厚德載物——儒家「天人合一」的哲學宗教基礎[J]. 探索與爭鳴, 2001(4).

用萬物,強調只有盡人、物的自然之性,方能參與天地之化育。

而大禹治水的智慧更是被儒家學者看作是因物性、順自然的典範,孟子的論述是這樣的:「天下之言性也,則故而已矣,故者以利為本。所惡於智者,為其鑿也。如智者若禹之行水也,則無惡於智矣。禹之行水也,行其所無事也。如智者亦行其所無事,則智亦大矣。天之高也,星辰之遠也,苟求其故,千歲之日至,可坐而致也。」(《孟子·離婁下》)宋朝理學家朱熹對孟子這一論述極為贊賞,他說:

「禹之行水,則因其自然之勢而導之,未嘗以私智穿鑿而有所事,是以水得其潤下之性而不為害也。」

「愚謂,事物之理,莫非自然。順而循之,則為大智,若用小智而鑿以自私,則害於性而反為不智。」(朱熹《孟子集註》卷八,《離婁章句下》)

他的這些闡釋不僅進一步發揮了孟子的思想,而且有助於我們瞭解孟子這段話的精義之所在。

正式提出「天人合一」明確概念的是北宋儒者張載,他繼承並發揚了孟子、荀子等學者的思路,提倡天人同氣,萬物一體。在其著作《西銘》中,他說:「乾稱父,坤稱母,餘茲藐然,乃混然中處。天地之塞,吾其體;天地之帥,吾其性。民,吾同胞;物,吾與也。」認為天人協調、「民胞物與」當為人生追求的最高理想和境界,這可以說是對中國傳統的「天人合一」的經典性闡述之一。由此以來,「天人合一」說便成為自宋以來占主導地位的社會文化思潮,為各派思想家所廣泛接受。

至於佛教,自其由東漢傳播以來,本身就是在與中國本土的文化與宗教相互滲透與融合的基礎之上,才得以發展壯大的。佛家強調「空」和「無」,即強調世間萬物的變化與無常,它側重於主觀,肯定的是「真我」的存在,而「真我」是「不生不滅,不垢不淨,不增不減」(《般若波羅密多心經》)的,它不在人體內,也不在體外。這種「真我」的境界,就是人通過自身的修煉,達到「色即是空,空即是色」「有即是無,無即是有」的境界。換句話說,人性本來就是佛性,只因沉迷於世俗的慾望而不能自覺,一旦人覺悟到這些慾望都不是真實的,那麼,其真如本性就會自然顯現,也就達到最後成佛的境界。因此,佛家提出「煩惱即菩提,凡夫即佛」,這本身就借鑑了道家的一切順應自然之意,從這個意義之上我們可以說,「佛」就是達到「天人合一」境界的人,佛與眾生,原無差別,迷即佛是眾生,悟則眾生是佛。故禪宗語錄有言:「悟得來,擔柴挑水,皆是妙道」「禪便如這老牛,渴來喝水,饑來吃草」。

當然,作為不同的思想派別,儒釋道諸家對「天人合一」的認知和理

解上存在在世的道德性與超世的超道德性的分歧,所謂「為學有三要,所謂不知《春秋》,不能涉世;不精《老》《莊》,不能忘世;不參禪,不能出世」(《憨山大師夢遊全集》卷三十九),但「教雖分三,道乃歸一」(《道藏》第二冊),三者就其學理立意和言說方式上卻極具融通互匯的特點。儒家講「虛一而靜」(《荀子·解蔽》),「知止而後能定,定而後能靜,靜而後能安,安而後能慮,慮而後能得」(《大學》)的道德修養踐行,道家講「玄覽」「心齋」的直覺思維,佛家講「一悟即至佛地」「直指人心,見性成佛」(《碧巖錄·聖諦第一義》)的頓悟理論,都是要求以直覺頓悟的路線去實現本真的開敞與澄明。因而,深沉內斂、清靜不爭便成為在「天人合一」這一大的思維方式下所衍生的中國文人的獨特的氣質特徵。如果我們超越三教的立場背景,則可以說三者所強調和突出的人類精神所能達到的那種普遍性、自覺性、超越性和永恆性,都體現了「天人合一」的思想。從這個意義上講,「天人合一」乃是中國傳統文化中最核心的精神、最基本的思維方式、最醇美的生活理想和最高的人生境界。

10.2　自強不息

　　女媧補天,誇父逐日、精衛填海、刑天舞干戚……中國遠古神話中充滿了人與自然的搏鬥,以及對「天帝」的抗爭,這種自強不息、鍥而不舍,寧死不屈的大無畏精神,在中華民族的文化襁褓中就已奠定,它是博大的中華文化永不停息的血脈,是中華民族五千年發展的精神支柱和強大的動力。它可以被看成中國傳統文化中天人合一觀及辯證法思想在中國人的生存態度上積極的價值滲透與塑造最集中的反應與結晶,也是對中華民族整體人格狀態的準確的歷史概括與寫照。

　　以天道說明人道,認為人道是效法天道,這是中國文化者的一個根本思想。《易傳·繫辭上》所謂「《易》與天地準,故能彌綸天地之道。仰以觀於天文,俯以察於地理,是故知幽明之故」。

　　第一次明確提出自強不息的思想,是在《易》經之中。《易·乾·象傳》中說:「天行健,君子以自強不息。」這是從天道說明人道,人道效法天道的角度提出來,認為天的運行剛健永不衰竭,因此,君子應該以天為法,奮發有為,積極進取。

　　這一段文字,是《乾》卦的「象」,而且是「大象」的卦辭。六十四卦都有「大象」,先從卦象來闡釋每卦的上、外、下、內卦象的相重之組。乾卦是指三畫卦,由上、下或者外、內兩個三畫卦組成的六畫卦。其下、內

卦是「乾」,個卦也是「乾」。「乾」為「天」,而天的性質及特點是「健」。由於《乾》卦是由兩個三畫卦所組成的,因此,《乾》卦等是由兩重天所建構而成的。這意味著,「乾」的「健」,不是單一的,而是雙倍的,是至健的。《乾》卦是純陽的、純剛、至健的。所以,由「象」釋《乾》曰:「天行健」。「行」的意思就是「道」。「天行」就是「天道」。「天行健」的意思就是說,「天道」的特點是永遠不停地運行變化著的。《乾》卦在這裡講的是「天道」。

《乾》卦「大象」其次指出,既然「天行健」,那麼觀看了這一卦象的君子,在他的一生之中,都始終應該自覺地奮發向上,永不鬆懈,即「自強不息」。可見,《乾》卦在這裡從「天道」講到「人道」,而且還講明了「人道」是源於「天道」的。

「天行健」的「健」的特點,是天道所固有的自然本性。「自強不息」的特點,則並非是君子的本然之性,而是君子從天道所得到的啟迪,並且只有經過長期的艱難修養之後,才能得到人道。這也就是說,「自強不息」對於君子來說,並不是天賦的、與生俱來的,而是後天的,不經過不懈的努力所不可能具有的人道。

自強不息的基本內涵如下:

(1) 自強不息,必須是自覺進行的

《易經·蹇卦》中的「大象」說:「君子以反身修德。」所謂「反身」,即「修己」「修身」。因此,這就是說,君子反過來首先要求自己的則是如何加強自己道德修養。孔子非常推崇「仁」德,並明確主張修養仁德不能依靠別人,只能依靠自己。他說:「為仁由己,而由人乎哉?」(《論語·顏淵》)《大學》一書,把道德修養作為每一個都必須自覺進行的根本。「自天子以至於庶人,壹是皆以修身為本。」可見,反身修己是儒家「為道」的基本原則。人們「為學」,也必須是自覺進行的。《易經·蒙卦》講的是啟蒙教育,對象是純一未發的學童和淳樸未化的老百姓,即一切需要啟蒙的人。這些受教育者都必須自覺自願、主動積極,而不是被動消極。所以,卦中反覆強調「匪我求童蒙,童蒙求我」,並強調「初告,再三瀆,瀆則不告,利貞」。(《易經·上經·蒙卦第四》)這意思是說,並非我去求人家學習,而是人家求我教導。總之,強,不能靠他人強,只能靠自己強。其次,強,還應該是能夠自己戰勝自己的強。正如老子所說的:「自知者明……自勝者強。」(《道德經》第三十三章)

(2) 否極泰來

「否」「泰」分別是《周易》中的兩卦名。「否」乾上坤下,「泰」坤上

乾下，按《彖傳》和《象傳》的解釋，天地不交謂之「否」，天地相交謂之「泰」。「泰」則亨通，「否」則不利，「否極泰來」就是說事物是不斷發展的，事物發展到極端，就要轉化到它的對立面。老子說：「禍兮福之所倚，福兮禍之所伏。」(《道德經》第五十八章) 這就指出了事物朝相反方面轉化的現象。《易傳・繫辭下》說：「窮則變，變則通，通則久。」「窮」就是極點、盡頭，事物發展到極點就要變，變了才能通，才能久。通過變革，原來「山窮水盡疑無路」的局面，就會一變而為「柳暗花明又一村」。(陸遊《遊山西村》)《易傳・繫辭下》：「子曰：『危者，安其位者也亡者，保其存者也亂者，有其治者也。是故君子安而不忘危，存而不忘亡，治而不忘亂，是以身安而國家可保也。』」這一段話是對自強不息的極好的闡述。它要求人們能夠居安思危，因為之所以會出現危亡，正是忘記了危亡的結果。而當人們處於困難、危險之中時，則要看到光明的前景，因為危難是可以轉化為安寧的。自強不息的第三層意思就是應該主動把握規律，按照事物發展變化的規律主動乘時、應時，達到人所追求的理想狀態。《易・困・象傳》：「澤無水，困。君子以致命遂志。」《易・蹇・象傳》：「山上有水，蹇。君子以反身修德。」「致命」和「反身修德」就是人的主觀努力，只有這樣，才能克服險阻，達到亨通。

　　自強不息作為一種個人修養，它要求一個人要成就大事，一定要先立志。「志」是個人對自己人生意義的一種預先肯定。孔子十五歲就立定志向為政，孟子以治國平天下為己任，志向也是非常明確的。為什麼「志」這麼重要。一方面，志可以決定人的生活行為方式。孔子說：「士志於道，而恥惡衣惡食者，未足與議也。」(《論語・里仁》) 顯然，如果立志於道義，是不應該貪圖物質享受的。所以孔子非常推崇伯夷、叔齊，「不降其志，不辱其身」(《論語・微子》)，就是肯定他們的行為合乎他們的志向。另一方面，人如果有了堅定正確的志向，就會充滿自信，孟子說：「夫天未欲平治天下也，如欲平治天下，當今之世，舍我其誰也。」(《孟子・公孫醜下》) 就是這種自信的表現。

　　那麼，人應該立什麼樣的「志」？或者說人應該確定什麼樣的人生價值，人生意義？按照古人的說法，應該是「三不朽」。《左傳・襄公二十四年》記載：魯國叔孫豹使晉，與晉國範宣子討論什麼是不朽，叔孫豹提出三條：「豹聞之，大上有立德，其次立功，其次立言，雖久不廢，此之謂不朽。」「三不朽」提出了中國古代士大夫人生價值的三大標準：立德、立功、立言。其中「立德」是第一位的，德的內容就是「仁義」「仁道」。這已逐漸形成中國古代士大夫的傳統價值取向。文天祥所謂「人生自古誰無死，

10 中國傳統文化的基本精神

233

留取丹心照汗青」(《過零丁洋》)，丹心就是「成仁」「取義」。

其次是「求諸己」。就是遇到事情要求自己，依靠自己。孔子說：「君子求諸己，小人求諸人。」「求諸己」有兩層意思：一是不強調客觀，不指望別人，一切靠自己。「不怨天，不尤人」(《論語・憲問》)，說的就是這個意思。二是不斷修養自己，提高自己。孔子說：「見賢思齊焉，見不賢而內自省也。」(《論語・里仁》)孟子要求人們養「浩然之氣」要求人們長期努力修養，自覺地把道德理性與實踐相結合，培養高尚的道德境界，所以，「故天將降大任於斯人也，必先苦其心志，餓其體膚，空乏其身，行拂亂其所為，所以動心忍性，曾益其所不能。」(《孟子・告子下》)

自強不息作為一種積極進取的人生態度，已深深融入了中華民族的血脈中。民族精英，無不是效仿天的性質剛健，永遠運行不息。孔子生活在奴隸制向封建制度轉變的社會大變革時期，他提出以「仁」為核心，以「禮」為手段，「祖述堯舜，憲章文武」的治國主張。他為實現自己的理想，率領眾弟子周遊列國，四處奔波，「為權臣所輕蔑，為野人所嘲弄，甚至為暴民所包圍，餓扁了肚子」(魯迅《且介亭雜文二集・在現代中國的孔夫子》)，被人笑為「是知其不可而為之者」(《論語・憲問》)。他雖然主張「用之則行，舍之則藏」(《論語・述而》)，而有過「道不行，乘桴浮於海」(《論語・公冶長》)，然而他回答子貢的話「沽之哉！沽之哉！我待賈者也」(《論語・子罕》)正表明了他的心聲。為了實現自己的政治主張，他甚至去見了聲名不好的南子。另一位儒家大師孟子，也是為了理想在他中年以後，懷著推行王道政治的抱負，遊說諸侯，遊歷近二十年。他周遊列國，經常是從者數百人，身後有車數十輛，而且受到各國王候的禮遇，齊宣王準備給他萬鐘粟的待遇，讓他辦學。但是政治上，他卻與孔子一樣，無人願意推行他的政治主張。正如他說的「禮貌未衰，言乎行也」(《孟子・告子》)，所以他只有「去之」。

孔子說：「三軍可以奪帥，匹夫不可奪志也。」(《論語・子罕》)雖然自強不息，最早是對君子提出的要求，是作為一種理想的人生態度提出來的。但隨著社會時代的發展，這種精神已逐漸被視為關係國運盛衰、社會文化健康與否的重要因素而加以強調，為中華民族所信奉，並能激勵人們前進，有促進社會發展的作用，它已成為維繫中華民族生存、推動中華民族前進的精神。顏元就說：「晉宋之苟安，佛之空，老之無，周、程、朱、邵之靜坐，徒事口筆，總之皆不動也。而人才盡矣，聖道亡矣，乾坤降矣。吾嘗言：一身動則一身強，一家動則一家強，一國動則一國強，天下動則天下強。」(《顏習齋言行錄》)

幾千年來，自強不息作為中華文化的基本精神，澤被廣遠，為包括知識分子和普通民眾在內的整個社會所接受而普遍化和社會化：一方面，使中國人形成了為理想而執著奮鬥、殞身不惜的獨立而堅強的人格，即所謂「舍身而取義」(《孟子·告子上》)，「有殺身以成仁」(《論語·衛靈公》)，司馬遷的《史記·太史公自序》：「西伯拘而演《周易》；仲尼厄而作《春秋》；屈原放逐，乃賦《離騷》；左丘失明，厥有《國語》；孫子臏腳，《兵法》修列；不韋遷蜀，世傳《呂覽》；韓非子囚秦，《說難》《孤憤》。《詩》三百篇，大抵聖賢發憤之所作為也。」這些便是最有力的佐證；另一方面，這種精神也內化為中華兒女為國家民族建立功業的愛國情懷和民族氣概，「愛國如饑渴」(班固)，「天下興亡，匹夫有責」(顧炎武)，「位卑未敢忘憂國」(陸遊《病起書懷》)，可謂是中國人的愛國情懷最富力度的表達。「達則兼濟天下，窮則獨善其身」(《孟子·盡心上》)、「居廟堂之高則憂其民，處江湖之遠則憂其君」(範仲淹《岳陽樓記》)，中國人所奉行的這種立世原則，便是將國家和民族融入自己的生命之中。總之，「苟利國家生以死，豈因禍福避趨之」(林則徐《赴戍登程口占示家人》)，正是這種強烈的愛國情懷和民族氣概所凝聚而成的中華民族的向心力，哺育和滋養了中國人的精神世界，使我們自強不息、「鞠躬盡瘁、死而後已」(諸葛亮《出師表》)。

10.3 貴和持中

貴和持中也是中國文化的基本精神之一。中國是一個有著極其豐富的辯證智慧的國家，當古希臘人和古印度人專注於形式邏輯進而形成機械原子論的時候，古代中國人就已經以樸素的辯證思維建構起了自己的哲學體系：中國的哲學家們以「會通」「統觀」的方式考察天地萬物之間的相互聯繫，以相反相成、動態轉化和對立統一的觀點從整體上致思宇宙現象和人生問題，而「貴和持中」就是這種哲學自然觀上的樸素辯證法在中國人的現實生活中的主要表現。「和」是指和諧、和平、祥和，「和諧」是指人類古往今來孜孜以求的自然、社會、人際、身心、文明中諸多元素之間的理想關係狀態。「中」，即中庸之道，「不偏之謂中，不易之謂庸」(《中庸》)，任何事情都要把握一個「度」，不走極端。看重和諧，堅持中道，是浸透中華民族文化肌體每一個毛孔的精神。

孔子用「持中」的辦法，來規定和諧的界限，並作為達到保持和諧的手段。孔子講：「禮之用，和為貴。先王之道，斯為美，小大由之。有所不行，知和而和，不以禮節之，亦不可行也。」(《論語·學而》) 這是強調以

禮為標準和諧，是一種貴和須息爭，息爭以護和的和諧論。在他看來，無過無不及，凡事叩其兩端而用其中，便是「和」的保證，「和」的實現又是以禮為原則的。如果為和而和，不過是一種「鄉愿」式的和，是「德之賊」。孟子也主張「天時不如地利，地利不如人和」。

　　孔子首倡「中庸」，提出「中庸之為德也，其至矣乎！」（《論語‧庸也》）反對過與不及。《中庸》指出：「喜怒哀樂之未發，謂之中；發而皆中節，謂之和。中也者，天下之大本也；和也者，天下之達道也。致中和，天地位焉，萬物育焉。」所謂「中」是指「喜怒哀樂之未發」，內心平正無偏無易。所謂「和」是指「發而皆中節」，即喜怒哀樂已發，但能合乎法度。《國語‧鄭語》中說「夫和實生物，同則不繼」，《易傳》中講「一陰一陽謂之道」，張載在《正蒙‧太和》也講「兩不立，則一不可見；一不可見，則兩之用息」，這都是在闡明矛盾對立面的和平調諧乃是事物存在發展的根本前提的道理。總之，「中」是天下的根本狀態，「和」是天下最終的歸宿，達到「中和」是一切運動變化的根本目的，天地各得其所，萬物順利成長，但構成「和」的各種不同因素必須保持一定的量和度。所以，「和」與「中」是一回事，可用「中」的標準去把握「和」，用「和」的精神去理解「中」。

　　鄭玄註：「庸，常也。用中為常道也。」其意思是把執政原則轉化為道德原則乃至日常思維法則。鄭玄又說：「名曰中庸者，以其記中和之為用也。庸，用也。」意思是理性原則必須運用於實際，接受實際利益衝突的考驗。可知中庸之道實質上就是預防衝突之道、化解矛盾之道、維持凝聚之道、實現平衡之道。把中庸這種執中、防偏、追求公正的人文思想方法擴展到自然領域，與自然生態中的和諧現象相結合，便有了中和之道。「中和」也是恰到好處的意思，即人與人的和諧是有原則的，應以「禮」為標準，用「禮」節制自己的行為，把自己的一切言行都納入「禮」的規範之中，說話做事都完全與自己所處的地位相符，這樣社會才能和諧、穩定、發展。而對於那些所謂的和氣與和順、做老好人的作風，孔子是厭惡的。

　　後世儒家對此做了進一步的闡述和發揚，於是中庸觀念在中國文化史上發生了巨大而深遠的影響。《中庸》將孔子所主張的持中的原則，從「至德」提到「天下之大本」「天下之達道」的哲理高度。強調通過對持中原則的體認和實踐，去實現人與人之間、人道與天道之間的和諧。「中庸」強調對待事物關係要把握一個度，以避免對立和衝突。提倡「貴和」「持中」的和諧意識，有利於處理現代社會各種矛盾，以保持社會的穩定。

　　春秋末年齊國的晏嬰用「相濟」「相成」的思想豐富了「和」的內涵。

他將其應用在君臣關係上，強調君臣在處理政務時意見「否可相濟」的重要性。通過「濟其不及，以泄其過」的綜合平衡，使君臣之間保持「政平而不干」的和諧統一關係。

《易傳》將和諧思想具體化為陰陽相分、柔剛定位的原理，以此推演出社會政治關係方面的君臣、君民和家庭關係方面的父子、夫婦之間的尊卑、貴賤，嚴格規定了陽尊陰卑、剛上柔下的等級秩序。

「中」與「和」在中國文化中又是密切聯繫著的。《中庸》有言：「中也者，天下之大本也；和也者，天下之達道也。致中和，天地位焉，萬物育焉。」「中和」觀念被提升到本體高度。

從總體上看，先秦儒家的和諧理論，是以中庸觀為理論基礎，以「禮」為標準，以「中」「和」為範疇，以對統一體的保持和對競爭機制的抑制消除為特徵的。孔子講：「禮之用，和為貴。先王之道，斯為美，小大由之，有所不行，知和而和，不以禮節之，亦不可行也。」（《論語‧學而》）這是強調以禮為標準的和諧，禮是事物相異、相悖以至相爭的基礎。因此，這是一種貴和須息爭，息爭以護和的和諧論，是論不過『中』，變不出『禮』的封閉和諧體系。

經過長期的歷史沉澱，貴和持中的精神漸漸成為中華民族普遍的社會心理和中國文化各門類的共同追求，作為中國傳統文化精神的一個構成部分，它對於我們民族的影響是深刻的、多方面的。在長期的社會發展過程中，為中華民族實現自身協調、人我協調、天人協調，對於民族團結、社會穩定以及民族文化整體中辯證思維的生長都起到了非常重要的作用。不僅如此，由於這一貴和持中的傳統，使得中國文化對於天人關係、人我關係、自身關係的闡釋頗具特色、極富價值，從而為東西方學者所津津樂道、倍加褒揚，並或承繼或予創造性轉換，以服務於現代人的認知和實踐。由於全民族在貴和持中觀念上的認同，使得中國人十分注重和諧局面的實現和保持，重視人與自然的和諧，人與社會的和諧，人與人之間的和諧以及每個人內心的和諧。做事不走極端，著力維護集體利益，求大同存小異，成了人們的普遍思維原則。這些，對於民族精神的凝聚和擴展，對於統一的多民族政權的維護，有著積極作用。但是，由於貴和持中的觀念，說到底是一種否認鬥爭、排斥競爭的簡單協同的道德，因而它又是具有明顯弊端的理論。它造成了個人創造性的萎縮，抑制了競爭性觀念和道德的生長，並往往成為封建統治者維護專制主義等級秩序的工具。歸結起來，主要表現為以下兩點：

其一，偏重和諧、穩定，而忽視變易。中國封建社會的悠久漫長、自

給自足的自然經濟長期居於主導地位，這使得中國人有著追求和諧與穩定的先天條件，但也決定了國人囿於既成，不求變通的消極國民心態。在中華民族前進的歷史進程中革故鼎新的艱難，恐怕不僅僅是「天不變，道亦不變」的哲學觀念所致，與這種道德本位的貴和持中的文化傳統密切相關。

其二，貴和持中的宗旨在於消除個體的私慾，以「君子慎其獨」（《中庸》）為最終歸宿。這種觀點經過宋明理學家們的發揮，使其成為道德心性之學的重要內容，不僅具有本體的意義，而且成為指導人們日常生活和處理人我關係的準則，並演化為僵死不變的教條。再加之道家從消極方面以「柔弱之道」和「不爭之德」作為迴避矛盾、擺脫紛爭的處世哲學，逐漸使這種思想壓抑了人們的鬥爭精神，讓這一傳統流變為「折中調和」「安分守己」等保守的、逃避現實的消極觀念，因而缺乏西方人那種競爭、進取精神。

10.4　平均平等

先秦是中國歷史上極其重要的一個時期，中華民族的思維方式和民族性格都在這一時期初步形成，並左右中國傳統文化的價值取向和發展趨勢。這是一個哲學突破的偉大時期，華夏文明的各種思想在此發展、碰撞，並最終匯集成一股以宗法文化為特色的哲學洪流。作為傳統文化精神之一的平均平等的思想，也在這一時期得以形成、發展。在當時，平均平等的思想主要表現為名實並舉，名實相符，簡單地說就是人應當獲得與他們的實際地位相符合的名分和經濟利益。平均即是平等，平等必須也必然表現為平均，亦即社會財富佔有和勞動產品的分配上的平均一致。

平等思想提出所依賴的條件可以歸納為以下四點：①社會確實存在著不平等；②不平等使部分群體在物質與精神上受到傷害並達到一定的程度；③實存的不平等被利益既得者認為理所當然，弱勢群體無法尋求有效的救濟或平衡機制；④弱勢群體亟待從思想觀念上取得強勢群體認同，從而獲得實體上的平等對待。這是平等條件的現代闡釋，不過用來考察戰國時期的社會矛盾總體上是合適的。戰國時期，社會生產力迅速發展，包括手工業者在內的新興勢力不滿足於現有的生存狀態，提出了政治和經濟上的平等要求，開始尋求突破與發展，如《詩經·伐檀》所雲「不稼不穡，胡取禾三百廛兮……」，但由於受到舊勢力牽制，他們強烈要求取得更多的同情與支持，因此，作為解決之道，法家走向了嚴刑峻法，後期墨家走向了義利並舉，而先秦名家則轉向尋求一種恆定的、超然的最高價值作為自己的

倫理主張即類平等的思想。

孔子說：「聞有國有家者，不患寡而患不均，不患貧而患不安。蓋均無貧，和無寡，安無傾。」(《論語·季氏》)治國理家，不怕財物匱乏，就怕分配不均。在孔子之前，晏嬰也曾經講過「權有無，均貧富」(《晏子春秋》內篇，《問上》)。

管子認為：「倉廩虛而民無積，農民以鬻子者，上無術以均之。」(《管子·輕重》)他把老百姓貧窮、賣子而活，歸咎於統治者無法使財富分配平均。

董仲舒看到當時土地兼併嚴重，「富者田連阡陌，貧者無立錐之地」(《漢紀·武帝紀四》)的嚴峻現實，力主「調均」「限民名田」(《漢書·食貨志上》)。即主張限制私人佔有土地的最高數額，要「使富者足以示其貴而不至於驕，貧者足以養生而不至於憂，以此為良度而調均之」(《春秋繁露·度制》)。

不僅思想家們倡導平均的思想，而且封建帝王有時也實行平均的措施。這主要表現為歷代的均田、限田政策。漢代王莽稱帝後，復古改制，重點即在恢復井田制，將全國土地定為國有，稱為王田，不得買賣，按人口授田。歷史上著名的北魏均田制以及與其相應的租調制，即是以一夫一妻的小家庭為受田納租單位，沒有戶等區別。北宋王安石變法，其中一項重要措施便是實行方田均稅法。他企圖用類似井田制的土地制度，均調土地和賦稅。明代著名「清官」海瑞，聲稱「欲天下治平，必行耕田，不得已而限田；又不得已而均稅」(《明史》卷二二六)。

平均平等的思想在中國有一個突出的特徵，即幾乎毫無例外地成為歷朝歷代農民起義的口號，造反的農民之所以揭竿而起，反對當時的統治王朝，一個主要原因便是無法忍受不平等的政治壓迫和經濟剝削。平均平等的思想在農民思想中根深蒂固，其外在表現也極為強烈。上述歷代思想家和統治者關於調均的思想，主要受制於農民平均平等的思想，是順應農民思想，以緩和階級矛盾，防止農民起義。歷代農民起義，大都以平均平等為號召。

陳勝、吳廣起義時稱：「王侯將相寧有種乎？」期待身分、階級的平等。東漢末黃巾起義軍吸收原始道教的《太平經》的思想，提出了「太平」的口號。太平，即非常公平。唐末黃巢起義以「平均」為戰鬥口號，北宋王小波起義以「均貧富」為理想，南宋鐘相、楊幺起義以「等貴賤、均貧富」為目標，元末農民起義以「殺盡不平方太平」為旗幟，明末李自成領導的農民起義軍要求「均田」。到了近代，太平天國革命把農民平均平等的理想

表達為「有田同耕，有飯同食，有衣同穿，有錢同使，無處不均勻，無人不飽暖」，等等。這些農民起義所倡導的平均平等主張，極大地吸引鼓舞了廣大農民，在一定程度上動搖了封建專制統治的根基。

嚴格說來，中國歷史上從未真正出現過平均平等的社會。封建統治者實行的均田、限田之類政策，旨在緩和階級矛盾，而非為了實現天下一家、人人平等的社會。思想家們的調均主張，不過是從長治久安的遠大眼光考慮問題，反對剝削過甚、殺雞取卵罷了。農民起義軍則因其自身的局限性和統治階級力量的強大，而無從真正實現平均平等的理想。

毫無疑問，上述所提出的各種平均平等思想，主觀上帶有理想主義色彩，客觀上提高了新興勢力的社會政治地位，實現了他們的要求，同時也符合了大多數民眾的希望並推動了社會進步。中國文化中的平均平等思想（主要表現於農民群眾），是小農經濟的產物。但這種思想主張在自然經濟條件下，均調社會財富，損有餘補不足，這對於減輕剝削，防止兼併，維持農民最起碼的生存條件，安定社會等，仍起了積極的作用。但它孕育了農民階級反對強權暴政，要求彼此一樣的社會文化心態，促進了農民反抗精神的增長。特別是作為一種社會心理，它豐富了中華民族的平等自主意識，並轉化為爭取自由的動力。

當然，如果我們將當時的身分平等、等級平等、財產平等等主張進行一個梳理，就會發現：先民們的平均平等思想更多的是弱者面對身分、階級、財產上不平等的一種本能反應，是樸素的平等觀，帶有絕對平均主義的色彩，由於缺乏深刻的理論分析與指導，有其嚴重弊端，因而是不可能實現的。同時，由於它反對不同的人或集團利用自己的特長和優勢，開拓進取，先人一步過上好日子，注重的靜態的平衡，以犧牲效率和進步為代價，而不是鼓勵動態的競爭，通過提高工作效率、生產效率，推動社會進步來實現自己的理想。因此，又是消極的、不可取的。

10.5 人本主義

人本主義，作為中國傳統文化基本精神之一，在中國文化中有著悠久的歷史和鮮明的個性，它既不同於西方古典的以神為本，也不同於西方近代的追求個人的自由與民主價值。中國傳統文化的發展始終圍繞著人，人是世間一切事物的根本，天地之間以人為先，正如馮友蘭先生所說：「無論古今中外，無論哪宗哲學，歸根到底要講到人，不過中國的哲學特別地要突出人。」（馮友蘭《論中國傳統文化》）具體而言，人本主義包含三個方面

的內涵:「民為邦本」「民貴君輕」的基本政治理想;「未能事人,焉能事鬼」的輕神重人的根本態度,關注現世生活;以及具有濃重道德倫理色彩的個體人格肯定。

10.5.1 民為邦本

「以民為貴」的民本主義精神在中國古代典籍中屢見不鮮,早在殷商時期就有了以民為本的觀點記載,《尚書‧盤庚》雲:「重我民」「唯民之承」「施實德於民」,《尚書‧泰誓上》:「民之所欲,天必從之。」而《左傳》《國語》等諸多典籍中,也多處彰顯了以民為本的觀念,如「夫民,神之主也」(《左傳‧桓公六年》)、「國將興,聽於民;將亡,聽於神」(《左傳莊公三十二年》)、「民和而後神降之福」(《國語‧魯語》)。

民為邦本的思想在儒家學說中更有集中突現。儒家認為,得民與否是政治成敗之根本,孔子歷來主張重民、富民、教民。在「民、食、喪、祭」這些世間的大事中,「民」為首位。而孟子提出「民為貴,社稷次之,君為輕」的著名論斷,更是中國經典性的民本口號,他認為「得乎丘民而為天子」(《孟子‧盡心下》),意為得民心者得天下,所以,「域民不以封疆之界,固國不以山溪之險,威天下不以兵革之利,得道者多助,失道者寡助」(《孟子‧公孫醜下》),從為政之道出發,強調治國一定要得民心,順民意,否則便可能「身危國削」、甚而「身弒國亡」(《孟子‧離婁上》)。荀子亦主張以民為本,「君舟者也,庶人者水也。水則載舟,水則覆舟」的著名論斷,被眾多為政者視為座右銘,「用國者,得百姓之力者富,得百姓之死者強,得百姓之譽者榮。三得者具而天下歸之,三得者亡而天下去之」(《荀子‧王霸》)。

除儒家之外,道家、墨家、法家等也都具有民為邦本的重民思想:老子就說「聖人無常心,以百姓心為心」(《道德經》第四十九章);相比而言,法家雖以嚴刑酷法為治國之道,但也不乏重民思想,法家經典《韓非子》中就曾指出「凡治天下,必因人情」(《韓非子‧八經》)、「利之所在民歸之」(《韓非子‧外儲說左上》)等。漢唐時期民本思想進一步發展,漢代賈誼指出:「聞之於政也,民無不為本也。」(《新書‧大政上》)唐代開國君主李世民更是深諳民貴君輕之道,認定「君依於國,國依於民」(《資治通鑒》卷一九二)。北宋張載宣傳「民胞物與」,朱熹則認為「天下之務莫大於恤民」(《宋史‧朱熹傳》)。這一系列重民思想,集中反應了中國傳統文化中民為邦本思想的發展和演進,也呈現了中國式的人本主義傳統的根本所在。

對「人」的關注是中國人本思想的根本，從一定程度上講，這種關注反應了古代中國人反壓迫、求自主的深切渴望，對制約暴君苛政、改良人民的政治處境具有一定的積極意義，但是，這種一定程度上的積極意義並不能讓我們忽略中國民本思想的實質仍是以「保民而王」、維護專制統治為目的的政治策略性。同時，中國文化中的民本主義與西方式民主的本質區別也要引起研究者必要的注意：中國的民本思想並無對公民權利的法理內容規定，更沒有人民共同管理國家社會的意思，「溥天之下，莫非王土，率土之濱，莫非王臣」（《詩經‧小雅‧北山》），個人只是在宗法專制條件下的「子民」，君王始終是民眾的監護者和放牧者。正如金耀基先生所說：「中國的民本思想畢竟與民主思想不同，民本思想雖然有『民有，民享』的觀念，但總未走上民治（by the people）的一步。如實地說，中國人是不相信政治應由人民自己來管的，中國人一直認為政治應由賢德的人來做，如有賢德的人在位，則必以民之好為好，民之惡為惡，如此政治便不啻由民自管自理。」（金耀基《從傳統到現代》）

10.5.2 輕神重人，關注現世生活

在人與神之間，中國古人堅持以人為本位，重視現世的人倫生活，而將鬼神和宗教信仰置於其後。可以說，在中國傳統文化中，神本主義始終未曾居於主導地位。相比而言，神本主義的西方古典文化則有著十分強烈突出的宗教精神，上帝是人的終極信仰，抵達彼岸世界，是人精神的最高寄托。人們生活的目標、行為的準則，都來自萬能的上帝的啟悟。而以儒家思想為主體的古代中國，鬼神卻從未凌駕於人的生命和現世生活之上，中國人的目光是始終投注於現實之中的。

西周時，人們就已重人輕神，《禮記》有雲：「周人尊禮尚施，事鬼敬神而遠之，近人而忠焉。」（《禮記‧喪禮》）《尚書‧泰誓上》：「惟人萬物之靈。」到了春秋戰國時期，先秦諸子更是以人本立場，稱頌人性獨有的尊貴與卓越，「天地之性人為貴」（《孝經‧聖治章》）、人為「三才」之一、能「參天地，贊化育」「裁成天地之道，輔相天地之宜」（《易‧泰‧象傳》）。儒家尤其以人為重：《論語》中早就有「子不語怪、力、亂、神」（《論語‧述而》），「務民之義，敬鬼神而遠之，可謂知矣」（《論語‧雍也》），「未能事人，焉能事鬼」（《論語‧雍也》），「未知生，焉知死」（《論語‧先進》）的記載，孔子雖在總體上承認天命，卻認為天命是個人無法左右的天道之常，因而對鬼神則一直心存疑慮，所以當他病重之時，弟子子路請求為之「禱爾於上下神祇」時，他用「丘之禱久矣」表示拒絕。在這裡，「事人」

「知生」就是關懷現實、關注現世生命和生活,而「事鬼」「知死」則是將目光投註於人所不知的鬼神世界,孔子認為這即不可能,也無必要,顯示了對於鬼神或宗教敬而遠之的態度。孔子這種現世觀、人的主體意識和人本態度得到後世思想家廣泛的認同和發展,甚至影響了作為宗教的道教和佛教,於是「舍之天運,徵乎人文」(《後漢書·公孫瓚傳》)成為中國文化的主要價值取向。漢代仲長統更明確地提出「人事為本,天道為末」(仲長統《昌言》)的觀點,反對迷信天道而背人事,繼承並發展了儒家的人本思想,呈現出重現世人倫而敬宗教、遠鬼神的整體趨向。

當然,先哲們「輕」鬼「遠」神,絕非意味著完全無視宗教。《論語》中就有「祭如在,祭神如神在」「不與祭,如不祭」(《倫語·八佾》)的說法。荀子也說:「日月食而救之,天旱而雩,卜筮然後決大事,非以為得求也,以文之也,故君子以為文,而百姓以為神。」(《荀子·天論》)這就是所謂的「神道設教」。宗教在這裡,完全是政治統治的工具。在中國各民族的民間民俗文化中,祭祀鬼神的活動隆重而熱烈。定時祭祀是中國人的特點。北京的太廟、天壇、地壇、社稷壇是皇帝行其典禮的地方,老百姓家裡則供有「天地君親師」牌位,逢年過節還要拜財神、竈神、門神等,還有社戲廟會,儺祭儺戲。即便是在這種以祭神為目的的民俗活動中,仍舊可以看到人們重現世人倫的生活態度和樂觀實際的生命情懷。

10.5.3 濃重道德倫理色彩的個體人格肯定

與西方追求民主、自由、權利的近代人本主義不同,中國傳統文化的人本主義從其產生伊始,便帶有濃重的道德色彩,具有鮮明的道德倫理特徵。中國的人本主義從社會現實關係著手,把人放在一定的人際關係中來定位:如君臣、父子、夫婦、兄弟、朋友等,並注重相互間的責任和義務。正如孔子所言:「君子務本,本立而道生。孝悌也者,其為仁之本與。」(《論語·學而》)這種人與人之間的關係各有其行為典範與道德模式,即君仁臣忠、父慈子孝、夫教婦從、兄友弟恭、朋親友信,從而把社會整體秩序放在首位,努力實現「經夫婦,成孝敬,厚人倫,美教化,移風俗」(《詩經·毛詩序》)。個體則在這樣一種人倫關係中尋找自己合適的位置,在以天下為己任的歷史責任中,提升自我的道德修養、完善自我人格,從而實現自己作為群體一員的社會價值。梁漱溟先生認為「中國是倫理本位的社會」,「以道德代宗教」(梁漱溟《中國文化要義》)的根據就在此。西方是個人本位的社會,而中國是倫理本位的社會,中國人重視的是個人對於群體的義務和責任,而不是個體精神的自由與獨立,更不是每一個體自

243

身的權利。換言之，中國傳統文化對個人價值的肯定，不在於個人物質慾望的滿足，也不在於個人精神的愉悅，而是從個人與家庭、民族、國家的關係上來肯定個體道德人格的完善。簡單地說，傳統文化所肯定的人是作為「道德主體」的人，「人本」其實是「道德主體的人本」，個體在必須擔負對社會所應盡的責任的同時，又要追求一種主體道德心性的完善，這種完善即是社會的要求，也是個體的自覺。由於這種道德心性的完善所指向的「理」被提到了「本體」的高度，因而它在未有萬物之前已先存在，由這個「理」所衍生出來的道德準則和道德規範，如「忠」「孝」「仁」「義」等便也成為自然的、天經地義的。因此，個人的價值判斷便只能定位於通向「理」的道德心性的完善途中，一切事業，都必須是具備了「完善心性」的「道德主體」才能承擔。只有「內聖」才能「外王」，只有「意誠」「心正」才能「修身」，才能「齊家、治國、平天下」。

中國歷來是人治的社會，而人治又特別注重道德教化的意義。在中國，道德較之文法更有威力。孔子說：「道之以政，齊之以刑，民免而無恥；道之以德，齊之以禮，有恥且格。」（《論語・為政》）歷代統治者也都以強大的倫理道德規範人民的精神與行為，並以之為治國之本，即「禮義廉恥，國之四維，四維不張，國乃滅亡」（《管子・牧民》）。可以說，正是強烈的道德觀念及其理論奠定了支撐中國倫理政治社會的理論基石，築就了中國民族的價值意識形態的堅實內核。

注重人的道德修養，肯定個體的心性完善，這是中國傳統文化人本主義精神迥異於西方的表現，在缺乏政治分權和君權制約的人治社會，道德事實上也發揮了誘導為政者抑惡從「仁」的調節功能。德國人本主義哲學家費爾巴哈曾說「人是宗教的始端，人是宗教的中心點，人是宗教的盡頭」（《費爾巴哈哲學著作選集》），不過在他眼中，「人」不是具體的、活生生的人，而是抽象的、充滿著愛的烏托邦精神的人。中國傳統文化所重視的「人」，是現世中存在，卻處於各種倫理關係中的，體現道德原則的人。這種對人的價值的追求和肯定具有積極的意義。完善的道德心性作為一種人格特質和主體的優良素養，使中國古代的士大夫們具有一種和諧與執著相統一的品格。體現於內心的真誠與尊嚴增強了他們的自信與寧靜，敦修人格、正道直行使他們不受時風的左右與動搖，為忠孝、仁義、誠信的道德要求完善著自我的人格且固守著自己的心性天地。生活因道德心性的良好自制而井然有序；社會也因這些良好心性的楷模而變得淳樸謙和、彬彬有禮。然而，善畢竟不能涵蓋一切，把善作為人的唯一本性來加以推崇難免會銷蝕「求真」的科學精神，也就必然扼制對「美」追求；倫理道德的封

建底蘊、形而上的道德教條，同時桎梏著人性、個人價值和世俗生活。

此外，我們也必須看到，中國傳統文化中的人本主義與社會主義時代人民當家做主的制度和主張是有著本質區別的：中國古代的人本主義是以家庭、家族為本位，以倫理為中心，以鞏固專制王權為最終目的；而我們的社會主義國家則強調人民當家做主，充分尊重個人的權力和自由，為每個人的自由發展創造充分的條件。中國傳統文化強調以人為本，並非尊重個人價值和個體的自由發展，而是將個體融入群體之中，強調個人對他人、對家庭、家族以及對國家、天下的義務，可以說是一種宗法集體主義人學，是以道德修養為旨趣的重人倫、重道德的人本主義。我們社會主義國家的人本主義既繼承了中國傳統文化中人本主義的積極因素，重視人的作用，重視道德倫理，重視人際關係的和諧和個人修養的積極作用，同時又避免了重人倫輕自然、重群體輕個體的傾向，尤其反對封建的專制主義。對於西方以個人主義為核心的人本主義，我們則予以批判與揚棄。既重視個人的作用，又強調集體主義和國家民族的利益；既尊重人權，尊重每個人的生存權、勞動權、發展權，又強調社會的和諧與穩定，強調民族的團結和社會的發展。這才是人本主義發展的一個嶄新的階段。

10.6　憂患意識

在中國的神話中，記載了共工怒觸不周山而天柱折、地維絕，致使天傾西北，地不滿東南，以及女媧斷巨鰲之足以立四極，煉五色石以補蒼天的故事。這些神話故事顯示出遠古時代的人們對自然界力量的恐懼和對自身所處境況的憂患，對「神力」的依靠和對自身的無奈。中華民族自形成伊始，便懷有深刻的憂患意識。

「憂患」一詞，大概最早出現在戰國中期的《易傳》和《孟子》當中。《周易‧繫辭下傳》說：「《易》之興也，其於中古乎？作《易》者，其有憂患乎？」《孟子‧告子下》曰：「入則無法家拂士，出則無敵國外患者，國恒亡。然後知生於憂患，而死於安樂也。」

不過，憂患意識早在殷商時代就產生了。那時，人們臣服於「上天」的意志，人間的一切事務，諸如農耕畜牧、建邦立國、殺伐徵討等，被當時的人們看作是在執行著「上蒼」的意願，都是在爭取討得「上天」這一至高主宰的歡心。這其中便蘊含著當時人們的一種憂患意識：要想風調雨順、五谷豐登，就不能惹怒「上蒼」，而必須戰戰兢兢、循規蹈矩地四時奉祭，遇事老老實實地詢神問卜，探求上蒼的意志而後行。隨著時代的發展，

憂患意識的內涵也發生了重大變化。這種憂患意識不再是以揣測「上蒼」意志為宗旨，而是要努力通過完善人類自身的道德、展現人類現實的力量而應「天命」。保存於《尚書》中的周代文獻，絕大部分篇章都在訓誡人們注重自身之「德」；儒家聖人孔子諄諄教誨人們注重自身道德修養，強調禮義仁愛；諸子百家努力探討人性善惡；愛國者屈原汨羅之濱九問蒼天等，都是憂患意識的具體體現。在《周易》看來，可否做到防患未然，並不單純是一個認識問題，還是一個德性修養的問題。如《乾》卦九三爻辭就說：「君子終日乾乾，夕惕若，厲無咎。」意思是說君子整日進德修業，到晚上還戒懼反省，就不會有什麼災害臨到自己身上。可見，防患未然的關鍵是謹慎自守，提高道德修養。北宋著名政治家範仲淹「泛通六經，尤長於《易》」，正是在《周易》憂患意識的啟迪下，他寫下了「先天下之憂而憂，後天下之樂而樂」的千古名句，成為中國歷代仁人志士自強不息、擔當道義的自警格言。凡此種種，都體現了中國人自從放棄對「上天」的頂禮膜拜後注重自身發展、追求自身道德修養、防微杜漸的深刻的憂患意識。這種意識一經確立，便深深地植入了中國文化，積澱成為中華民族的一個優秀傳統，千百年來為無數的人們所保有。

中國傳統文化中的憂患意識主要表現為以下幾個方面：

(1) 清醒的危機意識

第一，盛世之憂與困境之憂。憂患意識不是歷史轉折時期或者身居「困難的處境」時獨有的精神現象，而是在任何歷史階段都會產生，甚至在「盛世」表現得更加活躍。儒家認為，真正的憂患並不是在憂患者當中，而是在安樂之中。一旦安於所安，樂於所樂，真正的憂患便開始臨近了。對於中國傳統士人而言，安而不忘危，存而不忘亡，治而不忘亂，得而不忘喪，這便是憂患。

第二，內發之憂與外感之憂。儒家將憂患分為兩類：因遭受困難挫折而外感的憂，即物欲或難滿足之憂；欲實現理想而內發的憂。不過，當君子自覺其為君子時，或是達性命之情時，這種憂便不足為憂患了，這類外憂是「命」的安排，個人無可奈何，又無所負責。因而就有「仁者不憂」（《論語‧子罕》）、「君子不憂不懼」（《論語‧顏淵》）、「樂以忘憂」（《論語‧述而》）等。這類內憂「覺之則有，迷之則無」，是賢人才能達到的境界。

在歷史的轉折和政治動盪的時代，憂患意識更多地表現為清醒的危機意識。作為一種特殊的精神狀態，憂患意識具有為人文精神提供動力和確定道德主體的作用。就其本義而義，「憂」者，擔憂，思慮也；「患」者，疾也，禍也。合而言之，「憂患」就是思慮疾禍之意。在人類歷史進程中，

往往是機遇與挑戰並存，出路與危機共生，樹立憂患意識就是要對社會生活中的矛盾性、曲折性以及事物發展運動的規律性保持清醒認識，隨時意識到危機的存在，特別是表面一片光明的情況下意識到潛在的危機。蘇洵《史論》一文中「史何為而作乎？其有憂也」的歸納、陸遊「少小遇喪亂，妄意憂元元」的感慨，充分顯露了憂患意識中所包含的危機意識。

（2）深切的責任意識

不同的社會背景下，憂患意識都蘊含著悲天憫人和承擔責任兩層意義。所謂悲天憫人，是指先哲所憂患的絕非物質生活的匱乏和個體生存發展的困境，而是內在精神生活的缺憾和人類群體生存發展的困苦；絕非一己的功利得失，而是人類群體的幸福和理想實現。這被孟子稱之為「不忍人之心」「惻隱之心」（《孟子·公孫醜上》）。責任感引發憂患感，憂患感又激發責任感。有責任感，才能發現危機、直面危機，才能勇於探索救國救民的道路，才能最終消除隱患，超越憂患，才能樹立「苟利國家生死以，豈因禍福避趨之」（林則徐《赴戍登程口占示家人》）的承擔意識，才能培養「戰戰兢兢，如臨深淵，如履薄冰」（《詩經·小雅·小旻》）的沉毅品格。範仲淹在《岳陽樓記》中寫道「居廟堂之高，則憂其民；處江湖之遠，則憂其君。是進亦憂，退亦憂。然則何時而樂耶？其必曰：先天下之憂而憂，後天下之樂而樂。」這是憂國憂民的精神，是一種深切的憂患意識，更是一種強烈的責任意識。

（3）昂揚的奮進意識

憂患意識還體現為對天下興衰和政權交替的憂慮。《周易·系辭下傳》借孔子之口說：「危者，安其位者也；亡者，保其存者也；亂者，有其治者也。是故，君子安而不忘危，存而不忘亡，治而不忘亂；是以，身安而國家可保也。」大意是說，凡是衰落的，都是由於過去曾經荒淫腐敗；凡是滅亡的，都是由於過去曾自以為平安無事；凡是動亂的，都是由於過去曾自以為治理得宜。因此，君子安居而不忘傾危，生存而不忘滅亡，整治而不忘動亂，這樣才可以自身安全而國運昌隆。這是叫人對自己的處境和現狀時刻抱有警惕之心，孟子用非常精練的語言把它概括為「生於憂患而死於安樂」（《孟子·告子下》）。歐陽修在其所著的《新五代史·伶官傳序》中說，「憂勞可以興國，逸豫可以亡身」「夫禍患常積於忽微，而智勇多困於所溺」。他所表達的憂患意識，則是從五代時唐莊宗在完成父志、剿滅讎仇之後沉湎於安逸而喪失憂患之心，最終敗於其平日所寵的伶人而致身死國滅的慘痛教訓中得出的，具有深刻的警世意義。顧炎武在其《日知錄》中稱「保國者，其君其臣，肉食者謀之。保天下者，匹夫之賤，與有責焉耳

矣」，乃至俗諺謂「天下興亡，匹夫有責」等，也都是我們民族強調憂患意識的最好例證。可以這樣說，總結歷史經驗和居安思危，是憂患意識發展到一定階段的突出反應。憂患意識不是消極悲觀，不是灰心喪氣，更非患得患失。相反，是要在憂患中奮起，在憂患中奮進。憂患意識也要求人們以「知其不可而為之」（《論語・憲問》）的精神積極去探索探尋解決問題的出路，以求得「精誠所至，金石為開」的效果。憂患是奮鬥的動力。正是這種憂患意識，激發人們強烈的入世精神，激發無數仁人志士改造社會、變革現實的巨大的熱情。

(4) 赤誠的愛國情懷

憂國憂民既是因為愛國才會為國家憂患，因為愛民才會為百姓憂患。從孔子的「詩可以怨」（《論語・陽貨》），到範仲淹的「居廟堂之高則憂其民，處江湖之遠則憂其君」（《岳陽樓記》），再到顧炎武的「天下興亡，匹夫有責」，都深深地打上了這種憂患意識的烙印。這種以愛國主義為情感特徵的憂患意識往往演變為革故鼎新的改革理念和救亡圖存的思潮，它激勵著古代的仁人志士為國家和民族的利益而甘願勢頭顱、灑熱血，從霍去病的「匈奴未滅，何以家為」（《史記・衛將軍驃騎列傳》）、岳飛的「笑談渴飲胡虜血」（《滿江紅》）到文天祥的「留取丹心照汗青」（《過零丁洋》），都體現著這種意識。正如張立文先生所說：「儒學的憂患精神是對國家民族關懷的博大情懷；是面臨危難、困境而不屈服、不畏難的積極參與、敢負責任的精神；是救民族於危亡、救人民於水火而敢於犧牲奉獻的精神；是居安思危、處興思亡的辯證理性精神。」[①]

10.7 達觀自信

達觀自信，是對周圍人和事物正面的、積極的認知取向，通俗而言就是樂觀開朗的意思，對人生的遭際想得開、看得透。生命的本身就是我們生命個體所秉承的趨於健康、完美的自然條件和機緣。我們做人應該達觀一些，達觀實際上就是在珍惜自己的生命。

我們來看看蘇軾，這個被林語堂先生戲稱為「不可救藥的樂天派」（林語堂《蘇東坡・序》）的人，一生雖然仕途坎坷，但是，無論生活怎樣令他失望，他卻從未放棄對生活的熱愛與向往。四十二歲時，他因「烏臺詩案」受小人讒言，被宋神宗貶到黃州。但他並沒有自暴自棄、放浪不羈，而是

---

① 張立文. 儒學的人文精神 [J]. 新華文摘，2000 (5).

將一腔悲憤化作了文學創作的動力。在此，他寄情山水之間，寫下了《念奴嬌‧赤壁懷古》等千古流傳的詩詞佳作，不僅為詞壇開創了豪放之風的先河，也給自己的創作開闢了一方廣闊天地。

「心煩手不閒，手忙心怡然。」蘇東坡在流放中，雖然心情煩悶，卻沒有無所事事，反而事必躬親，進而發展出耕地、烹調的愛好。在勞動中，他的心情也變好了，於是成功地把「致君堯舜」的入世心態很快地轉變為「聊從造物遊」（蘇軾《菩薩蠻》）的出世心態，激發出獨特的想像力與創造力。在被貶到黃州、惠州期間，創造的如東坡肉、東坡豆腐、東坡鯽魚等菜肴至今還被人們津津樂道。

他在赤壁賞月，在西湖種柳，一派詩心。他被貶謫黃州，看到「長江繞郭知魚美」（《初到黃州》），下放惠州，他能「日啖荔枝三百顆」（《惠州一絕》），對生命的追求和喜悅竟能這樣直接地表露為口腹之快。他放棄了對生命的無限的慾望，放棄了那種非得到不可的悲劇結果，樂天知命，隨遇而安，沒有什麼事情可以傷害得了他，他總能在既有的境況中和現有的土地保持生機的充盈，獲得滿意的收成。他知道怎麼樣在這大不如意的人世間來保護自己。用樂觀的態度看待挫折，就會讓頭腦變得更靈活。更重要的是，一條路走不通，樂觀的人不會「撞了南牆也不回頭」，而會轉向其他工作。他們希望獲得成功，一件事沒做好，更會激發出從事另一項工作的創造力。蘇東坡總是不斷地將痛苦昇華為快樂，以至達到苦盡甘來的境界。

「老當亦壯，寧移白首之心；窮且益堅，不墜青雲之志。」（王勃《滕王閣序》）初唐四杰之一的王勃，可謂「時運不濟，命途多舛」，然而直面挫折，他卻能達人知命，笑看人生。試想，如果沒有王勃開朗闊達的胸襟，哪能有他吟放出「海內存知己，天涯若比鄰」的千古絕唱？

「安能摧眉折腰事權貴，使我不得開心顏」（《夢遊天姥吟留別》）的浪漫詩仙李白，在遭遇仕途不順的挫折後，他沉寂了嗎？消沉了嗎？沒有。「長安市上酒家眠，」（杜甫《飲中八仙歌》）笑對痛苦，面對挫折他拂袖而去，遍訪名山，終於成就了他千古飄逸的浪漫情懷！

唐朝劉禹錫有「空閒為自在，將壽補蹉跎」「無事且從閒處樂，有書時間靜中觀」的豁達；宋代辛棄疾有「醉裡且貪歡笑，要愁哪得功夫」的豪邁（《西江月‧譴興》）；明朝唐伯虎有「佛祖無奇，但作陰功莫作孽；神仙有法，只生歡喜不生愁」（唐寅語，轉引自《修身寶鑑》）的頓悟；清代名醫龔廷賢有「每把戲言多取笑，常回樂意莫生嗔」（《攝養詩》）的輕鬆。這種心態當代人稱之為生活的藝術。這「藝術」理所當然地可以在諸多的

10 中國傳統文化的基本精神

249

坎坷中保護我們自己，使所有的人類在漫漫的人生旅途中度過一次次危機，戰勝一個個困難。

蘇東坡的名句可以給我們很好的啓迪。

「月有陰晴圓缺，人有旦夕禍福，此事古難全。」（《水調歌頭‧明月幾時有》）生活並不完美，所以別對人和事要求太高。這樣才能承受生活的變化，給自己更多的希望和信心，快樂也會多一點。

「枝上柳棉吹又少，天涯何處無芳草。」（蘇軾《蝶戀花》）美國著名應激心理學家拉澤洛斯認為，人的應激成效不取決於應激的大小，而取決於對應激的評估。通俗地說，就是挫折的大小不是關鍵，而是人們如何看待挫折。蘇東坡提醒我們，面對挫折時，要順其自然，永遠以一份靜心來面對世間的得失進退，以一份激情來化解人生的悲歡離合。

蘇軾的最佳名言，應是他對弟弟蘇轍說過的那句：「吾上可陪玉皇大帝，下可陪卑田院乞人兒。眼前見天下無一個不好人。」這可算作對樂觀主義最好的註解。

自信，就是自己相信自己。古人雲，人不自信誰人信之。自信不是自負，也不是自大，而是自己對自己的信任。自信不能停留在想像上。要成為自信者，就要像自信者一樣去行動。我們在生活中自信地講了話，自信地做了事，我們的自信就能真正確立起來。面對社會環境，我們每一個自信的表情、自信的手勢、自信的言語都能真正在心理中培養起我們的自信。

南朝的祖衝之，在當時極其簡陋的條件下，靠一片片小竹片進行大量複雜的計算，一遍又一遍，歷經無數次失敗，但並不氣餒，憑藉他的那種自信，終於在世界上第一個把圓周率精確到小數點後第七位。

20世紀初，美國美孚石油公司，曾在中國西部打井找油，結果毫無所獲。於是，以美國布萊克威爾教授為首的一批西方學者，就斷言中國地下無油，是一個「貧油的國家」。而中國的年輕地質學家李四光卻在這種強烈的自信心的支配下，開始了三十年的找油生涯。他運用地質沉降理論，相繼發現了大慶油田、大港油田、勝利油田、華北油田、江漢油田。他當時還預見西北也有石油。目前正在開發的新疆大油田，也完全證實了他的預言。李四光靠自信、自強徹底粉碎了「中國貧油論」。

自信是發自內心的自我肯定與相信。

自信無論在人際交往，事業工作上都非常重要。

只要自己相信自己，他人就會相信你。

10.8　求是務實

　　與世界其他文明的傳統節日大多起源於宗教不同，中國的傳統節日絕大多數來源於農事，這是因為氣候溫和、土壤肥沃的黃河流域和長江流域孕育了早期的中華農耕文明，在約四千年前的夏商周時期，一個以農耕業為主要社會生活資料來源的農業社會就已經基本上形成，因此，自給自足的小農經濟便成為中國文化的物質基礎，重農思想在國人的頭腦中根深蒂固，上至帝王將相，下到庶民百姓都深知農業繁榮關係國計民生，「重農抑商」「重農固本」可以說是中國社會歷世不易的基本國策。歷代帝王都以「帝親耕，後親蠶」（《呂氏春秋·季春紀》）的方式鼓勵天下農民勤勞耕作。農耕是財富之源，「不耕獲，未富也」（《周易·象·天安》）；農業是成就霸業的前提，「霸王有不先耕而成霸王者，古今未有，此賢者不肖之所以殊也」（《呂氏春秋·上農》）；認為「孝悌力田者」（《管子·山權數》）即農民是社會的中堅力量。在這種濃厚的「重農」氛圍中，幾千年近乎凝滯不變的生態鑄就了中國人求是務實的文化心態，形成了重實際而黜玄想的民族性格，培養了理性實用的精神取向。一分耕耘一分收穫，這種對農業生活經驗的樸素總結已經內化為民族的思維定勢和牢固心態，從《漢書》中的「求真」「務實」的學風，到唐代經學家顏師古「務得事實，每求真事也」的觀念，到宋代理學家朱熹「即物窮理」的主張，再到明代王陽明「知行合一」的命題，「大人不華，君子務實」（漢·王符《潛夫論·敘錄》）成為中國先賢們一向標榜和倡導的生活態度與精神作風。章太炎：「國民常性，所察在政事日用，所務在工商耕稼，志盡於生，語絕於無驗。」（《駁建立孔教議》《章太炎政論選集》）這便是對中國民族性格的實用理性特質的表明。

　　與這種求穩定的心態相適應，中國傳統文化把長久以至永恆當作價值判斷的重要尺度，《周易》講「可大可久之」，《中庸》講「悠久成物」，《老子》講「天長地久」，都是這種觀念的典型表述。於是，政治上追求「長治久安」、宗教上追求「長生不老」、種族上追求「綿延永續」、用品上追求「經久耐用」……

　　有著強烈的經世濟民的入世精神的儒家學派有著典型的求是務實的特點。《論語》集中反應了孔子的這種思想，他說「知之為知之，不知為不知」（《論語·為政》）、「每事問」（《論語·八佾》），強調「毋意」「毋必」「毋固」「毋我」（《論語·子罕》）；孟子則說，「知者無不知，當務之為

急」,「堯舜之知不遍物,急先務也」(《孟子‧盡心上》)。像堯舜那樣有大智慧的人尚且不可能研究完所有問題,何況其他人。因此,人們的研究應該採取「急先務」的方法,也就是後人說的「急用先學」「當務為急」「立竿見影」。荀子否認生而知之,強調後天的積極學習對改進人性、豐富人的知識才能的重要意義,他在《天論》中說:「不為而成,不求而得,夫是之謂天職。如是者,雖深,其人不加慮焉;雖大,不加能焉;雖精,不加察焉。夫是之謂不與天爭職。」孔子、孟子和荀子的這種治學觀點和治學態度,對後世產生了極大的影響,對中國傳統文化中求是務實精神的形成至關重要。東漢王充重實事,疾虛妄;宋明時陳亮、葉適,清人顏元注重事功,強調動機與效果的統一,都是對這種實用理性思想的繼承和發揚。

法家反對老莊學派的空談與玄想,推重「參驗」,強調實行和實踐,推崇以耕戰為中心的事功,並用刑罰和慶賞去引導人們生活。不過,道家亦不乏求是務實的精神,老子的「知人者智,自知者明」(《道德經》第三十三章),莊子的「析萬物之理」(《莊子‧天下》),黃老學派的「與時遷移,應物變化」(《史記‧太史公自序》)等,與其玄之又玄的「道」論相映成趣。而且,儘管道家說修身養性,羽化登仙,但老子關心的重點依然是「以正治國,以奇用兵,以無事取天下」(《道德經》第五十七章),著重研究的還是「君人南面之術」,也就是統治術或者統治方法,包括以退為進、以曲求全的為人處世之道。道家的後學弟子研究的黃老刑名之學,其實用性比起儒家學說來可以說有過之而無不及。

由於中國古代各派學者都傾向於應用和實用,於是形成了中國傳統文化中求是務實的思想方法,身體力行的價值取向和經世致用的治學傳統。作為一種價值取向,求真務實這種身體力行、腳踏實地、經世致用的主張實際上就是要求做任何事都要有利於國計民生:寫文章強調「文以載道」;修歷史是為了察古知今、鑒戒垂訓;音樂是為了移風易俗,繪畫是為了「助名教而翼群倫」(宋濂《宋學士文集‧畫原》);寫詩作詞也不僅僅是要抒發自己的離情別緒,更是為了「詩言志」(《論語‧陽貨》)。正是在這種治學傳統影響下,中國古代的科學也成為實用科學:無論天文地理、農學水利大都是與國計民生密切相關。這些實用科學的成就之高、解決實際問題的能力之強,甚至令世界各國的科學家嘆為觀止。

但必須指出的是,這種植根於農業經驗主義基礎上的實用理性是狹隘的。重視實踐、注意經驗和直覺的思維定勢與運思習慣,從一開始就注定中國人對考究經驗背後的根本原因缺少亞里士多德式的終極關注。而且,中國的求是務實精神主要是在倫理政治領域的運用,是求善的方法論原則。

道德主義的價值取向，使中國文人以追求聖賢人生為宗旨，而往往忽略認識與改造自然的基礎科學的發展與研究。朱熹就說：「如今為此學而不窮天理，明人倫，講聖言，通世故，乃兀然存心於一草木一器用之間，此是何學問！如此而望有所得，是炊沙而欲其成飯也。」(《答陳齊仲》) 可以說，除墨子創立的墨家學派之外，中國鮮有先哲強調方法論、深研邏輯學、重視自然科學的理論研究和發明創造。中國人習慣以善攝真，善即是真，用一種道德主義的直覺體驗的模糊思維，辯證而籠統地觀照自然物理世界，輕視形式邏輯，不關心理論體系的邏輯論證，也未建立過西方式的嚴密的、成系統的、完整專門的科學理論與學科體系，因而也使科技發展得不到深刻而持久的動力支持，這在很大程度上阻滯了中國的生產力與經濟的發展。正如李澤厚先生在《中國古代思想史論》中所說：「它既阻止了思辨理性的發展，也排除了反理性主義的泛濫。」

　　中國傳統文化不僅在形式上豐富多彩，而且在內容上也博大精深。這裡面固然有封建時代的糟粕，但更有中華民族大智大慧的結晶。這當中有強調實事求是，注重知行統一，主張制天命而用之的唯物主義思想；有倡言「治世不一道，變國不必法古」的變革要求；有強調民為邦本、民貴君輕的民本思想和人道主義精神；有自強不息，剛健有為的人生哲學；有積極進取，不同流合污的處世態度；有發奮圖強，鍥而不捨的拼搏精神；有「富貴不能淫，貧賤不能移，威武不能屈」的浩然正氣；有「大丈夫寧可玉碎，不能瓦全」的錚錚鐵骨和英雄氣概；有「先天下之憂而憂，後天下之樂而樂」的高尚情操和嚴肅的社會責任感；有「天下興亡，匹夫有責」的強烈的愛國主義精神；有對「天下為公」的理想社會的熱切向往和執著追求等。這些都是中華民族思想品德的真實寫照，人生襟懷的有力表徵，值得我們去傳承、發揚、光大。

思考題：

1. 簡述天人合一思想的內容和積極意義。
2. 簡述天命觀的積極面與消極面。
3. 簡述民本主義與民主主義的區別。
4. 簡述修身的含義與意義。
5. 簡述中庸的積極意義和消極意義。
6. 簡述和諧在各方面的體現以及追求和諧的現實意義。

後　記

　　在全球化趨勢不斷增強的當今世界，「文化力」愈來愈成為綜合國力的重要因素；文化交融與文化衝突成為各民族文化交往中矛盾的兩面。我們一方面要吸納世界各民族的先進文化，另一方面要弘揚中華民族優秀的傳統文化。

　　中國傳統文化博大精深，決非一本著作所能涵括。為避免蜻蜓點水式的面面俱到，《中國傳統文化概論》側重從思想文化方面對中國傳統文化做簡明扼要的介紹和評價，幫助讀者瞭解並吸取中國傳統文化所具有的勤勞勇敢、自強不息、厚德載物、崇尚和平等民族精神，從而增強民族自信心、自豪感和民族凝聚力，繼承和發揚優秀傳統文化。

　　２１世紀是文化「軟實力」競爭的世紀，越來越多的國家和民族意識到文化保護、傳承和交流的重要性，跨文化交際已經成為不可逆轉的趨勢。

本書編寫組

國家圖書館出版品預行編目（CIP）資料

中國傳統文化概論（第四版）/ 辜堪生　主編. -- 第四版.
-- 臺北市：崧博出版：崧燁文化發行, 2019.04
　　面；　公分
POD版

ISBN 978-957-735-781-6(平裝)

1.中國文化

541.262　　　　　　　　　　　108005445

書　　名：中國傳統文化概論(第四版)
作　　者：辜堪生 主編
發 行 人：黃振庭
出 版 者：崧博出版事業有限公司
發 行 者：崧燁文化事業有限公司
E - m a i l：sonbookservice@gmail.com
粉 絲 頁：　　　　　網　址：
地　　址：台北市中正區重慶南路一段六十一號八樓 815 室
8F.-815, No.61, Sec. 1, Chongqing S. Rd., Zhongzheng Dist., Taipei City 100, Taiwan (R.O.C.)
電　　話：(02)2370-3310　傳　真：(02) 2370-3210
總 經 銷：紅螞蟻圖書有限公司
地　　址：台北市內湖區舊宗路二段 121 巷 19 號
電　　話:02-2795-3656 傳真:02-2795-4100　　網址：
印　　刷：京峯彩色印刷有限公司（京峰數位）
　　本書版權為西南財經大學出版社所有授權崧博出版事業股份有限公司獨家發行電子書及繁體書繁體字版。若有其他相關權利及授權需求請與本公司聯繫。

定　　價：400元
發行日期：2019 年 04 月第四版
◎ 本書以 POD 印製發行